上海市文教结合“高校服务国家重大战略出版工程”资助项目
国家自然科学基金项目（项目编号：71503164）
教育部人文社科研究青年项目（项目编号：11YJC790240）
上海海关学院加工贸易科研创新团队项目

东亚对华产业转移的贸易收支效应研究

——基于非竞争型投入产出方法的实证分析

上海海关学院学术文库

姚海华 著

上海人民出版社

总　序

理论的发展离不开实践的创新，实践创新是理论发展的源泉和动力。随着我国海关事业的改革发展和迅速开拓，海关管理的丰富实践呼唤着海关研究的蓬勃繁荣；同时，海关管理的丰富实践也为海关研究的深层次挖掘创造了深厚条件。

作为海关总署直属的唯一一所海关高等学府，上海海关学院具有海关类学科齐全、基础研究力量雄厚、智力资源集聚的优势。近年来，学院围绕建设成为“立足海关、服务社会、面向国际”的新型智库的目标，积极推动教师深入开展海关理论探索和决策咨询研究。学院以海关学的创建为重点开展基础性研究，紧密跟踪海关实践前沿开展应用研究，积极关注国际海关动态开展比较研究，海关学术研究成功实现了跨越式发展。

为鼓励学院教师更加积极投身于海关理论的探索和创新，继续推动中国海关学术研究的繁荣和发展，上海海关学院组织编撰了“上海海关学院学术文库”。作为学院新型智库的重要载体之一，“上海海关学院学术文库”重在创建成为海关学术思想成长的园地，为学院教师提供一个发表高水平海关学术研究成果的平台，使这套文库成为国内外读者了解海关研究前沿态势的不可或缺的重要读物。

文库作者以开放博学的精神来追求科学真理，更以献身海关研究的坚定使命感来追求卓越。文库入选著作一方面紧贴海关改革和发展前沿，从海关管理实践中发现问题，寻求破解之策；另一方面，在对海关实践深入总结和反思的基础上，进行理论的提炼和升华，充分体现了上海海关学院特有的“爱国明志、开放博学”的文化传统和学术气派。

我们正处在一个变革的时代，对于研究者来说，这无疑是幸运的。而对于海关研究者而言，处于飞速发展重大历史节点的海关管理实践更为海关理论研究提供了肥沃的土壤，迫切需要大家去发现新问题、寻找新对策、破解新命题，在实践中升华经验和做法，最终形成指导海关实践的科学理论。我们相信，在海关人和关院人的共同努力下，“上海海关学院学术文库”将会越来越精彩。

上海海关学院副院长

序

近期,美国特朗普政府宣布对华“301调查”结果,单方面对华挑起贸易战,备受各界关注。其中,中美贸易严重失衡是美国对华挑起贸易战的一个重要原因。而事实上,中国与美国的双边贸易失衡成因并不完全局限于中美两国之间。由于中国对美国的出口产品中包含了大量来自东亚国家的贸易要素和中间品价值,所以,中美双边贸易顺差跟中美双边贸易利得之间会有很大的偏差。这个偏差的根源在于中国参与了全球化的生产,尤其参与了东亚的垂直专业化分工。因此,客观地讲,中美贸易战不应当仅仅局限在中美之间去审视,而应该在经济全球化的背景下来解读。

《东亚对华产业转移的贸易收支效应研究》一书在中美贸易战成为热点问题,在美国对华贸易保护主义严峻的形势下付诸出版,从东亚外部因素揭示中国外贸顺差的形成机制,可以说比较应景,具有很强的现实意义。通读全书,说几点个人看法。

第一,本书的研究视角具有独到性。外贸顺差问题是中国外向型经济中的热点问题,在过去二十多年里,无论是国际贸易还是国际金融领域的研究,对此问题多有关注与涉猎。本书从出口产品价值国内构成和国际构成的视角,对中国面临的从东亚进口,向欧美市场出口的“三角贸易”流向做了深入的解读,切入点独具匠心。

第二,本书在分析方法上紧跟学术前沿。注重非竞争型投入产出方法的系统运用,是本书的一大特色。投入产出方法是统计学中的主流方法,在国民经济核算中运用广泛。但是,在国际收支领域系统运用投入产出方法的研究并不多见。特别是,就投入产出方法本身而言,有竞争型投入产出方法和非竞争型投入产出方法之分,后者是近年来该方法领域的发展前沿。本书采用《亚洲国际投入产出表》为依托的非竞争型投入产出模型进行指标测算与实证检验，结构紧凑，具有较高的学术价值。

第三，本书在探讨问题上注重演变、关联影响。本书的分析较好地结合了中国进出口形势的演变轨迹。针对贸易收支这一国际经济领域的老命题，本书“老瓶装新酒”，不仅沿着贸易收支主流脉络，通过非竞争型投入产出方法，揭示了中国双边贸易差额的生成机理和调节机制；还纳入了国内区域间贸易集聚与空间联动的现实分析，同时也考虑了金融危机之后的经常账户逆转问题。这些现象，是过去十年中由中国外贸顺差问题逐渐演化蜕变而产生的新问题，作者根据中国外向型经济发展演化特点，开展踏实的研究工作，形成自己的理解与分析逻辑，这一点尤为可取。

稍显不足的是，受制于《亚洲国际投入产出表》数据未更新的限制，本书在数据选用上显得有些陈旧。不过作者巧妙地把时间阶段按 2009 年金融危机的时间点进行划分，客观地反映了金融危机后国内贸易收支结构调整的现实背景，从而有效避免了研究中数据相对滞后的局限。另外，中国的外贸顺差与加工贸易有着密切的关联，一定程度上可以说是加工贸易的直接结果。尽管本书利用非竞争型投入产出表在机理上阐释了“出口引致型进口”三角贸易的流向成因，但是从研究价值的深度挖掘这个层面来讲，与指导加工贸易实践的政策转化尚存一定的距离。

希望作者依托所在工作单位的行政隶属关系优势，深入海关，融入海关，以本书研究为始，在具有海关特色理论研究工作和服务于海关的决策咨询工作中形成系列性成果。

金钟范
上海财经大学城市与区域科学学院研究员、博士生导师
2018 年 4 月 16 日

目 录

总序 1

序 1

第一章 导论 1

第一节 问题提出与研究意义 1

一、问题提出 1

二、研究意义 5

第二节 国内外相关研究现状 6

一、产品内国际分工相关研究回顾 6

二、贸易收支相关研究回顾 17

第三节 研究思路、内容与方法 27

一、研究思路 27

二、研究内容 28

三、研究方法 29

第四节 主要创新与不足之处 31

一、主要创新之处 31

二、不足之处 32

第二章 基于出口品投入来源细分视角的贸易收支问题分析框架 33

第一节 东亚产业国际转移与贸易收支的内涵 33

一、东亚产业国际转移的内涵 33

二、贸易收支的内涵 38

第二节 基于出口品中进口投入视角的贸易收支核算分析 43

一、出口品中进口投入影响现行贸易收支核算的路径 43

二、基于出口品中进口投入视角的贸易差额核算新思路 45

第三节　基于出口品中进口投入视角的贸易收支调节分析　49
一、弹性理论对贸易收支失衡调节的传统认识　50
二、结合出口品中进口投入对马歇尔—勒纳条件的修正　54
第四节　贸易收支分析中《亚洲国际投入产出表》的引用　58
一、两国投入产出基本模型　59
二、《亚洲国际投入产出表》基本框架　61
三、《亚洲国际投入产出表》的系数求解与计算　64

第三章　东亚产业转移背景下中国贸易收支结构的基本特征　69
第一节　中国贸易收支的总体规模及其适度性　69
一、中国贸易收支规模的总体走势　69
二、中国贸易收支规模的适度性判断　71
第二节　中国贸易收支的国别结构　74
一、中国双边贸易收支的国别分布　75
二、中国双边贸易收支的国别演变　78
三、中国双边贸易收支差异的商品因素　81
第三节　中国贸易收支的商品结构　84
一、中国总体贸易收支的商品构成　85
二、中国总体进出口贸易结构的变迁　87

第四章　东亚产业联动背景下中国出口品中进口投入成分度量　92
第一节　东亚转移性生产投入下的产业联动　92
一、东亚产业前向关联效应分析　93
二、东亚产业后向关联效应分析　97
三、东亚产业结构平衡分析　100
第二节　中国在东亚生产转移中的地位与作用　103
一、经济依赖程度分析　104
二、国际分工增值率分析　108
第三节　中国出口品中进口投入成分度量　110
一、进口垂直专业化程度测算　112
二、出口垂直专业化程度测算　115

第五章　分离出口品中进口投入因素后的中国真实贸易顺差测算 120
第一节　基于投入产出法的真实贸易差额测算模型 120
一、两国情况下的真实贸易顺差 121
二、三国情况下的双边真实贸易差额 125
三、多国情况下的双边真实贸易差额 129
第二节　东亚生产投入转移情况下的中国真实贸易顺差测算 132
一、测算方法 132
二、测算结果与分析 134
第三节　不同口径下中国双边贸易差额存在差异的原因 137
一、基于东亚对华出口转移层面的解释 138
二、基于中国对美出口品中进口投入层面的解释 142

第六章　分离出口品中进口投入因素后的中国贸易收支弹性估计 147
第一节　贸易弹性估计的实证模型与数据来源 147
一、实证的基本思路 148
二、实证模型 149
三、数据来源与选取 153
第二节　东亚产业转移背景下中国总体贸易收支的弹性分析 156
一、中国总体贸易收支的弹性估计 156
二、中国进口总额和出口总额的弹性估计 161
第三节　东亚产业转移背景下中国双边贸易收支的弹性估计 168
一、中美双边进出口弹性估计 168
二、中美双边贸易收支的弹性估计 174

第七章　国际金融危机后结构性转型驱动下中国贸易收支结构再剖析 184
第一节　中国贸易收支的行业构成结构演变 184
一、中国外贸顺差的行业分布 184

二、典型行业贸易差额的时间演变 187

第二节 中国贸易收支的企业微观结构分解 190

一、外贸顺差的微观分解方法 190

二、中国外贸顺差调整的企业微观支撑 191

三、外贸顺差分析中核密度方法的引入 196

四、国际金融危机对中国外贸顺差调整的冲击 196

第三节 贸易空间结构变迁对外贸顺差的影响 200

一、贸易集聚效应与辐射效应 200

二、进出口贸易空间结构变迁 211

三、区域贸易同构与外贸顺差调整 216

第八章 结论 221

参考文献 225

后记 238

第一章

导　论

第一节　问题提出与研究意义

一、问题提出

进入21世纪以来，世界经济运行中出现了全球性不平衡现象，主要表现在美国的经常项目持续保持巨额逆差、东亚国家尤其是中国的经常项目则持续出现巨额顺差①。根据工业化国家的经验，经常项目逆差达到占GDP的比重超过5%的警戒线之后，就会自动发生逆转，而且从首次出现经常项目逆差到发生经常项目逆转的周期一般不超过8年②。但是，美国连续出现经常项目逆差已经有19年未见逆转。中国从1994年首次出现经常项目以来，除了1998年受到东南亚金融危机的影响出现逆差之外，其余年份也都呈现持续的顺差。经常项目这种持久的不平衡格局，成为短期内世界经济稳定增长所面临的最大风险，引起了国际社会的高度重视。

中国作为典型的国际收支失衡国家，被国际社会普遍视为在全球国际收支失衡中的受益者。自1994年以来，中国的贸易顺差始终保持着巨额的增长，从1994年的69.1亿美元上升至2008年的2 954.6亿美元，占GDP的比重由0.96%上升到6.59%。中国外贸顺差为拉动中国经济增长

---

① Rodrigo，D.R.. Correcting Global Imbalance：Avoiding the Blame Game[EB/OL]. http://www.imf.org/en/News/Articles/2015/09/28/04/53/sp022305a.

② Warnock，F.E.，Freund，C.L.. Current Account Adjustment in Industrialized Countries：The Bigger They Are，the Harder They Fall? [R]. NBER Working Paper，No.11823，2005.

起到了积极的作用。外贸顺差的持续增长创造了大量的外汇收入。中国巨额外汇储备的累积增强了经济的抗风险能力，这在2008—2009年的全球性金融危机中表现得尤为突出。但是，中国外贸顺差的持续巨额增加在给内部经济产生积极作用的同时，由于有违贸易收支理应呈现顺差和逆差交替的正常发展规律，对外部经济和宏观经济政策的有效性产生了严重的负面影响。其具体表现在：

第一，贸易顺差的不断累积使中国遭遇的贸易摩擦案件呈现多发态势。近几年，中国频频卷入与发达国家的贸易争端中，贸易摩擦接连不断。欧美国家往往将贸易顺差作为合理的理由对中国进行贸易制裁。WTO的最新数据显示，中国已连续15年成为遭受反补贴调查最多的成员。2008年全球35%的反倾销、71%的反补贴案件都涉及中国①。美国国际贸易委员会的数据显示，2009年1—11月间，美国实施的各类贸易救济案共50宗，其中一半以上针对中国②。

第二，外贸顺差成为欧美国家对人民币施加升值压力的有力证据。从2001年8月英国《金融时报》刊登题为《中国的廉价货币》③一文以来，有关人民币升值的呼声始终不断，与欧美贸易保护主义如影随形。2009年10月七国集团财长会议上，欧美国家又对人民币汇率施加升值压力，他们的主要依据在于中国巨额的贸易顺差。事实上，自从2005年7月21日中国人民银行实行以市场供求为基础的、有管理的浮动汇率制度以来，在近五年的时间里，中国贸易顺差即使在全球金融危机的形势下也都保持增长趋势，单靠人民币升值调整中国贸易顺差的作用实际上非常有限。

第三，持续巨额的贸易顺差对货币政策的独立性提出了挑战。中国巨额的贸易顺差在给中国带来大量外汇储备的同时，由于央行外汇占款

---

① 相关资料来自世界贸易组织网站 http://www.wto.org。

② 相关资料来自美国国际贸易委员会网站 http://www.usitc.gov。

③ Chinese Cheap Money[N]. *Financial Times*. August 7th, 2001.

激增而引起货币供应量过剩，从而产生通货膨胀等货币领域的难题，给货币市场的正常运行造成了极大的干扰。贸易顺差带来的外汇占款已经构成了当前中国流动性过剩和通货膨胀的主要来源。同时，由于外贸顺差带来的人民币持续稳步升值，会对公众形成了稳定的升值预期，导致国际资本通过各种渠道涌入中国，进一步给中国人民银行独立自主地执行货币政策施加了压力。

因此，无论是为了规避贸易摩擦、有效回应国际社会对人民币汇率施加的升值压力，还是为了正确处理巨额贸易顺差给国内宏观经济带来的负面影响，针对中国外贸顺差问题进行深入研究都是一项非常重要的工作。

在人们普遍关注中国贸易收支整体呈现顺差的同时，仔细分析中国贸易收支结构，可以发现一个值得关注的现象。在双边层面上，中国对欧美国家十几年来一直保持着巨额贸易顺差；对日本、韩国和东盟小型经济体，十几年来却一直保持着数量相对较大的贸易逆差。以中韩为例，中韩贸易收支从 1992 年中韩正式建交的次年起，始终呈现逆差，并且贸易逆差保持着不断扩大的趋势①。另外，中国对欧美国家的出口以产成品占多数，而从东亚国家的进口则以原材料、半成品等中间产品为主。因而，结合贸易国别流向和贸易商品结构两方面因素来看，中国目前的进出口呈现出从东亚国家进口原材料，经加工、组装、配套之后又将产成品出口到欧美国家的“三角贸易”②特征。

这种从贸易流向上呈现的“三角贸易”特征，与东亚国际分工的细化和中国参与东亚国际分工的深化有着密切联系。20 世纪 90 年代以来，随着经济全球化进程的加速，整个世界日益融合成一个全球大市场。以跨

---

① 参见图 3.2 中国与美国、欧盟和东亚各经济体的双边贸易差额。

② Gaulier, G., Lemonine, F., Unal-Kesenci, D.. China's Integration in Asian Production Networks and Its Implications[R]. RIETI Discussion Paper Series, 04-E-033, 2004.

国公司为主体的生产者为了最大限度地降低生产和交易成本，开始在全球范围内配置要素资源，从而出现了以某一特定产品生产过程中不同工序或环节分散在不同国家为特征的产品内分工现象。在这样的大环境下，东亚国际分工程度进一步细化，由产业内分工逐步转变成了产品内分工(Davis，2000、2001)①②，进而使得传统"雁行模式"下的产业转移转变成了工序的跨国转移，出现了生产过程切片化(Arndt & Kierzkowski，2001；Ando & Kimura，2003)③④现象，即产品由原先的一国制造转向多国制造乃至全球制造。中国最盛行的加工贸易，正是中国参与产品内国际分工的产物，目前占据了中国贸易总额份额的60%左右。加工贸易创造的贸易盈余已经构成了中国贸易顺差最重要的来源。

由于中国巨额的贸易顺差是中国参与东亚分工体系的产物，因而，对中国贸易顺差问题的研究就有必要将它与东亚的分工模式结合在一起进行探讨。在中国参与东亚产品内国际分工从事生产并出口的背景下，中国出口产品不仅包含了中国的生产要素，同时也包含了来自东亚国家进口的中间产品的价值。那么，在东亚产品内国际分工和产业转移背景下产生的中国巨额外贸顺差，真正属于中国本土要素的净出口到底有多大的规模？在中国的外贸出口中包含的大量外来中间产品投入，能否在现有统计口径下的贸易顺差中得到体现？国际社会频频给人民币施加升值压力、试图通过人民币升值来调整中国外贸顺差的做法是否真的有效？这些都是本书所要深入探讨的问题。

---

① Davis, D.R., Weinstein, D.E.. International Trade as an Integrated Equilibruim: New Perspectives[J]. *American Economic Review*, 2000, 90(2):150—154.

② Davis, D. R. and Weinstein, D. E.. An Account of Global Factor Trade [J]. *American Economic Review*, 2001, 91(5):1423—1453.

③ Arndt, S.W., Kierzkowski, H.. *Fragmentation: New Production Patterns in the World Economy*[M]. London: Oxford University Press, 2001.

④ Ando, A., Kimura, F.. The Formation of International Production and Distribution Networks in East Asia[R]. NBER Working Paper, No.10167. 2003.

二、研究意义

中国外贸顺差已持续二十多年，这是目前摆在中国政府面前的一大难题。近年来，一方面政府部门陆续出台相关调整政策，但效果不甚明显；另一方面，欧美贸易保护主义把中国的外贸顺差作为有力证据，频频在贸易领域和人民币汇率问题上向中国政府施加压力。

事实上，在经济全球化不断深化的今天，中国持续的外贸顺差作为全球性贸易收支失衡的一个重要方面，是国际分工的产物，单靠中国自身的经济政策的调整已难奏效，国际经济政策的协调是大势所趋①。但是，欧美及东亚各国在全球性国际收支失衡中各自应当承担多大的责任？各国之间经济政策需要怎样协调？对于这些具体操作层面的问题，由于直接涉及各国自身的经济利益，欧美国家往往有欠公正，把问题的矛头单一地指向以中国为首的贸易顺差国。

本书将中国持续的贸易顺差现象置于东亚产品内国际分工的现实背景下，以在这种分工模式下出口品中的进口投入（import content of export）作为中国外贸顺差问题的分析切入点，揭示外部因素对中国外贸顺差的核算和调节产生的影响。

从现实层面讲，本书通过剥离中国出口品中的进口投入成分，一方面可以明确进口品的使用去向，另一方面可以对中国本土要素的净出口规模进行量化测算。面对欧美贸易保护主义者频繁对华发动的贸易摩擦和对人民币施加的升值压力，本书的实证研究结果可以作为回应这二者的参考依据。

从理论层面讲，本书将对贸易收支的解释提供一个崭新的视角。在现有贸易收支理论中，无论是20世纪80年代以前的静态分析法，还是80年代以后Sachs等人引入的跨期优化方法，其政策调节的目标都是为了

① Blanchard(2005)，Obstfeld和Rogoff(2005)，Alan(2007)分别从不同的角度就全球性国际收支失衡调整问题提出了具体建议。

追求贸易收支平衡，因而其分析框架旨在突出贸易收支失衡的调整过程。面对当前中国有进有出的“三角贸易”模式，尽管目前有些研究试图通过引入进口中间产品以涵盖这种三角贸易模式①②，但是却无法反映贸易品本土的要素含量。从这个意义上说，本书利用非竞争型投入产出方法，从出口品中进口投入这一角度来解析中国当前的贸易收支失衡现象，对于丰富贸易收支失衡问题的研究算得上是一次尝试性探索。

第二节　国内外相关研究现状

本书的研究将在东亚产品内国际分工和产业跨国转移背景下，以出口品中的进口投入为视角，着重探讨中国贸易失衡问题。然而，从目前的研究现状来看，将贸易收支失衡问题追溯到产品内国际分工层面，将国际分工和贸易收支的调整机制置于同一框架下的研究相当少。对于中国贸易收支持续保持巨额顺差的特殊现象，可以说，目前尚无从产品内国际分工视角进行深入的系统性研究，仅有少量文献从不同的侧面零星提及产品内国际分工对贸易失衡及其调节机制的影响。因而，这里按产品内国际分工理论和贸易收支理论两条脉络进行文献梳理，以期为本书第二章提出的理论框架提供参考。

一、产品内国际分工相关研究回顾

（一）产品内分工的界定

由于产品内分工现象仅在近十多年才开始出现，学者们对这一现象

① 鹿朋：《马歇尔—勒纳条件适用性研究与修正：基于全球生产网络的视角》，《南京社会科学》2008 年第 3 期，第 21—28 页。

② 鹿朋：《产品内分工与贸易下的汇率与国际收支关系研究：对马歇尔—勒纳条件适用性的分析与发展》，《国际商务》2008 年第 5 期，第 47—52 页。

的研究又是立足于不同的角度，所以，到目前为止，对于产品内分工在学术界尚无一种统一的说法，在概念的界定上略显混杂。Arndt(1997)是最早用“产品内分工”这一术语的。他认为国际贸易中通常所谓的产业间分工和产业内分工所研究的都是最终产品的分工和交换，暗含了所有产品都在特定国家内部生产的假定；而以半成品和零配件贸易为主的产品内分工，则既可以发生在同一产业内部，也可以发生在不同产业之间①。可惜的是Arndt(1997)在对产业间分工、产业内分工和产品内分工作辨析之后，并没有对产品内分工作出明确的定义。之后他将产品内分工称之为分割化生产②。令人费解的是，他在对优惠贸易协定内零部件贸易产生的福利问题进行研究时，又将产品内分工和分割化生产等同起来使用了③。

在此之前，有学者把生产过程分离并散布到不同空间区位的分工形态也称作生产的分割化(Jones & Kierzkowiski, 1988)④；把贸易品在全球范围内进行分区段生产的过程，称之为价值链切片化(Krugman, 1994、1995)⑤⑥；将北方国家把产品的低区段放在南方国家进行生产的现象叫做“万花筒式比较优势”(Bhagwati, 1993)⑦。Feenstra 和

① Arndt, S.W.. Globalization and the Open Economy[J]. *North American Journal of Economics and Finance*, 1997, 8(1):71—79.

② Arndt, S. W.. Preference Areas and Intra-Product Specialization[A]. In C.C. Paraskevopoulos, A.A.Kintis and A.J.Kondonassis(eds.), *Globalization and the Political Economy of Trade Policy*[M]. APF Press, 2001:237—249.

③ Arndt, S. W. and Kierzkowski, H.. Introduction[A]. In S. W. Arndt and H.Kierzkowski(eds.), *Fragmentation: New Production Patterns in the World Economy*[M]. New York: Oxford University Press, 2001:1—16.

④ Jones, R. W. and Kierzkowski, H.. The Role of Services in Production and International Trade: A Theoretical Framework[R]. RCER Working Paper, 1988.

⑤ Krugman, P.. Does Third World Growth Hurt First World Prosperity? [J]. *Harvard Business Review*, 1994, 72(23):13—121.

⑥ Krugman, P.. Growing World Trade: Causes and Consequences[J]. *Brookings Papers on Economic Activity*, 1995, 26(1):327—377.

⑦ Bhagwati, J.. Freer Trade and Wages of the Unskilled: Is Marx Striking Again? [R]. Discussion Paper from Department of Economics Columbia University, 1993.

Hanson(1996)①、Grossmant 和 Helpman(2002、2004、2005)②③④把企业生产环节向外转移,理解成为从外部寻找资源,因而把产品内分工的现象叫做外包(Outsouring)。

无论产品内分工的具体名称是什么,Hummels 等人(2001)⑤提出符合以下三个条件的即为产品内分工:第一,一种最终产品的生产过程要由多个连续的可分解的工序(Multiple Sequential Stages)组成;第二,至少有两个以上的国家分别在产品生产过程的某一阶段从事专业化生产;第三,至少有一个国家在生产过程中使用的投入品是通过向他国进口获得的,其产出的部分产品又必须被出口。图 1.1 中的国家二就是处于典型的产品内分工状态。

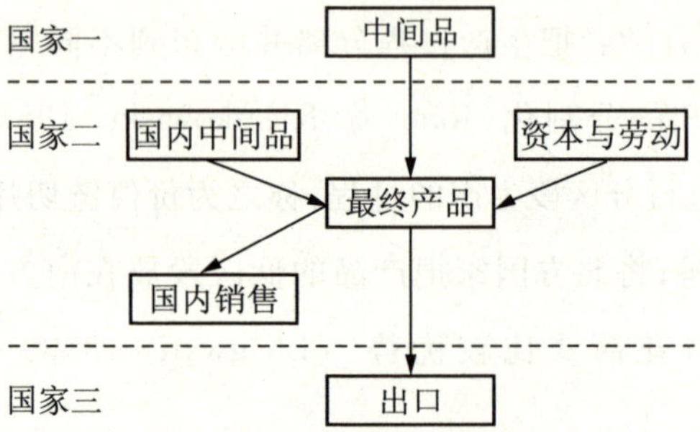

图 1.1　产品内分工示意图

注:本图来自 Hummels 等(2001),作者根据原图翻译。

本书把产品内分工理解成是一种全新的国际分工模式,将其定义成

---

① Feenstra, R. C. and Hanson, G. H.. Globalization, Outsourcing and Wage Inequality[J]. *American Economic Review*, 1996, 86(2):240—245.

② Grossman, G. M. and Helpman, E.. Integration Versus Outsourcing in Industry Equilibrium[J]. *Quarterly Journal of Economics*, 2002, 117(1):85—120.

③ Grossman, G.M. and Helpman, E.. Managerial Incentives and International Organization of Production[J]. *Journal of International Economics*, 2004, 63(2):237—262.

④ Grossman, G.M. and Helpman, E.. Outsourcing in a Global Economy[J]. *Review of Economics Studies*, 2005, 72(1):135—159.

⑤ Hummels, D., Ishii J. and Yi, K.M.. The Nature and Growth of Vertical Specialization in World Trade[J]. *Journal of International Economics*, 2001, 54(1):75—96.

某一特定产品生产过程中的不同工序或环节通过空间分散化而形成的一种跨国性生产体系。

（二）产品内分工的动因

在解释20世纪90年代产生产品内分工的原因时，学者们主要借助于新贸易理论和新制度经济学两种不同的工具，认为产品内分工得以进行，很大程度上是综合运用委托—代理理论、产权理论、激励理论、交易成本理论等新制度经济学工具权衡之后的结果。

生产过程分离并散布在不同空间区位的产品内分工，其出现的根本性动因最早被认为是比较优势和规模报酬两个方面。卢锋(2004)①在总结产品内分工的决定因素时，在Jones和Kierzkowski(1988)②的基础上进行了补充，他认为，生产工序空间的可分离性是产品内分工得以实现的前提，并且各道工序之间的可分离性越大，产品内分工越能得以深化。卢锋(2004)还认为，运输成本和跨境交易成本也是产品内分工的决定因素。

就产品内国际分工的生产过程本身来看，一方面，由于不同的生产工序位于不同的国家，因而对生产活动的协调和组织将会带来中间投入品的运输、产品质量的控制等额外的交易成本；另一方面，各国专业化生产带来的好处能够使得各道生产工序上的生产成本之和比原来各道工序位于同一处进行生产的成本大大降低。因而，有学者认为，产品内分工是专业化技术带来的成本节约与额外资源使用成本之间权衡的结果，并且利用图形工具指出，当生产成本的节约超过额外增加的交易成本时，产品内分工就有可能在各国开展(Deardorff，1998)③。

---

① 卢锋：《中国国际收支双顺差现象研究：对中国外汇储备突破万亿美元的理论思考》，《世界经济》2006年第11期，第3—10页。

② Jones，R. W. and Kierzkowski，H.. The Role of Services in Production and International Trade：A Theoretical Framework[R]. RCER Working Paper，1988.

③ Deardorff，A. V.. Fragmentation across Cones[R]. RSIE Discussion Paper，No.427，1998.

之后，将产品内分工以外包（Outsourcing）命名的一批新贸易理论学者对产品内国际分工的动因问题进一步细化。他们除了运用交易成本理论在外包与垂直一体化生产之间、国内与国际外包之间进行权衡之外，还在分析中考虑了市场厚度。Grossman 和 Helpman（2002）①发表了在研究外包领域奠定基础性地位的一篇文章。其首先比较了在封闭经济条件下生产一体化和外包之间的相对优势，继而又在外包优于生产一体化的前提下，讨论了外包的区位选择问题，随后引入市场厚度，权衡 FDI 和外包地生产方式选择。层层权衡之后，发现企业选择外包进行产品内国际分工的原因，在于既可以降低经营管理成本，又可以获得专业化分工生产运作时的干中学收益。在 Grossman 和 Helpman（2002）理论框架的基础上，Grossman 和 Helpman（2003）②继而增加了 FDI 因素，Grossman 和 Helpman（2004）③又引入了产权理论模型，Feenstra 和 Hanson（2005）④从中国加工贸易实证的角度揭示了企业所有权和外包之间关系。这些研究都使产品内分工动因的解释从不同的层面得到了充实。

（三）产品内分工的效应

面对产品内国际分工的新环境，Krugman 是较早开始研究这一现象的经济学家之一。他认为南方国家的兴起和其在全球价值链中的地位不会危及北方国家的经济利益，通过产品不同的生产环节分散在不同国家

---

① Grossman, G. M. and Helpman, E.. Integration Versus Outsourcing in Industry Equilibrium[J]. *Quarterly Journal of Economics*, 2002, 117(1):85—120.

② Grossman, G. M. and Helpman, E.. Outsourcing Versus FDI in Industry Equilibrium[J]. *Journal of the European Economic Association*, 2003, 1(2—3):317—327.

③ Grossman, G.M. and Helpman, E.. Managerial Incentives and International Organization of Production[J]. *Journal of International Economics*, 2004, 63(2):237—262.

④ Feenstra, R.C. and Hanson, G.H.. Ownership and Control of Outsourcing to China: Estimating the Property-Rights Theory of the Firm[J]. *Quarterly Journal of Economics*, 2005, 120(2):729—761.

之间的国际分工模式是一个双赢的过程(Krugman，1994)①。紧接着，他又重新审视了产品内国际分工体系，并指出，世界贸易的增长很大程度上取决于由产品内分工造成的中间产品贸易的迅速扩张(Krugman，1995)②。可见，产品内分工对于世界经济的发展都有着积极的意义。

Arndt(1997)③和 Arndt(2001)④试图寻找产品内分工提高世界福利的内在机理。他们认为，当先进国家采用了垂直专业化分工的技术，将原来国内生产的环节投放到发展中国家时，先进国家的工人可以转向更高级的生产工序而会使工资上涨，而发展中国家由于对劳动力需求的增加也会导致工资上涨，并且该产业的就业和产出都会有所增加，国家的整体福利都会得到改善。因而，Jones 和 Kierzkowski(2001)⑤表示，对于劳动力丰裕的发展中国家来说，产品内分工无疑是个好消息，因为发展中国家在完整的生产制成品上没有比较优势。但在产品内分工条件下，就可以通过参与劳动力密集工序的生产而体现比较优势，获得经济利益。另外，有一系列研究都表明，以外包形式出现的产品内分工与发包国工人的工资、就业变动呈显著正相关(Feenstra & Hanson，1996、1997)⑥⑦。但

---

① Krugman, P.. Does Third World Growth Hurt First World Prosperity? [J]. *Harvard Business Review*, 1994, 72(23):113—121.

② Krugman, P.. Growing World Trade: Causes and Consequences[J]. *Brookings Papers on Economic Activity*, 1995, 26(1):327—377.

③ Arndt, S.W.. Globalization and the Open Economy[J]. *North American Journal of Economics and Finance*, 1997, 8(1):71—79.

④ Arndt, S. W.. Preference Areas and Intra-Product Specialization[A]. In C. C. Paraskevopoulos, A.A.Kintis and A.J.Kondonassis(eds.), *Globalization and the Political Economy of Trade Policy*[M]. APF Press, 2001:237—249.

⑤ Jones, R. W. and Kierzkowski, H.. A Framework for Fragmentation [R]. Tinbergen Institute Discussion Paper, 2001.

⑥ Feenstra, R. C. and Hanson, G. H.. Globalization, Outsourcing and Wage Inequality[J]. *American Economic Review*, 1996, 86(2):240—245.

⑦ Feenstra, R.C. and Hanson, G.H.. Productivity Measurement and the Impact of Trade and Technology on Wages: Estimates U.S., 1972—1990[R]. NBER Working Paper, No.6052, 1997.

是，在由于产品内国际分工带来的福利分配问题上，Arndt(1998)①认为对于大国而言，福利改善的效果会更加明显。Jones 和 Kierzkowski(2001)分析的结果还揭示，对于发达国家的非熟练劳动力来说，如果该国是个劳动力丰裕的发达国家的话，那么这部分人群的实际工资会下降，从而可能会在产品内国际分工的浪潮中遭受损失。

随着对产品内国际分工研究的深入，在产品内分工产生的效应上，学者们的态度更加谨慎。从世界的角度来看，产品内分工对于不同国家福利的影响可能是一把“双刃剑”。在给一些国家或集团带来利益的同时，会给另一些国家或集团带来损失。具体地说，它至少可以通过三个途径来影响一国的福利：一是影响一国的贸易条件；二是加重原本就存在的扭曲；三是改变世界的生产格局。在存在关税扭曲的经济中，加重扭曲所带来的负面效应甚至可能超过成本降低的好处(Deardorff, 2005)②。

从一国的角度看，产品内分工背景下优惠贸易协定对贸易和投资影响可能是不确定的。虽然优惠贸易协定消除了某些贸易壁垒，导致两国的分工得以顺利进行，但是，对中间产品实行关税减免而对最终产品的进口关税维持不变的话，属于一种典型的关税扭曲。国家福利的变化最终有可能上升，也有可能下降③。Kohler(2001)④在一个完全竞争的两要素、两部门的开放经济贸易模型中，分析了产品内国际分工对国家福利和要素价格的影响，认为产品内国际分工将使得原生产国的工资降低，同时

---

① Arndt, S.W.. Super-Specialization and the Gains From Trade[J]. *Contemporary Economic Policy*, 16(4):480—485.

② Deardorff, A.V.. Gains from Trade and Fragmentation[R]. University of Michigan Discussion Paper, No.543, 2005.

③ Arndt, S. W.. Preference Areas and Intra-Product Specialization[A]. In C. C. Paraskevopoulos, A.A.Kintis and A.J.Kondonassis(eds.), *Globalization and the Political Economy of Trade Policy*[M]. APF Press, 2001:237—249.

④ Kohler, W.. A Specific-Factors View on Outsourcing[J]. *Journal of Economics and Finance*, 2001, 12(1):31—53.

收入分配效应将提高资本的收益。两种力量对比使得产品内分工对原生产国的整体福利的影响并不十分明了。Jones 和 Kierzkowski(2000)①、Kohler(2004)②、Egger(2005)③也从不同层面揭示产品内分工对一国收入分配的影响是不确定的。

(四) 产品内分工的度量

关于产品内分工的另一研究方向就是对产品内分工程度的测算,这是到目前为止关于产品内分工实证研究中最新也是最为复杂的一个领域。从现有文献来看,学者们对于产品内分工程度的测算,大体上从以下三个方面进行:

1. 中间品的贸易份额

最初对于产品内分工程度的测算是从中间贸易品占贸易总额的比例计算开始的。学者们认为,通过进口中间产品追加到后续的生产环节,是产品内分工的一种重要表现方式。国际贸易的分类中对于中间品贸易有比较完整的归类:国际贸易标准分类(SITC)将零件和部件产品的贸易作为中间贸易品;国际贸易广义分类(BEC)将代码为 111、121、21、22、31、32、42、53 的几类产品货物定义为中间货物。鉴于通过中间品贸易额测算产品内分工数据比较容易获得,同时方法上也比较简便。Yeats(1998)④等学者都曾经用过这种直截了当的方法测度过产品内分工的程度。但是,由于现实经济生活中,被叫做中间贸易品的那部分货物通过进口加工

---

① Jones, R. W. and Kierzkowski, H.. A Framework for Fragmentation [R]. Tinbergen Institute Discussion Paper, 2001.

② Kohler, W.. Aspects of International Fragmentation[J]. *Review of International Economics*, 2004, 12(5):793—816.

③ Egger, H. and Egger, P.. Labor Market Effects of Outsourcing under Industrial Interdependence[J]. *International Review of Economics and Finance*, 2005, 14(3):349—363.

④ Yeats, A.J.. Just How Big is Global Production Sharing? [R]. World Bank Policy Research Working Paper, No.1871, 1998.

之后产成品可能只留在国内使用，而不叫做中间贸易品的进口货物反而经进口加工之后进行了出口，采用这种直截了当的测算方法有欠准确。

因而，学者们在如何巧妙运用贸易数据以准确测算产品内分工程度方面做了很多努力（Feenstra & Hanson，1997①；Bardhan & Jaffee，2005②；Jones etc，2005③；Kimura & Ando，2005④）。Feenstra 和 Hanson(1997)⑤从产业层面将中间贸易品的运用进行了细分。他们的计算方法是：将每个产业中购买的每种类型的投入品价值乘以此种中间品的进口份额，得出该产业进口的该种投入品的价值；然后将一个产业所有进口的投入品进行加总；最后再将各产业中所进口的投入品加总。这样就可以得出各类产业乃至整个国家进口中间品的状况。用公式表示为：

$$V_j = \sum_{i=1}^{n} (A_{ij} \times T_{ij})$$

其中，i 表示中间品的类型，j 表示某个行业，A_{ij} 表示 i 类中间投入品占 j 行业产出的比重，T_{ij} 表示 j 行业进口 i 类中间品的金额，V_j 表示 j 行业所有进口中间投入品的进口价值。

产品内分工导致了不同国家在同一产品各生产环节中的地位不尽相同。Bardhan 和 Jaffee(2005)的测算在 Feenstra 和 Hanson(1997)的基础

① Feenstra, R.C. and Hanson, G.H.. Productivity Measurement and the Impact of Trade and Technology on Wages: Estimates U.S., 1972—1990[R]. NBER Working Paper, No.6052, 1997.

② Bardhan, A.D. and Jaffee, D.. On Intra-Firm Trade and Multinationals: Foreign Outsourcing and Offshoring in Manufacturing[R]. Working Paper, 2005.

③ Jones R., Kierzkowski H., and Chen, L.R.. What Does Evidence Tell Us about Fragmentation and Outsourcing? [J]. *International Review of Economics and Finance*, 2005, 14(3): 305—316.

④ Kimura, F. and Ando, M.. Two-dimensional Fragmentation in East Asia: Conceptual Framework and Empirics[J]. *International Review of Economics and Finance*, 2005, 14(3): 317—348.

⑤ Feenstra, R.C. and Hanson, G.H.. Productivity Measurement and the Impact of Trade and Technology on Wages: Estimates U.S, 1972—1990[R]. NBER Working Paper, No.6052, 1997.

上增加了贸易流向因素。其公式表示为：

$$II_i = I_i \times \left(\frac{M_i}{P_i - X_i + M_i}\right) \tag{1.1}$$

$$II_{ic} = M_{ic} \times II_i \tag{1.2}$$

(1.1)式是行业进口中间投入品的计算公式。其中，I_i 表示 i 行业生产的被其他各行业用作投入的金额，II_i 表示 i 行业的进口投入额，M_i 表示 i 行业的总进口额，P_i 表示一国 i 行业的总产出，X_i 表示 i 行业的总出口额。

(1.2)式则是综合了行业和国别双重细分因素之后的计算公式。II_{ic} 是 i 行业从国家 c 的进口额，M_{ic} 则是 i 行业从国家 c 的进口额占该国从 c 国进口总额的比例。

2. 垂直专业化比率(Index of Vertical Specialization)

尽管垂直专业化在研究产业内贸易时早就被提出，但是，对于其较为完整的测算，一直找不到最合理的方法。Hummels 等从垂直专业化的角度对于产品内分工的测算方法，到目前为止是这方面最权威的。Hummels 等人(2001)①定义的垂直专业化比例(VS 指数)是指出口生产中使用的进口投入价值相对于出口额的比率，该比率介于[0，1]。如果进口的中间贸易品全部直接或间接地用于国内消费，则该比率为 0；反之，如果进口的中间贸易品经加工之后全部用于出口，则该比率为 1。与单纯用贸易数据计算中间品贸易份额来度量产品内分工的方法相比，Hummels 等人(2001)的改进在于他们的计算在利用贸易数据的同时，也运用了投入产出表数据，从而在一定程度上反映了中间品贸易从投入到产出过程的产业关联。这种测算方法提出，无疑更深一层地反映了产品内国际分工的本质。

① Hummels, D., Ishii J. and Yi, K.M.. The Nature and Growth of Vertical Specialization in World Trade[J]. *Journal of International Economics*, 2001, 54(1):75—96.

3. 平均传递步长(Average Propagation Lengths)

产品内国际分工的不断深入,使得同一产品的工序分离程度也越来越深入。不同产品分散在不同国家的工序数量是不一样的。从这个角度来说,Hummels 等人(2001)的研究似乎又有所欠缺。Hummels 等人的测算没有把一个产品可能会分解成几道工序来进行生产的因素考虑在内,其计算过程也体现不出一个中间产品会经过几种不同的投入路径最终转化成不同种类的最终产品。Dietzenbacher 等人(2005)①正是基于这方面的考虑,通过建立平均步长(APL),构造了跨国生产平均步长对国内生产平均步长的比例系数,用以描述产品内国际分工的程度。Inomata(2008)②在 Dietzenbacher 等人(2005)APL 模型的基础上,利用日本经济研究所编制的《亚洲国际投入产出表》数据,证实了东亚各国及地区在电子产品、机械运输设备等制造业部门的产品内分工已经达到了很高的程度,并且指出,东亚在制造业中的产品内分工,与不同国家的要素密集度是息息相关的。可以说,Dietzenbacher 等人(2005)和 Inomata(2008)在产品内分工测算方面所提出的度量方式,到目前为止是最能反映产品内国际分工本质的一种方法。

通过对产品内国际分工相关研究成果的梳理,可以清楚地发现,在产品内国际分工不断深化的背景下,出口品中含有进口投入是产品内国际分工在贸易领域非常典型的现象特征。但在对产品内国际分工效应的相关研究中,至今尚无涉及产品内国际分工的贸易结构效应和产品内国际分工的贸易收支效应。就产品内国际分工产生的效应问题研究而言,以出口品中的进口投入为切入点,对其产生的贸易收支效应进行深入分析,

---

① Dietzenbacher, E., Romero, L. and Bosma, N. S.. Using Average Propagation Lengths to Identify Production Chains in The Andalusian Economy [J]. *Estudios de Economia Applicada*, 2005, 23(1):405—422.

② Inomata, S.. A New Measurement for International Fragmentation of the Production Process: An International Input-Output Approach [R]. Japan Institute of Developing Economies Discussion Paper, No.175, 2008.

将是一项非常具有前瞻性的工作。

二、贸易收支相关研究回顾

在现有的国际收支理论中，比较有典型性的学说有贸易收支弹性论、吸收分析法和货币分析法。其中，贸易收支弹性论是国际收支各流派学说中最古老也是最具有影响力的一个理论，其他的国际收支理论都不同程度地受到了贸易弹性论的影响。这里以微观层面的贸易弹性论为主线，沿着其继承、批判和修正的理论演进作简要述评。

（一）传统贸易收支弹性理论及其批判

有关贸易收支弹性论的研究，先后经过了 Marshall、Lerner、Robinson、Metzler 等人的努力才使该理论日趋完善。Robinson(1937)①利用马歇尔的局部均衡分析方法，在给定外生流动资本的假定条件下，分别考察了出口市场和进口市场。结果表明，汇率变动对贸易收支的影响取决于进出口的供求弹性。在 Robinson(1937)系统提出贸易收支弹性分析说的基础上，Lerner(1944)②对 Robinson(1937)的弹性参数用数学语言加以表述，正式地提出了马歇尔—勒纳条件(Marshall-Lerner Condition)③，即进口需求弹性和出口需求弹性之和大于 1 时，本币贬值可以改善贸易收支；反之，本币贬值将恶化贸易收支。

马歇尔—勒纳条件是在假定本国和外国出口供给弹性无穷大时，汇率调整完全传递给进出口价格时的简化形式。实际上，由于本国和外国出口供给弹性不可能无穷大，Metzler(1948)④提出了相对比较接近现实的通过

---

① Robinson, J.. *Essays in the Theory of Employment*[M]. New York: Macmillan, 1937.

② Lerner, A.. *The Economics of Control*[M]. New York: Macmillan, 1944.

③ Marshall-Lerner 条件最初不是这个叫法，最初被叫做 Bickerdicke-Robinson 条件。

④ Metzler, L.A.. *The Theory of International Trade*, *in A Survey of Contemporary Economics*[M]. Philadelphia: Blakiston, 1948.

本币贬值改善贸易收支的前提条件，即克戴克—罗宾逊—梅茈勒条件：

$$\frac{\eta_x(1+\varepsilon_x)}{\varepsilon_x+\eta_x}+\frac{\eta_m(1+\varepsilon_m)}{\varepsilon_m+\eta_m}>1 \text{①} \tag{1.3}$$

当考虑国与国之间的相互经济作用时，一国的贸易收支变动可以分为两部分。一部分是国民收入在初始均衡时由需求变动直接导致的，称为贸易收支变动的自主性部分(Autonomous Part)，另一部分是从旧均衡过渡到新均衡时因国内或国外收入变动引致的贸易收支变动部分(Induced Part)。Harberger(1950)②证明，当国与国之间存在相互经济影响时，一国货币贬值能否改善贸易收支取决于一国进出口需求弹性之和是否大于国内和国外边际进口倾向之和再加上 1。这就是著名的哈伯格条件，比马歇尔—勒纳条件更为严格。

贸易收支弹性论中汇率调整与贸易收支变动之间的关系具有深远的理论意义和明确的政策含义，然而，由于严格的假定条件，现实经济情况却往往与理论并不一致。一国汇率贬值并不能有效改善贸易收支，从而出现了弹性悲观论调。作为早期弹性悲观论的主要代表，Miles(1979)③采用简化式模型，使用似无关回归和合并回归方法研究了 14 个样本国家货币贬值和贸易收支之间的关系。结果表明，贬值不能改善贸易收支，主要原因在于货币贬值只能引起组合资产中货币和债券比例发生改变，而不会引起组合价值大小发生变化。随着计量技术的发展，协整技术逐渐被应用于研究汇率与贸易收支之间的关系。该技术的最大优点是能够较好地处理非平稳时间序列之间的长短期均衡关系。尽管

---

① 由于本书第二章第三节将对马歇尔—勒纳条件和克戴克—罗宾逊—梅茈勒条件进行推导，这里对(1.3)式的各字母含义不进行单独解释，详见第二章第三节。

② Harberger, A.C.. Currency Depreciation, Income and the Balance of Trade[J]. *Journal of Political Economy*, 1950, 58(1):47—60.

③ Miles, M.A.. The Effects of Devaluation on the Trade Balance and the Balance of Payment: Some New Results[J]. *Journal of Political Economy*, 1979, 87(3):600—620.

Baharumshah(2001)①和 Mohsen(2001)②等都采用协整方法证明了实际贬值可以改善贸易收支，但还有大量运用协整分析的研究对此存有质疑。比如，Rose(1991)③对美、英、加、德等国 1974—1986 年数据的分析表明上述国家进出口与汇率之间不存在协整关系，马歇尔—勒纳条件不成立。Klein 和 Marwah(1996)④通过美国 1977—1992 年的贸易收支数据，发现美元贬值在一段时间反而会恶化贸易收支。Mohsen 等(1999)⑤运用协整方法通过研究美国与其主要贸易伙伴之间的双边贸易关系。结果表明，美元对日本、英国、法国和意大利的货币贬值能够改善美国与这些国家的双边贸易收支，而美国对加拿大和德国的货币贬值并不能改善相应的双边贸易收支。Liew 等(2003)⑥等对马歇尔—勒纳条件也依旧持否定态度。

（二）弹性论对局部分析框架的突破

面对理论与现实相悖的情况，学者们开始寻找本币贬值不能有效改善贸易收支的原因。随着一般均衡分析方法的盛行，传统贸易收支弹性论受到广泛质疑和批评的最主要原因在于该理论采用了局部均衡的分析

---

① Baharumshah, A.Z.. The Effect of Exchange Rate on Bilateral Trade Balance: New Evidence from Malysia and Thailand[J]. *Asian Economic Journal*, 2001, 15(3):291—312.

② Mohsen, B.O.. Nominal and Real Effective Exchange Rates of Middle Eastern Countries and Their Trade Performance[J]. *Applied Economics*, 2001, 33(1):103—111.

③ Rose, A.K.. The Role of Exchange Rates in a Popular Model of International Trade: Does the Marshall-Lerner Condition Hold? [J]. *Journal of International Economics*, 1991, 30(3—4):301—316.

④ Klein, L.R. and Marwah, K.. Estimation of J-Curve: United States and Canada[J]. *Canadian Journal of Economics*, 1996, 29(3):523—539.

⑤ Mohsen, B.O. and Brooks, T.J.. Bilateral J-Curve between U.S. and Her Trading Partners[J]. *Weltwirtsch Aftliches Archiv*, 1999, 135(1):156—165.

⑥ Liew, K.S., Lim, K.P. and Hussian H.. Exchange Rate and Trade Balance Relationship: The Experience of Asean Countries[R], International Trade, No.0307003, 2003.

框架。从 20 世纪 50 年代初到 70 年代中期，Harberger(1950)①、Meade(1951)②、Alexander(1959)③、Jones(1961)④和 Dornbusch(1975)⑤等人的大量研究都着眼于建立一般均衡框架，对局部均衡分析框架下的马歇尔—勒纳条件和克戴克—罗宾逊—梅此勒条件开展了一系列修正工作。其中，以 Jones(1961)和 Dornbusch(1975)最为典型。

Jones(1961)参考 Harberger(1950)在分析贸易收支时引入国民收入变量的做法，指出满足克戴克—罗宾逊—梅此勒条件时本币贬值不能有效改善贸易收支的主要原因，在于传统贸易收支弹性论的研究工作是在局部均衡分析框架下完成的，忽略了汇率变动可能导致的收入效应。从 Metzler(1948)⑥对克戴克—罗宾逊—梅此勒条件的推导过程来看，该项工作是在对每一种商品市场出清的均衡方程基础上进行的。这意味着在任意一个汇率水平上，每一种商品在本币贬值前后都满足市场出清条件。在 Jones(1961)看来，这样的隐含假设显然是脱离实际的。

为了贴近现实情况，Jones 试图在一般均衡分析框架下推导本币贬值改善贸易收支的判定条件。Jones(1961)⑦从供给曲线的基本概念出发，深入细分到两国情况下的消费行为、生产行为和贸易行为。他通过对三者之间经济联系的分析后指出，通过本币贬值有效改善贸易收支须满足

---

① Harberger, A.C.. Currency Depreciation, Income and the Balance of Trade[J]. *Journal of Political Economy*, 1950, 58(1):47—60.

② Meade, J.E.. *The Balance of Payments*[M]. Lodon: Oxford University Press, 1951.

③ Alexander, S.S.. *Effects of A Devaluation: Simplified Synthesis of Elasticities and Absorption Approaches*[M]. American Economic Review, 1959, 49(1):22—42.

④ Jones, R.. Stability Conditions in International Trade: A General Equilibrium Analysis[J]. *International Economic Review*, 1961, 2(2):199—209.

⑤ Dornbusch, R.. Exchange Rates and Fiscal Policy in Popular Model of International Trade[J]. *American Economic Review*, 1975, 65(5):859—871.

⑥ Metzler, L.A.. *The Theory of International Trade*[M]. Blakiston, 1948:245—266.

⑦ Jones, R.. Stability Conditions in International Trade: A General Equilibrium Analysis[J]. *International Economic Review*, 1961, 2(2):199—209.

外汇市场均衡的稳定性条件，即进口需求价格弹性、出口需求价格弹性、进口供给价格弹性和出口供给价格弹性四者之和应当大于1，用公式表示为 $\eta_x + \eta_m + \varepsilon_x + \varepsilon_m > 1$。

Jones(1961)推导的外汇市场均衡稳定性条件与克戴克—罗宾逊—梅茈勒条件相比，其相同之处在于都强调了供给弹性在本币贬值对改善贸易收支有效性问题上的作用，而不同之处在于 Jones(1961)推导的外汇市场均衡稳定性条件不受克戴克—罗宾逊—梅茈勒条件推导过程中假定初始贸易收支平衡的前提约束，所以更具有一般性。

在 Harberger(1950)①和 Jones(1961)的基础上，Dornbusch(1975)②在解释货币贬值的贸易收支效应时，既考虑了收入效应，也考虑了替代效应。其对贸易收支弹性论在局部均衡分析向一般均衡分析扩展过程中的主要贡献在于引入了非贸易品的概念，通过简单二分法把商品分为贸易品和非贸易品两大类。在具体论述本币贬值的贸易收支效应时，Dornbusch(1975)分别从贬值之后贸易条件不变、贸易条件改善和贸易条件恶化三个角度进行了深入探讨。本币贬值将带来贸易品和非贸易品相对价格的变动，由价格因素所产生的替代效应会使贸易品的进口需求减少、出口需求增加。从收入效应的角度来说，在贬值之后贸易条件不变的情况下，贬值带来的收入效应为零，因而在这种情况下，贬值可以通过改善贸易收支；在贬值之后贸易条件改善的情况下，本国实际收入会提高，产生正的收入效应，从而增加对非贸易品的需求，替代效应和收入效应的作用方向一致，相互作用得到加强，最终导致贸易顺差增加；在贬值之后贸易条件恶化的情况下，本国实际收入会降低，产生负的收入效应，从而减少对非

① Harberger, A.C.. Currency Depreciation, Income and the Balance of Trade[J]. *Journal of Political Economy*, 1950, 58(1):47—60.

② Dornbusch, R.. Exchange Rates and Fiscal Policy in Popular Model of International Trade[J]. *American Economic Review*, 1975, 65(5):859—871.

贸易品的需求，替代效应和收入效应的作用方向相反，在这种情况下，本币贬值能否改善贸易收支取决于替代效应和收入效应的力量对比。Dornbusch(1975)通过引入非贸易品对贸易收支弹性论所作的修正，为之后国际收支理论的发展产生了深远的影响。

(三) 弹性论就汇率传递机制的探索

20世纪80年代之后，在实证研究中，经验证据与传统贸易收支弹性论频繁相悖的情况促使学者们的研究重心发生很大的转向。一部分学者跳出了汇率贬值导致贸易收支改善的判定条件的主流讨论，转而开始寻找汇率贬值不能改善贸易收支状况的原因。在传统弹性论中，假定条件之一就是汇率变动对价格具有百分之百的传递(Pass-through)作用。学者们这一时期研究视角的转变，实际上作了突破弹性论前提假定的尝试性探索，涌现了大量汇率不完全传递的经典文献。

1. 汇率的价格不完全传递理论

在存在进出口贸易的情况下，商品价格是一个由进出口价格和国内消费价格构成的价格体系。所以，汇率的价格不完全传递，一方面体现在汇率的进出口价格不完全传递，另一方面体现在汇率的国内消费价格不完全传递。

早期对汇率的进出口价格不完全传递的研究主要是通过贸易弹性计算汇率进出口价格传递率来实现的，如Branson(1972)①、Kreinin(1977)②等。之后，相对比较成形的理论模型开始陆续出现，比较典型的当推Menon(1995)③。Menon(1995)认为，汇率调整会产生不同贸易收支效应

---

① Branson, W. H.. The Trade Effects of the 1971 Currency Realignment[J]. *Brookings Papers on Economic Activity*, 1972, 1:15—69.

② Kreninm, E.. The Effect of Exchange Rate Changes on the Prices and Volume of Foreign Trade[R]. IMF Staff Papers, No.47, 1977.

③ Menon, J.. Exchange Rate Pass-through[J]. *Journal of Economic Surveys*, 1995, 9(2):197—231.

的原因在于进出口价格的不完全传递性，而进出口价格不完全传递的根源在于进出口的供给和需求弹性的状况。因此，本币贬值后的贸易收支效应会存在四种情况：第一，本国进出口商品都是供给无弹性的，那么贬值之后出口会增加，进口不变，最终导致贸易顺差增加；第二，本国进口需求无弹性，出口供给无弹性，则本币贬值后进口会进一步增加进而导致贸易逆差增加；第三，本国出口需求无弹性，进口供给无弹性，那么贬值之后进出口都不变，贸易收支也不变；第四，本国进出口商品需求都缺乏弹性，则出口不变，进口增加，最终导致贸易顺差减少。

从汇率对国内消费价格的传递性来看，Menon（1995）在假设国内需求等于国内供给和国外供给且国内外商品可完全替代的前提下，认为国内消费价格的汇率传递性除了取决于本国供给弹性和本国需求弹性之外，还取决于本国进口品占国内市场的份额。同时，由于国内外商品可完全替代，在市场出清条件下，进出口价格与国内消费价格无差异，进而汇率的国内消费价格传递程度等于汇率的进出口价格传递程度。但若国内外商品不可完全替代时，国内商品和国外商品就会存在价格差异，进而导致汇率的国内消费价格传递程度有别于汇率的进出口价格传递程度。

2. 市场定价相关理论

除了在流通领域因商品的供求弹性因素引发汇率的价格不完全传递现象之外，在生产领域国内外生产厂商调整产量的动机事实上也是引发汇率的价格不完全传递的重要原因。静态利润最大化理论、滞后理论、市场定价（Pricing to Market，简称 PTM）理论、生产者货币定价（Producer Currency Pricing，简称 PCP）理论等分别是从生产领域寻找汇率不完全传递的原因的经典之作。

静态利润最大化理论的代表 Dornbusch（1987）①分别采用 Cournot 模

① Dornbush, R.. Exchang Rates and Prices[J]. *American Economic Review*, 1987, 77(1):93—106.

型、Dixit-Stiglitz模型和Salop模型，从三个不同的产业组织分析框架解释了成本冲击的价格效应。结果表明，在假定工资呈现黏性、行业内厂商数量保持不变的短期内，名义汇率变动在三种不同的产业组织架构下对进出口价格的传递程度都小于1。这就在很大程度上解释了汇率贬值不能有效改善贸易收支可能存在的原因。

与Dornbusch(1987)采用短期分析相对应，以Krugman和Baldwin(1987)①为代表的滞后理论则强调了汇率冲击给贸易收支带来的持久性冲击效应。滞后理论主要考虑了非完全竞争市场结构下厂商进出市场的决策与企业沉没成本之间的关系。当汇率冲击足够大时，将导致外国厂商的产品进入本国市场，进而使市场结构发生变化。一旦市场结构发生持久性变化，汇率与进出口数量关系之间会随之发生永久性变化，造成汇率变动对贸易收支产生的影响与弹性论的结果大相径庭。

市场定价理论最早出现在Krugman(1987)的论述②中。它主要指当市场处于分割状态时，出口商可以根据进口地点的不同而制定不同的价格。市场定价理论是对一价定律的否定，它着重强调了市场分割对汇率的价格传递程度的影响。Obstfeld和Rogoff(1995)③在Krugman(1987)的基础上，对其市场定价方式进行了拓展。Obstfeld和Rogoff认为，在市场分割条件下，厂商根据市场定价，既可以选择以本币表示价格，即生产者货币定价(Producer Currency Pricing，简称PCP)，也可以选择以当地货币定价(Local Currency Pricing，简称LCP)。Obstfeld和Rogoff(1995)通过建立PCP-PTM模型，将微观的厂商定价理论纳入宏观经济的分析框架，开

① Krugman, P. and Baldwin, R.E.. The Persistence of the US Trade Deficit[J]. *Brookings Papers on Economic Activity*, 1987, 1(2):1—43.

② Krugman, P.R.. Pricing to Market When the Exchange Rate Changes[A]. in Arndt and Richardson(eds.), *Real-Financial Linkages Among Open Economics*[M]. Massachusetts: MIT Press, 1987.

③ Obstfeld, M. and Rogoff, K.. Exchange Rate Dynamic Redux[J]. *Journal of Political Economy*, 1995, 103(12):624—660.

创了新开放经济宏观经济学(New Open Economy Macroeconomics)。在Obstfeld和Rogoff新开放经济宏观经济学的框架中,一个显著的特点就是价格黏性不是直接假定的,而是在名义工资黏性的基础上,通过加价定价使其内生化了。所以,在Obstfeld和Rogoff(1995)看来,一方面汇率变动在短期内会使得价格的调整受到限制,另一方面随着国内厂商数量的增多,定价过程中加成率的下降使得长期内价格的调整幅度将出现一定程度的扩大。Obstfeld和Rogoff开创的新开放经济宏观经济学是一个将微观基础纳入宏观分析框架的体系,汇率与贸易收支的关系是在多个变量的动态优化模型的共动模式中被内生决定的,因而,弹性论中单纯强调的汇率与贸易收支之间的规律性关系在此有所弱化。

(四)弹性论对进口产品用途的区分

以马歇尔—勒纳条件和克戴克—罗宾逊—梅茈勒条件为主要支撑的贸易收支弹性论隐含的另一个假定条件是贸易产品都是最终制成品。20世纪70年代两次石油危机之后,随着进口能源不断用于国内的出口生产,出现了又一批突破弹性论假定条件的文献。它们的主要贡献在于通过引入中间投入品扩展了通过汇率变动对贸易收支进行调整的通道。

Bruno和Sachs(1979)①从70年代的石油危机中总结出,中间贸易品价格的上涨通过削弱一国最终产品的静态比较优势,从而使得该国家产业衰退,失业人口增加;同时由于中间贸易品投入价格的上涨造成通货膨胀,因而认为中间贸易品价格上涨对于一国实体经济和货币经济都会产生影响。Obstfeld(1980)②的观点则刚好相反。他认为中间贸易品投入

① Bruno, M. and Sachs, J.. Macro-Economic Adjustment With Import Price Shocks: Real and Monetary Aspects[R]. NBER Working Paper, No.0340, 1979.

② Obstfeld, M.. Intermediate Imports, the Terms of Trade, and the Dynamics of the Exchange Rate and Current Account[J]. *Journal of International Economics*, 1980, 10(4): 461—480.

价格的上升，由于在长期中能够同时改善本国和外国的贸易条件，因而导致本国经常账户产生盈余。Bhandari(1982)①沿用了Obstfeld(1980)的分析框架，但是改变了Obstfeld(1980)中间投入品低进口需求弹性的假定条件，得到了与之相反的结论，认为中间贸易品投入价格上升将使本国经常账户赤字。日本学者Ueda(1983)②则在以上文献的基础上对日本在20世纪60—80年代的贸易盈亏问题作了实证研究。结果显示，日元汇率的波动在短期内对于贸易账户有显著影响，而在长期的作用并不显著，因而整个70年代汇率波动并不能消除贸易不平衡。但是，中间贸易品的投入产出弹性却对样本期内日本的贸易账户有着显著的影响。

自20世纪80年代初期之后，国外研究贸易收支涉及弹性分析法的文献很少出现。关于通过汇率调整贸易收支的研究主要零散地穿插在其他各种流派的文献中。只是近几年Wang和Wei(2009)③、Koopman等人(2012、2014)④⑤利用投入产出方法对中国的出口增长之谜进行解释时，对中国出口中的进口投入(import content of export)进行了剥离。从实证研究的角度来看，这对以剥离外来进口投入为视角研究中国的贸易收支问题提供了很好的借鉴。

就国内的研究来看，由于中国双顺差局面长期持续，通过人民币汇率

---

① Bhandari, J.S.. Intermediate Imports, the Current Account and Flexible Exchange Rates: A Dynamic General Equilibrium Model[J]. *Southern Economic Journal*, 1982, 48(3):792—801.

② Ueda, K.. Trade Balance Adjustment with Imported Intermediate Goods: The Japanese Case[J]. *The Review of economics and Statistics*, 1983, 65(4):618—625.

③ Wang, Zhi and Wei, Shang-Jin.. Value Chains in East Asian Production Networks: An International Input-Output Model Based Analysis[R]. UITC Working Paper, No.2009-10-C, 2009.

④ Koopman, R., Z.Wang and S.-J.Wei.. Estimating Domestic Content in Exports When Processing Trade is Pervasive[J]. *Journal of Development Economics*, 2012, 99(1): 178—189.

⑤ Koopman, R., Z.Wang and S.-J.Wei.. Tracing Value-added and Double Counting in Gross Exports[J]. *American Economic Review*, 2014, 104(2):459—494.

调整贸易收支失效，鹿朋(2008a、2008b)①②、封思贤和吴玮(2008)③等开始重新审视汇率调整国际收支的通道是否存在障碍。与此同时，卢锋(2004、2006)④⑤、蒲华林和张捷(2007)⑥、张少军和张少华(2008)⑦等则开始把中国贸易收支失衡问题追溯到产品内国际分工这一深刻的根源。总体上来说，以产品内国际分工为视角对中国贸易收支问题进行深入分析的研究至今还凤毛麟角，所以在这方面的研究将会是一项非常具有创新性的工作。

第三节　研究思路、内容与方法

一、研究思路

本书的研究主要遵照图1.2的脉络展开。在中国贸易顺差保持持续增长的背景下，结合中国出口品中既含有本国投入又含有进口投入的结构性特征，本书以出口品中的进口投入作为研究中国外贸顺差问题的切入点，旨在揭示中国外贸顺差形成过程中的外部原因和中国外贸顺差调整过程中的外部障碍。

---

① 鹿朋：《马歇尔—勒纳条件适用性研究与修正：基于全球生产网络的视角》，《南京社会科学》2008年第3期，第21—28页。

② 鹿朋：《产品内分工与贸易下的汇率与国际收支关系研究：对马歇尔—勒纳条件适用性的分析与发展》，《国际商务》2008年第5期，第47—52页。

③ 封思贤和吴玮：《汇率变化对不同类商品进出口的影响》，《数量经济技术经济研究》第7期，第106—117页。

④ 卢锋：《产品内国际分工：一个分析框架》，北京大学中国经济研究中心工作稿，No.C2004005，2004。

⑤ 卢锋：《中国国际收支双顺差现象研究：对中国外汇储备突破万亿美元的理论思考》，《世界经济》2006年第11期，第3—10页。

⑥ 蒲华林和张捷：《产品内分工与中美结构性贸易顺差》，《世界经济研究》2007年第3期，第29—38页。

⑦ 张少军、张少华：《中国国际收支失衡双顺差形成的微观机理探究：基于全球价值链视角的实证分析》，《当代财经》2008年第9期，第107—111页。

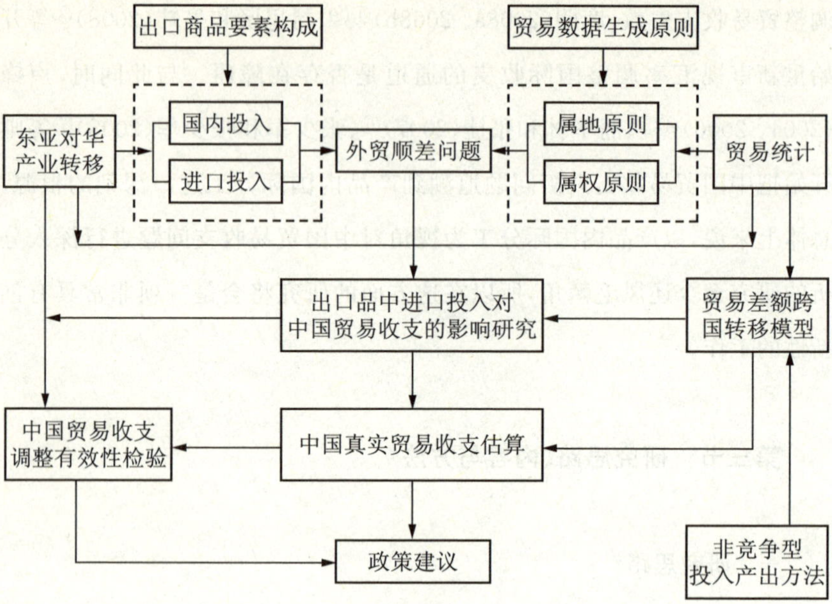

图 1.2　本书基本思路图

本书的核心分析框架,在内容上包括出口品中进口投入对中国贸易收支核算的影响和出口品中进口投入对中国贸易收支调整的影响两大方面。有关出口品中进口投入对中国贸易收支核算的影响,主要通过建立双边真实贸易顺差测算模型并对中美真实贸易顺差的实际测算来完成。有关出口品中进口投入对中国贸易收支调整的影响研究,先根据马歇尔—勒纳条件给汇率与进出口的作用通道设定了一种标准化的状态,再分别从中国贸易总体和中美双边贸易两个层面通过实证比较分析来实现。

二、研究内容

根据上面的研究思路,本书具体研究内容如下:

第一章简要阐述问题提出的背景、研究意义,并对本书的研究对象、研究思路、研究方法和主要创新之处作出交待,同时对与贸易收支相关的研究进行回顾和评价。

第二章从出口品投入来源细分的视角提出本书就中国外贸顺差问题进行研究的分析框架，着重阐释出口品中进口投入的内涵及其度量方法、基于出口品中进口投入的贸易差额核算思路和贸易收支调节思想。在研究方法上，引入了《亚洲国际投入产出表》作为核算出口品中进口投入的有效工具，并对《亚洲国际投入产出表》的基本框架和相关系数进行详细论述。

第三章描述中国贸易收支的结构现状，对中国贸易收支的总体规模及其适度性进行讨论，并从中国贸易收支的国别结构和商品结构两个层面揭示中国贸易收支的基本结构特征。

第四章利用《亚洲国际投入产出表》数据，通过设计一套指标体系，定量地揭示了东亚产业的跨国联动结构、中国在东亚的产业地位，以及东亚产业联动背景下中国出口品中进口投入成分。

第五章结合出口品中的进口投入成分，利用投入产出方法构建了双边真实贸易差额测算模型，进而利用《亚洲国际投入产出表》数据对中美双边真实贸易顺差进行测算，并从东亚产业转移角度分析中美真实贸易顺差测算值和现有统计口径下中美贸易顺差存在差异的原因。

第六章利用第四章和第五章对中国进口中本国实际吸收价值和出口中外来投入成分的测算结果，将进出口对象还原到马歇尔—勒纳条件中“最终产品”的假定，以此给汇率与进出口的作用通道设定了一种标准化的状态。在此基础上，考虑出口品中存在进口投入和出口品中不存在进口投入两种情形，分别从中国贸易总体和中美双边贸易两个层面，对进口、出口和贸易收支中的汇率弹性和收入弹性进行测算。

三、研究方法

中国外贸顺差问题既是一个具有理论性的问题，同时也是一个非常具有现实意义的问题。本书在研究过程中力求理论联系实际。主要采用的研究方法有：

第一，运用辩证唯物主义分析方法。中国外贸顺差问题作为全球性贸易失衡中的重要一极，备受国际社会关注。欧美贸易保护主义者往往把中国持续的巨额外贸逆差单纯地视为中国自身的问题，而忽视了外部因素对中国贸易顺差产生的影响。尽管本书是以出口品中的进口投入为视角，试图揭示中国贸易失衡的外部因素，但在分析过程中抱着力求客观公正的态度，在揭示形成中国外贸顺差外部原因的同时，也客观承认中国由于比较优势发挥、技术水平升级等内部原因对外贸顺差起到的积极作用，并没有因为要达到研究目的而过分夸大外部因素在中国外贸顺差形成中的作用。

第二，在理论分析中，本书集中使用了投入产出方法。投入产出方法主要通过编制投入产出表及建立相应的数学模型，反映经济系统各个部门之间的依存关系。其最大的特点是考察部门间错综复杂的投入产出关系时，能够发现任何局部的变化对经济体系各个部分的影响。在分析中国外贸顺差的成因时，提倡外因论和综合论的学者普遍认为，产业国际转移是形成中国巨额外贸顺差的原因之一。然而，由于分析工具的局限，持上述观点的学者目前基本只停留在逻辑演绎的分析层面。本书在贸易差额流向分析、东亚产业联动结构分析、真实贸易差额的测算模型构建等方面，都大胆使用了投入产出方法，从而较为明显地形成了一个以投入产出为特点的分析框架。

第三，在实证分析中，本书一方面结合投入产出方法，根据《亚洲国际投入产出表》数据设计了一套指标体系，并进行指数测算与分析；另一方面，在贸易弹性的估计问题上，通过建立计量模型，使用了协整技术、误差修正模型、脉冲响应和方差分解等大量计量手段分析人民币汇率与中国贸易收支之间的长期和短期关系。

从总体上说，本书在研究过程中把规范分析与实证研究有机地统一在一起。

第四节　主要创新与不足之处

一、主要创新之处

第一,系统运用国际投入产出方法揭示中国外贸顺差的外部成因。

国内从外部原因视角来研究中国贸易收支问题的相关研究,目前基本上认为造成中国外贸顺差的外部原因主要在于产业的国际转移,但只是停留在定性的逻辑演绎层面。本书通过系统运用国际投入产出方法进行了大量的指数测算和计量分析,把学者们普遍认同而尚未量化的研究问题作了定量化处理。

第二,通过剥离出口中的进口成分,重新评判动用人民币汇率来调整中国外贸顺差的有效性问题。

汇率与贸易余额之间的关系是国际收支领域经久不衰的话题,马歇尔—勒纳条件是判断这两者关系的主要界定标准。然而,在生产国际化形势下,由于出口品中含有大量的进口中间投入,与马歇尔—勒纳条件中贸易品为"最终产品"的原始假定发生了背离。本书在对马歇尔—勒纳条件进行模型修正的基础上,通过剥离出口中的进口成分对其进行了计量分析。结果表明,东亚产业转移削弱了通过人民币升值减少中国外贸顺差的有效性。

第三,通过修正出口垂直专业化指数,避免了国内垂直专业化率测算过程中因严格假定条件带来的测算局限。

垂直专业化指数与投入产出表结构有着很强的对应关系。本书在测算出口垂直专业化率过程中,首先根据《亚洲国际投入产出表》结构对垂直专业化指数进行了修正。由于该表是非竞争型投入产出表,可直接提供进口投入系数,这在很大程度上使本书垂直专业化率的测算克服了Hummels 等人在假定各个产业部门使用相同比例进口投入品的基础上利用单一国家非竞争型投入产出表推断进口投入系数的测算局限。

二、不足之处

本书实证过程中的大量数据来自《亚洲国际投入产出表》，该表与单一国家的投入产出表编制频率一样，每五年才编制一次。所以，尽管本书在相关指数测算过程中按最近的出版年份采集《亚洲国际投入产出表》数据，但还是存在着一定程度的滞后性。同样由于数据的可获得性问题，本书在计量分析中只能采用近似替代的原则利用《亚洲国际投入产出表》相关数据，这一定程度上降低了研究结论的精确程度。

第二章

基于出口品投入来源细分视角的
贸易收支问题分析框架

第一节　东亚产业国际转移与贸易收支的内涵

一、东亚产业国际转移的内涵

（一）东亚的产业国际转移历程

在第二次世界大战后世界经济格局不断调整的过程中，迄今为止东亚国家发生了四次典型的国际产业转移。

第一次是日本接受美国的轻纺工业输出。20世纪50年代，美国凭借其在全球的科技与经济领先地位，成为第一次全球国际产业转移过程中的推动者。美国在国内大力发展资本密集型重化工业的同时，把传统产业通过向对外直接投资和技术输出向日本和西欧等国家进行转移。在这一时期，由于世界经济整体相对落后，严格地讲，东亚区域之间并没有发生产业转移，只是日本接受了来自美国的轻工业输出。但是，这是东亚参与国际产业转移过程的雏形。

第二次是日本把劳动力密集型产业向亚洲“四小龙”转移。20世纪60年代中后期到70年代，日本已经跻身发达国家的行列。为了加快升级的步伐，重点发展汽车和重化工业等资本密集型产业，日本把劳动密集型的轻纺工业大量向亚洲“四小龙”转移。亚洲“四小龙”从此获得了发展劳动密集型轻工业的契机，走上了出口导向型的经济发展道路，并发展成为典型的新兴工业化市场。

第三次是日本把资本密集型产业向亚洲"四小龙"转移、亚洲"四小龙"把劳动密集型产业向东盟国家转移。20世纪70年代的两次世界性石油危机给日本经济带来了沉重的打击,迫使其加快产业结构调整步伐,重点发展微电子、新能源等低能耗、高附加值的技术密集型产业。因而从70年代末期和整个80年代,日本将原先的钢铁、化工、汽车等重化工业和部分资本密集型产业进一步向亚洲"四小龙"转移。与此同时,亚洲"四小龙"也开始了产业结构的调整,一方面承接了大量来自日本的资本密集型产业,另一方面把部分失去比较优势的劳动力密集型产业向东盟国家转移。泰国、印度尼西亚等东盟主要国家,沿着亚洲"四小龙"的发展轨迹,开始了通过出口拉动经济的发展道路。

第四次是日本、亚洲"四小龙"和东盟部分国家将产业不同程度地转移至中国大陆。从20世纪90年代初期至今,随着中国对外开放政策的进一步深化,中国的引进外资政策和加工贸易政策使得东亚国家和地区把生产过程中大量的加工、制造和装配环节转移到中国。目前,东亚国家和地区对中国的产业转移,一部分是为了抢占中国巨大消费市场而发生的市场抢占型转移,而更多的是为了利用中国廉价的劳动力而发生的成本节约型转移。目前还在持续的东亚产业转移,对于中国和其他东亚国家和地区的经济增长都起到了积极的作用。与以往三次产业转移有所不同,由于突破了要素和产品的传统界限,促进了国际分工的进一步深化,使得国际分工方式由产业间分工、产业内分工逐步向不同的生产工序之间的产品内分工转变。

(二)东亚产业转移的内涵

尽管东亚产业转移已经成为目前学术界普遍关注的问题,然而,现有研究中尚无统一的表述,并且学者们就产业转移的认识也并不一致。

对于东亚产业转移的关注，最早是从日本学者的研究开始的。Akamatsu(1935，1937，1962)①②③和 Kojima(1960，1970，1995，2000)④⑤⑥⑦提出的“雁行形态”理论，是最早解释日本产业在国内进行转移和日本产业在东亚的进行转移的学说。在 Akamastu 和 Kojima 师徒看来，东亚产业转移最根本的因素在于：日本作为“雁阵”中的“头雁”对东亚其他国家起到了拉动作用。但是，事实上，Akamatsu 和 Kojima 只是解释了东亚产业转移的模式，对于产业转移本身并未作过明确的界定。2000 年之后，在日本经济长期低迷和中国经济强劲增长的背景下，雁行理论的适用性遭到了多方质疑。东亚生产网络(production network)逐渐取代了雁行理论，成为目前解释东亚产业关联最有效的方法。在东亚生产网络的框架下，产业转移过程被视作在不同时期产业关联的动态演变过程。

国内有关产业转移的早期的观点，比如王先庆(1997)⑧、陈计旺(1999)⑨、

---

① Akamatsu，K.. Waga Kuni Yomo Kogyohin No Boueki Susei[J]. *Shogyo Keizai Ronso*，1935，13:129—212.

② Akamatsu，K.. Waga Kuni Keizai Hatten No Sougou Bensyoho[J]. *Shogyo Keizai Ronso*，1937，15:179—210.

③ Akamatsu，K.. Historical Pattern of Economic Growth in Developing Countries[J]. *The Developing Economies*，1962，1:3—25.

④ Kojima，K.. Capital Accumulation and the Course of Industrialization，with Special Reference to Japan[J]. *The Economic Journal*，1960，70(280):757—768.

⑤ Kojima，K.. Towards a Theory of Agreed Specialization：the Economics of Integration[A]. In W.A.Eltis，M.FG.Scott and J.N.Wolfe(eds.)，*Induction*，*Growth and Trade*，*Essays in Honours of Sir Roy Harrod*[M]，Oxford：Clarendon Press，1970.

⑥ Kojima，K.. Dynamics of Japanese investment in East Asia[J]. *Hitotsubashi Journal of Economics*，1995，36(2):93—124.

⑦ Kojima，K.. The Flying Feese Model of Asian Economic Development：Origin，Theoretical Extensions，and Regional Policy Implications[J]. *Journal of Asian Economics*，2000，11(4):375—401.

⑧ 王先庆：《珠三角产业转移：第二次浪潮下的抉择》，《珠江经济》1997 年第 9 期，第 22—25 页。

⑨ 陈计旺：《区际产业转移与要素流动的比较研究》，《生产力研究》1999 年第 5 期，第 64—67 页。

郑燕伟(2000)①认为,产业转移仅指衰退产业的空间转移。之后一批学者将产业转移的内涵进行了扩充,认为产业转移着重指产业生产设施的空间扩展和迁移,比如,魏后凯(2003)②、潘伟志(2004)③、吴晓军和赵海东(2004)④等都认为,产业转移既涵盖了成长产业的空间转移,又涵盖了衰退产业的转移。陈建军(2002)⑤提出了更为宽泛的概念,认为产业转移是由于资源供给或产品需求条件发生变化后某些产业从某一地区或国家转移到另一地区或国家的一种经济过程。由于产业转移常常以相关国家或地区间的投资、贸易以及技术转移活动等形式表现出来,因此,陈建军(2002)还强调很难将产业转移和国际间或地区间的投资和技术及技术转移活动截然区分开来。

本书在借鉴前人观点的基础上,主要参考陈建军(2002)的观点,认为产业国际转移,是指一国为适应生产或(和)需求扩张的需要,某些产业从该国转移到其他国家的动态经济过程。一个产业的发展往往要经过萌芽期、扩张期、成熟期和衰退期四个阶段。当发达国家处于衰退阶段的产业向发展中国家进行转移时,一方面产业的国际转移具有时间维度上的动态属性。另一方面,由于产业国际转移是一个跨国界的空间结构动态演化过程,因而又具有空间维度上的动态属性。产业国际转移的产生机理可以用图 2.1 来表示。

---

① 郑燕伟:《产业转移理论初探》,《中共浙江省委党校学报》2000 年第 6 期,第 19—22 页。

② 魏后凯:《产业转移的发展趋势及其对竞争力的影响》,《福建论坛(经济社会版)》2003 年第 4 期,第 11—15 页。

③ 潘伟志:《产业转移内涵、机制探析》,《生产力研究》2004 年第 10 期,第 119—120 页。

④ 吴晓军、赵海东:《产业转移与次发达地区经济发展》,《当代财经》2004 年第 6 期,第 96—99 页。

⑤ 陈建军:《中国现阶段的产业区域转移及其动力机制》,《中国工业经济》2002 年第 8 期,第 37—44 页。

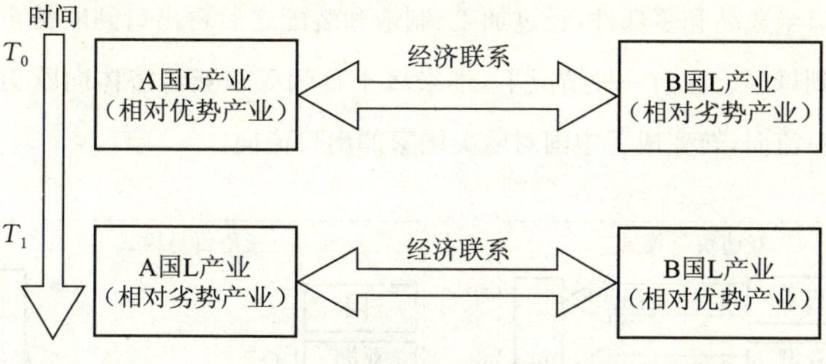

图 2.1　产业国际转移机理图

从图 2.1 可以看出，在 T_0 时期，L 产业是 A 国的相对优势产业、B 国的相对劣势产业，但是经过了一段时间（T_1-T_0）后，在 T_1 时期，L 产业在变成了 A 国的相对劣势产业、B 国的相对优势产业。由此，我们可以认为 L 产业在 A、B 两国之间发生了转移，由 A 国转移到了 B 国。判定 A、B 两国发生产业转移的直接依据是两国之间较为密切的经济联系。这种密切的经济联系主要以直接投资和贸易流向为纽带。

从东亚的实际情况来看，日本与亚洲“四小龙”的对外直接投资的确是目前东亚产业转移最重要的纽带①。在东亚产业转移的演变过程中，不同的历史时期接受外来产业转移的国家和地区，都面临着境内市场狭小和资本、技术短缺的双重压力，因而都曾经选择了通过引进外资增加总供给、以出口拉动总需求的增长模式。这种模式使得东亚国家和地区之间形成了明显的“外资—贸易”关联效应。

以中国为例，以日韩为主的东亚国家通过 FDI 输出将大量产业向中国转移的结果，改变了中国的贸易地理流向。具体来说，随着日韩等东亚经济体把相关产业不断转移到中国，中国成为一个典型的“加工工厂”。中国的贸易从传统的双边贸易转变成了“三角贸易”（如图 2.2 所示），即通

① Ando, A. and Kimura, F.. The Formation of International Production and Distribution Networks in East Asia[R]. NBER Working Paper, No.10167, 2003.

过进口半成品和零部件，经过加工、制造和装配之后再出口到欧美市场或返销到母国。在前一种情况下，本来属于日韩等东亚经济体向欧美国家的出口流向，转变成了中国对欧美国家的出口流向。

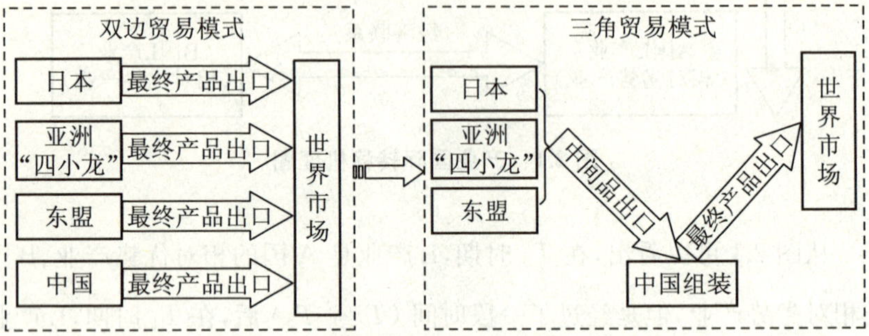

图 2.2　东亚商品输出模式的转变图

说明：转载自唐海燕和张会清：《中国崛起与东亚生产网络重构》，《中国工业经济》2008 年第 12 期。

二、贸易收支的内涵

（一）贸易收支的传统解释

贸易收支，又叫贸易收支差额，是一国出口商品所得收入和进口商品所需支出的差额。贸易收支通常有三种状态，当出口大于进口时，称作贸易顺差；当出口等于进口时，称作贸易平衡；当出口小于进口时，称作贸易逆差。

贸易收支反映了国家与国家之间商品贸易的总体状况，是判断宏观经济运行的重要指标，也是国家对外部经济进行调整的主要参考依据。然而，长期以来，由于受到重商主义的影响，人们对贸易收支状况的理解往往会走入这样一种误区：对贸易顺差持积极的态度，认为是一国经济实力增强的表现；与此相反，对贸易逆差持相对否定的态度，认为是一国经济走弱的病态表现。这种观点的根源有二：一是贸易保护主义；二是金融危机事件的影响。

贸易保护主义者把贸易逆差视为贸易伙伴国没有购买本国产品的结果。在其看来，本国向贸易伙伴国购买多少国外商品，贸易伙伴国也应该向本国购买等量的商品，一旦贸易伙伴向本国的购买少于本国向贸易伙伴的购买，就构成了一种对待本国的不公平现象。因而，贸易保护主义者往往把贸易逆差跟不公平、不公正联系在一起，进而引发贸易摩擦。20世纪80年代中期以后的日美贸易摩擦，近年来我国和美国之间的贸易摩擦，都植根于美国贸易保护主义者对日本贸易顺差和中国贸易顺差的重商主义认识。

20世纪80年代债务危机在以拉美为主的广大发展中国家的爆发，使人们往往认为贸易逆差对经济发展带来灾害，而贸易顺差对经济发展带来利好。80年代频繁发生的债务危机，在其经济基本面上都呈现了贸易收支逆差的现象，而贸易收支逆差客观上的确加重了当时债务危机爆发国的债务负担，如图2.3所示。在90年代前期的欧洲货币体系危机、墨西哥金融危机中，危机爆发国的贸易收支也几乎都处于逆差状态。可以这么说，20世纪80—90年代一系列的金融危机事件加深了人们对贸易失衡状态赋予好坏之分的意识。与此同时，80年代日本经济繁荣与贸易顺差并存的现象和90年代以来中国经济高增长与贸易顺差同时出现的事实，从另一个层面强化了人们对于贸易失衡状态的认识误区。

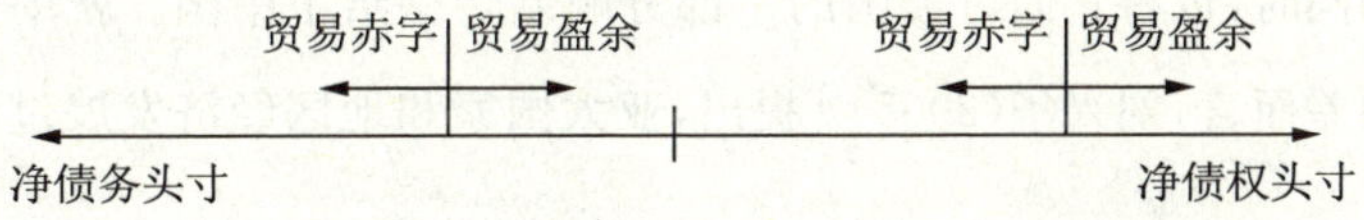

图2.3　贸易收支状态与国际资产头寸关系图

事实上，重商主义的观点在经济全球化的今天已存在诸多不合理成分。首先，在经济发展的过程中，非均衡状态往往是常态，而均衡状态倒并不常见。就贸易收支而言，贸易收支的不平衡现象也是正常现象。从发达国家的经验来看，在工业化高速发展的阶段，贸易收支都是顺差和逆差交替出现的。贸易逆差并不改变其经济的发展趋势。比如，德国在1880—2008年的129年中有76年是顺差①，有53年是逆差。其次，贸易收支只是一个流量的概念。全面考察贸易收支的经济影响，如图2.3所示，必须把流量分析与存量分析结合，即须将贸易收支与国际投资净头寸相结合进行考察，单纯把贸易收支作为贸易利得衡量标准的做法有失偏颇。再次，在经济全球化的今天，跨国公司推动了生产的全球化，改变了国际分工体系和贸易模式。一国的贸易顺差可能源自于外资子公司对母国的大量出口，一国的贸易逆差也可能源自于本国驻外资公司的大量返销，因而对于贸易差额的经济意义需要用一种新的眼光去审视。

(二) 真实贸易差额

目前，我国出现的贸易顺差，表面反映在贸易领域，但实质上是经济全球化背景下，中外经济结构和发展阶段差异以及国际分工调整等一系列综合因素共同作用的结果②。因而，考察中国的贸易收支问题，有必要将东亚的产业转移结合起来分析。

国内部分学者认为，东亚产业转移与中国的巨额贸易顺差有着密切联系。苗迎春(2004)③认为，亚太地区产业结构的调整使中国成为劳动密集型产品的主要生产基地。东亚国家在将相关产业和生产工序向中国转移的同时，也将它们对美国的一部分顺差转移给了中国。就中美双边贸易顺差而言，刘兴华(2005)④提出，亚太国家和地区经济发展过程中产

①② 钟山：《关于我国外贸顺差问题的若干思考》，《求是》2009年第16期，第32—34页。

③ 苗迎春：《对中美贸易不平衡问题的重新审视》，《同济大学学报(社会科学版)》2007年第8期，第99—104页。

④ 刘兴华：《美国对华贸易赤字的形成原因与发展趋势》，《亚太经济》2005年第3期，第30—33页。

业结构调整所产生的“贸易转移效应”是导致美国对华贸易赤字在某个时期迅速增长不可忽视的重要原因。北京大学中国经济研究中心课题组(2006)[①]利用1992—2003年的数据就中国对美出口中来自东亚的中间投入进行了测算,结果表明,在中国对美国的出口中,有三分之一属于来自日本和韩国的中间品投入,也就是说,在中国对美国的出口中,有三分之一本来应当属于日本和韩国对美国的出口,但随着产业国际转移却转嫁给了中国。

需要指出的是,东亚产业转移到中国导致贸易顺差也相应转移到了中国,但并不意味着相应的贸易利得也转移给了中国。由于东亚产业转移是通过东亚国家的跨国公司对华直接投资实现的,中国贸易顺差中由产业转移带来的这部分,其真正拥有者是东亚国家的跨国公司。他们通常会通过母子公司之间的内部转移,将在中国的利润汇回母国的母公司。因而,在目前国际收支按属地原则进行统计的情况下,东亚产业转移一定意义上改变了中国国际收支的结构,在双边层面上夸大了中国对欧美国家的贸易顺差。

东亚产业转移对贸易收支影响的深层机理,应该追溯到跨国界的生产过程。跨国界生产事实上很早已经出现,比如1960—1970年德国通过进口日本的汽车零部件进行汽车生产就是一个典型的例证,但是直到80年代末随着全球化的不断深化,这一现象才开始被逐渐关注,并引发了一系列理论上的探讨。

在李嘉图和H-O模型中,由于进出口针对的都是最终产品,因而生产过程通常是不考虑的。每个国家都专业化生产本国具有比较优势的产品,出口本国具有比较优势的产品,进口本国不具有比较优势的产品。然而,东亚国家产业转移的本质就在于将生产过程跨国界地延伸,由此引发了中

① 北京大学中国经济研究中心课题组:《中国出口贸易中的垂直专门化与中美贸易》,《世界经济》2006年第5期,第3—11页。

间产品贸易不断繁荣，贸易对象出现了最终产品和中间产品并存的局面。

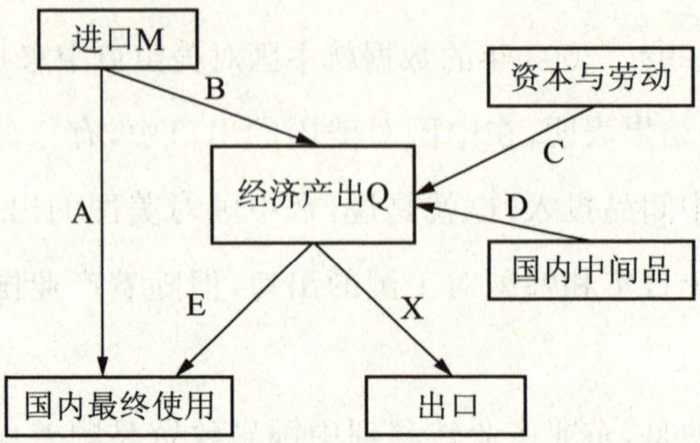

图 2.4　东亚产业转移背景下中国的生产和贸易示意图

在图 2.4 中，进口 M 分最终产品的进口和中间产品进口两部分，分别用 A 和 B 表示。生产投入有 B、C 和 D 三个不同的来源，即生产投入来自进口的中间产品、国内的资本与劳动和国内中间产品。经济产出 Q 由 E 和 X 两个不同的去向，即一部分生产用于国内的最终使用、另一部分向国外出口。

从图 2.4 可以看出，与传统贸易理论中贸易对象仅限于最终产品有所不同，在东亚产业转移实行跨国界生产的背景下，就进口而言，既存在将进口产品直接使用的情况，也存在将进口产品投入生产的情况。就出口而言，作为国内总产出的一部分，出口中既有外国投入，又有本国投入。传统意义上的贸易差额，由于不能准确区分进口产品的最终使用去向和出口产品的要素来源，如前所述，在东亚产业转移的背景下，夸大了中国对欧美国家的贸易顺差。

为准确反映中国参与国际化生产过程中的贸易利得，本书把出口中来自本国投入的部分减去进口中为本国所最终使用的部分所得的差额，称之为“真实贸易差额”，用图 2.4 中的字母表示为 $\left(1-\frac{B}{Q}\right)X-\frac{B}{M}Q$。有关中国真实贸易顺差的具体测算，将在第 5 章完成。

第二节　基于出口品中进口投入视角的贸易收支核算分析

一、出口品中进口投入影响现行贸易收支核算的路径

(一) 出口品中进口投入影响贸易收支的路径

自 1985 年日本签订广场协议之后,日本加快了将国内产业向东亚其他国家转移的步伐。进入 20 世纪 90 年代,随着中国的进一步对外开放,除了日本之外,韩国和东盟国家也都纷纷将其产业陆续转移到中国。中国目前成了典型的外资流入国。

东亚产业实现跨国转移的具体通道,主要是依靠跨国公司的对外直接投资。为了充分利用各国在劳动力、自然资源等生产要素在成本和质量上的优势,跨国公司根据东亚各国的投资环境,不断调整其在不同国家的投资结构,将其生产活动分散到位于不同国家的最佳区位,从而实现了生产过程的跨国界延伸。所以,制成品,特别是一些易于分解组装的货物,往往安排在若干个国家分别生产,再集中运送到某一国家组装成最终产品。

在这种生产模式下,为了适应生产的需要,原材料和零部件在跨国公司内部频繁地大规模调转。跨国公司这种微观的内部运作行为,在宏观上导致了贸易流量的大规模增长,并且反映在跨国公司母国及其东道国国际收支平衡表的贸易账户上,给贸易收支、特别是双边贸易收支带来了严重的影响。

图 2.5 是在东亚产业转移的背景下,位于中国的跨国公司所面临的贸易流向示意图。跨国公司驻华附属机构的生产往往需要母国总部的原材料和零部件等中间投入,这表现为中国向跨国公司母国进口中间品。跨国公司驻华附属机构生产的制成品有三个可能的流向:第一是直接在

中国销售;第二是返销到母国;第三是出口到第三国。

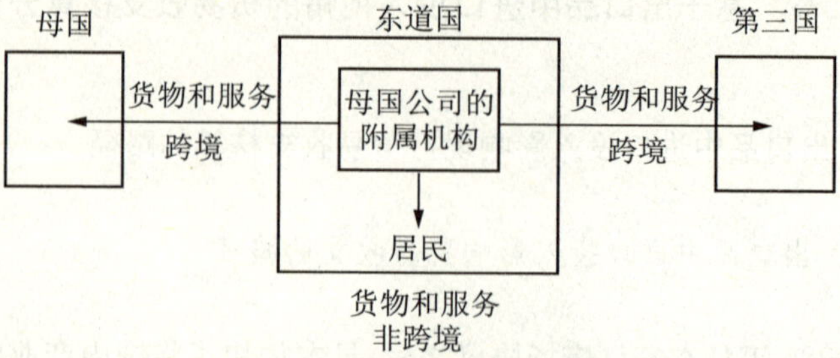

图 2.5 驻华跨国公司贸易流向图

目前,跨国公司在华投资有很大一部分是为了抢占中国的市场,这意味着驻华外企在中国直接销售占据了其产值很大的份额。从贸易收支上来看,驻华一年以上的外企对中国本国的销售,在现有的国际收支统计口径下,由于不属于跨国界的交易行为,被视为国内交易,不反映在中国的贸易收支账户上。然而,从在中国生产到销售,驻华外企从中赚取了可观的利润,并且在通常情况下每年会通过跨国公司内部转移将这部分利润汇回母国。站在贸易收支的角度可以这么认为,对中国来说,为了购买驻华外企在中国生产的产品,中国既向驻华外企的母国支付了进口原材料和零部件的成本,同时也让驻华企业的母国从中国赚取了利润。因此,驻华企业将制成品直接在中国销售的情况,与中国直接从国外进口同类产品相比,中国的进口事实上被低估,进而贸易顺差被扩大。

驻华企业把在中国制造的产品返销到母国和第三国的情况,由于都属于跨国界的交易行为,都记作中国的出口。在这两种情况下,驻华企业同样每年会把利润汇回母国。因而,与中国直接出口本土企业制造的同类产品相比,中国的出口事实上被夸大,贸易顺差也被相应地夸大了。

（二）当前贸易统计的制度障碍

在产业国际转移的驱动下,由驻东道国跨国公司的附属机构引发的货物流转行为给宏观层面的贸易统计制度带来了极大的挑战。

现行贸易统计制度起源于20世纪40年代,主要以联合国的《国民核算体系》(SNA)、IMF的《国际收支手册》和《国际贸易统计的概念与定义》为贸易统计的依据。《国民核算体系》和《国际收支手册》的核心思想是采用“属地”原则,把贸易统计的主体分为特定经济体的居民(resident)和非居民(non-resident),规定只有居民与非居民之间的经济交易才能记入国际收支平衡表。《国际贸易统计的概念与定义》强调了贸易的跨境标准,即跨国界的交换行为才能称为国际贸易。从总体上说,这三个国际性文件的基本原则是一致的。

在具体商品的具体跨国界流转过程中,WTO颁布了《原产地规则协议》,把采用原产地规则(rule of origin)作为一项具体的统计标准,用以判定产品的法定国籍,以此作为贸易统计时界定商品国别的主要依据。

可以这么说,目前贸易统计的相关规范性文件,其制定的初衷是为了衡量跨境的商品交易行为。在生产要素跨国流动并不显著的情况下,跨境贸易是一国向他国输送商品的主要方式,贸易差额也只是商品跨境流入和流出之间的差额,能反映一国的贸易利得。然而,随着全球化的不断深入,特别是对外直接投资大规模的增长,使得目前贸易统计制度的有效性大打折扣。一方面,生产要素在全球范围内配置,导致了跨国公司内部为生产需要而进行的货物跨境流转与真正贸易流动之间的界限变得模糊;另一方面,跨国公司在东道国生产的制成品,既向东道国销售,也向母国返销或向第三国销售,贸易和FDI之间的互补关系变得越来越紧密。现有贸易统计体系由于并未过多考虑跨国公司在贸易流动中的作用,导致了按现行贸易统计方法统计的贸易差额在真实地反映东道国的贸易利得方面存在的不足越来越显现出来。

二、基于出口品中进口投入视角的贸易差额核算新思路

最早关注现行贸易统计存在上述弊端的,是美国的一批学者。为了克

服现有贸易统计制度无力反映贸易差额和 FDI 联系的缺陷，Baldwin、Landefed 和 Whichard 等人结合跨国公司的实际生情况，在贸易流向的分析方面作了积极的探索。这里参考许亦平和孙华好(2006)①提出的贸易差额核算模型，通过打破贸易统计的属地原则，借助于投入产出分析方法，来考察以跨国企业为纽带的产业国际转移对双边贸易差额的影响。

（一）基本模型

假定世界上只有两个国家，A 国和 B 国。两个国家分别只拥有一个经济单位，A 国的经济单位是 a 企业，B 国的经济单位是 b 企业。a、b 两企业都是跨国企业。因此，在 A 国实际从事生产经营的有 A 国本土企业 a 的母公司 A_a 和来自 B 国 b 企业的附属机构 A_b；在 B 国实际从事生产经营的有 B 国本土企业 b 的母公司 B_b 和来自 A 国 a 企业的附属机构 B_a。这样，在两国模型中，就有 A_a、A_b、B_b 和 B_a 四个基本的交易主体。四个交易主体之间构成了 12 项基本交易。它们之间的货物流动如图 2.6 所示，箭头的方向表示货物的流向。A_aB_a 表示 A 国本土企业 a 的母公司

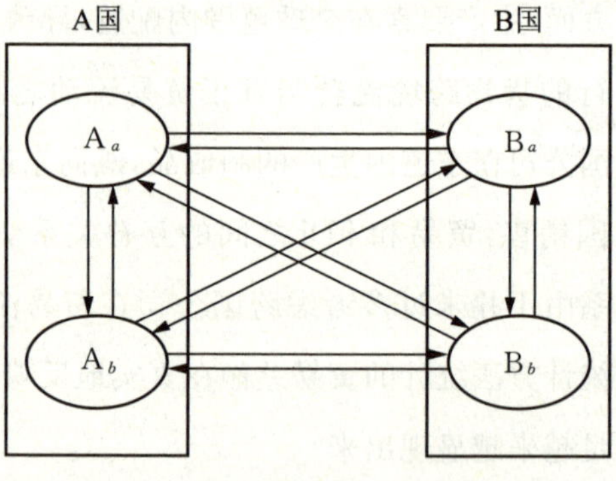

图 2.6　两国情况下的货物流向图

① 许亦平、孙华好：《三元结构下的国别法两国贸易顺差——投入表法》，《国际贸易问题》2006 年第 10 期，第 27—33 页。

对其位于B国的附属机构的出口；A_aB_b 表示A国本土企业a的母公司对B国本土企业b的母公司的出口；A_aA_b 表示表示A国本土企业a的母公司对其位于A国的B国b企业的附属机构的销售，属于本土企业与外资企业在境内的交易行为。其他交易主体之间的交易行为和交易流向的含义以此类推。另外，模型还假定 A_a、A_b、B_b 和 B_a 四个基本交易主体生产的产品是有差异的，这为货物在两国四个经济主体之间的流动提供了前提。

为了更清晰地体现在跨国公司参与的前提下产品的流向关系，我们借助于投入产出表，采用图表结合的方式描述产品在两国之间的流转情况。投入产出表最早是由著名经济学家里昂惕夫提出的，其核心思想是从产品的投入和产出的角度揭示经济体系中的相互联系。图2.6中货物流向关系体现在表2.1中。

表2.1中的每个元素都涵盖了投入产出关系。比如，(1)表示A国a企业母公司(A_a)的产品用于B国b企业驻A国附属机构(A_b)的生产，其涵义与图2.6中的 A_aA_b 相同；(2)表示A国a企业母公司(A_a)的产品用于其驻B国附属机构(B_a)的生产，其涵义与图2.6中的 A_aB_a 相同。以此类推。(1)至(12)反映的是图2.6中的12项交易。

表2.1的行向表示使用，列项表示投入。以 A_a 行为例。它表示A国a企业母公司(A_a)的产出将分别用于其自身的生产、B国b企业驻A国附属机构(A_b)的生产、A国a企业驻B国附属机构(B_a)的生产和B国b企业母公司(B_b)的生产。以 A_b 列为例，它表示B国b企业驻A国附属机构(A_b)的产出来自以下投入：A国a企业母公司的投入(A_a)、其自身的投入、A国a企业驻B国附属机构(B_a)的投入、B国b企业母公司(B_b)的投入和其他的一些投入来源。

需要交待的是，由于投入产出往往反映的不光是交易主体之间的产品交易联系，它涵盖了整体的经济关系。因而，除了(1)至(12)这12项交易之外，我们在表2.1中又添加了(13)至(28)总计16项元素。其中，(13)

至(16)表示 A_a、A_b、B_a 和 B_b 这四个交易主体对自产产品的消耗，(17)至(19)分别表示 A_a、A_b 和 B_a 的产品增值中属于 A_a 的要素报酬，(20)至(22)分别表示 A_a、A_b 和 B_a 的产品增值中属于 A_a 的利润，(23)至(25)表示 A_b、B_a 和 B_b 的产品增值中属于 B_b 的要素报酬，(26)至(28)表示 A_b、B_a 和 B_b 的产品增值中属于 B_b 的利润。

表 2.1　基于投入产出方法的两国贸易流量

	A_a	A_b	B_a	B_b
A_a	(13)	(1)	(2)	(3)
A_b	(4)	(14)	(5)	(6)
B_a	(7)	(8)	(15)	(9)
B_b	(10)	(11)	(12)	(16)
A_{av}	(17)	(18)	(19)	0
A_{ap}	(20)	(21)	(22)	0
B_{bv}	0	(23)	(24)	(25)
B_{bp}	0	(26)	(27)	(28)

（二）贸易差额分析

在以上基本模型介绍的基础上，分别依据现行贸易统计的属地原则和以产业国际转移过程中跨国企业的属权原则，从数量关系上比较两种不同的贸易统计原则对贸易收支差额的异同。

我们把 B 国作为 A 国的镜像，仅对 A 国的情况作具体分析，而对 B 国的情况不作分析。为了行文简洁，我们用中括号[　]表示净出口，例如 $[A_aB_a]=A_aB_a-B_aA_a$，即表示 A_a 对 B_a 的贸易顺差，以此类推。

按照目前贸易统计制度中的属地原则，

$$\begin{aligned}\text{A 国对 B 国的贸易顺差} &= [A_aB_a]+[A_aB_b]+[A_bB_a]+[A_bB_b] \\ &= (2)-(7)+(3)-(10)+(5)-(8)+(6) \\ &\quad -(11) \qquad (2.1)\end{aligned}$$

A 国 a 企业驻 B 国附属机构(B_a)的增值部分

$$=(7)+(8)+(9)-(2)-(5)-(12)-(24)-(27) \quad (2.2)$$

B 国 b 企业驻 A 国附属机构(A_b)的增值部分

$$=(4)+(5)+(6)-(1)-(8)-(11)-(18)-(21) \quad (2.3)$$

按照属权原则,A 国对 B 国的贸易顺差$=[A_aA_b]+[A_aB_b]+[B_aA_b]+[B_aB_b]=(1)+(18)+(21)-(4)+(3)-(10)+(8)-(5)+(9)-(12)-(24)-(27)=[(2)-(7)+(3)-(10)+(5)-(8)+(6)-(11)]+[(7)+(8)+(9)-(2)-(5)-(12)-(24)-(27)]-[(4)+(5)+(6)-(1)-(8)-(11)-(18)-(21)]=(2.1)$式$+(2.2)$式$+(2.3)$式 (2.4)

从(2.4)式可知,在属权原则下统计的贸易顺差等于在属地原则下统计的贸易顺差加上本国驻外企业和外国驻本国企业之间的利润差额。跨国公司在东道国获取的利润真正的所有者是母国的总部。因而,跨国公司通常会把利润通过内部转移汇回母国。这使得现行统计制度下东道国的贸易差额在反映真实的贸易利得方面出现了偏差。像日本、美国这样 FDI 外流规模明显大于 FDI 引进规模的国家,其贸易差额极有可能被低估;像中国这样大量引进 FDI 但对外投资很少的国家,贸易差额极有可能被夸大①。

第三节 基于出口品中进口投入视角的贸易收支调节分析

贸易收支的弹性理论是国际收支理论最为古老且经久不衰的一个理论。尽管由于假定条件过于严格,贸易收支的弹性理论曾受到多方批判,

① Li, Y. F.. Trade Balance: Numbers Can be Deceiving [J]. *China & World Economy*, 2006, 14(3):54—70.

$$\begin{bmatrix} \frac{dx^s}{dp_x}-\frac{1}{r}\frac{dx^d}{dp_{xa}} & 0 & 0 \\ 0 & \frac{1}{r}\frac{dm^s}{dp_{ma}}-\frac{dm^d}{dp_m} & 0 \\ p_x\frac{dx^s}{dp_x}+x^s & -\left(p_m\frac{dm^d}{dp_m}+m^d\right) & -1 \end{bmatrix}\begin{bmatrix} \frac{dp_x}{dr} \\ \frac{dp_m}{dr} \\ \frac{dB}{dr} \end{bmatrix}=\begin{bmatrix} -\frac{dx^d}{dp_{xa}}\frac{p_x}{r^2} \\ \frac{dm^s}{dp_{ma}}\frac{p_m}{r^2} \\ 0 \end{bmatrix} \tag{2.11}$$

根据进出口供给和需求在价格变量上的单调递增和单调递减属性，令出口需求弹性为 $\eta_x=-\frac{dx^d}{dp_{xa}}\frac{p_{xa}}{x^d}$，出口供给弹性为 $\varepsilon_x=\frac{dx^s}{dp_x}\frac{p_x}{x^s}$，进口需求弹性为 $\eta_m=-\frac{dm^d}{dp_m}\frac{p_m}{m^d}$，进口供给弹性为 $\varepsilon_m=\frac{dm^s}{dp_{ma}}\frac{p_{ma}}{m^s}$。考虑到均衡情况下 $x^s=x^d=x$、$m^s=m^d=m$，并且 $p_x=rp_{xa}$、$p_m=rp_{ma}$，则(2.11)式可以写成：

$$\begin{bmatrix} \frac{x}{p_x}(\varepsilon_x+\eta_x) & 0 & 0 \\ 0 & \frac{m}{p_m}(\varepsilon_m+\eta_m) & 0 \\ x(1+\varepsilon_x) & m(\eta_m-1) & -1 \end{bmatrix}\begin{bmatrix} \frac{dp_x}{dr} \\ \frac{dp_m}{dr} \\ \frac{dB}{dr} \end{bmatrix}=\begin{bmatrix} \eta_x\frac{x}{r} \\ \varepsilon_m\frac{m}{r} \\ 0 \end{bmatrix} \tag{2.12}$$

根据 Cremer 法则，解(2.12)式得：

汇率变动导致的出口价格变动 $\frac{dp_x}{dr}=\frac{p_x}{r}\frac{\eta_x}{\varepsilon_x+\eta_x}>0$

汇率变动导致的进口价格变动 $\frac{dp_m}{dr}=\frac{p_m}{r}\frac{\varepsilon_m}{\varepsilon_m+\eta_m}>0$

汇率变动导致的贸易收支变动 $\frac{dB}{dr}=\frac{X}{r}\frac{\eta_x(1+\varepsilon_x)}{\varepsilon_x+\eta_x}+\frac{M}{r}\frac{\varepsilon_m(\eta_m-1)}{\varepsilon_m+\eta_m}$

(2.13)

假定初始情况 $B=X-M=0$，若通过本币贬值能改善贸易收支，那么汇率收支的变化与汇率变化之比大于零，即 $\frac{dB}{dr}>0$，则(2.13)转化为：

$$\frac{\eta_x(1+\varepsilon_x)}{\varepsilon_x+\eta_x}+\frac{\eta_m(1+\varepsilon_m)}{\varepsilon_m+\eta_m}>1 \tag{2.14}$$

(2.14)式是克戴克—罗宾逊—梅茈勒条件，是通过本币贬值改善贸易收支的一般性临界条件。

当国内生产者向外国提供本国产品的供给弹性和外国生产者向国内提供外国产品的供给弹性都充分大时，也就是说，在 $\varepsilon_x\to 0$、$\varepsilon_m\to 0$ 的情况下，对(2.14)式求极限，可以得到：

$$\eta_x+\eta_m>1 \tag{2.15}$$

(2.15)式就是著名的马歇尔—勒纳条件：汇率贬值改善贸易收支，需满足进出口需求弹性之和大于1。从推导过程可以看出，马歇尔—勒纳条件是克戴克—罗宾逊—梅茈勒条件在只考虑需求因素时的特殊情况。可以这么认为，马歇尔—勒纳条件比克戴克—罗宾逊—梅茈勒条件来的更加严格。

需要指出的是，无论是马歇尔—勒纳条件还是克戴克—罗宾逊—梅茈勒条件，传统的贸易收支理论隐含了一个假定前提，认为贸易商品都是最终产品。随着全球化的不断深入，产业在国际间的转移促使跨国公司在全球范围内将不同的生产环节分散到不同的国家进行生产，这导致了以原材料和零部件为主的中间品贸易的不断繁荣，引发了贸易对象由最终产品到最终产品和中间产品并存的转变。与传统贸易相比，中间品贸易隐含了进口品与出口品之间存在技术上的投入—产出关系①，而这层

① 王根蓓：《汇率调整、定价模式与出口加工企业盈利能力：汇率调整微观效应的弹性分析》，《世界经济》2008年第7期，第15—25页。

关系在传统的贸易弹性理论中是无法反映的。

二、结合出口品中进口投入对马歇尔—勒纳条件的修正

传统的贸易收支弹性理论把汇率变动视为贸易收支调整的唯一原因。然而，贸易结构的变化导致了汇率作用于贸易收支的通道产生了障碍。与最终产品贸易相比，在进口是为满足出口品的生产之需而进行时，进口产品和本国产品之间的替代弹性将变小，进而汇率变动对本国市场和外国市场相对价格体系所产生的影响也将被削弱①。在全球化生产的背景下，产业国际转移驱动下带来的贸易结构改变，在多大程度上影响了汇率变动与贸易收支之间的关系？这既是一个理论问题，也是各国政府应对当前全球性贸易失衡的现实难题。紧接着，结合中间产品贸易的情况，就汇率变动对贸易收支产生不同影响的临界条件作进一步考察。

在全球化生产的背景下，进口产品可以分为两种：一种是为了国内使用；另一种则是由出口产品所形成的引致性需求，即通过进口原材料和零部件经本国加工生产之后再进一步出口。基于这两种不同的进口动机，我们把进口分成两部分：一部分是仅为国内使用的进口，用 m_1 表示，m_1 受进口价格的影响较大；另一部分是为了满足出口产品的生产之需而发生的进口，用 m_2 表示。由于这部分进口往往是生产所必需的，因而视其不受进口价格的影响。m_2 是典型的为了出口而发生的进口。假定其在出口中占据一个固定的比例，即 $m_2=vx$，v 是占据出口的比例系数，我们称之为出口中的外国含量(import content of export)②，$0<v<1$。因此，进口总量可以作如下定义：

---

① Obstfeld, M.. Exchange Rates and Adjustment: Perspectives from the New Open Economy Macroeconomics[R]. CEPR Discussion Paper, No.3533, 2002.

② 出口中的外国含量这一名词最早出现在 Georgakopoulos(1974)中。之后美国又出现了另一个类似的新名词：出口中的本土含量(domestic content of export)。近期有关出口中本土含量和外国含量的研究见 Wang 和 Wei(2009)等。

两国投入产出模型除了具备一般投入产出模型中蕴含的投入产出关系之外，同时也包含了丰富的贸易信息，其中既涉及内生国家与外生国家之间的进出口信息，也涉及内生国家之间的进出口信息。以国家 1 的第 2 产业部门为例，它对内生国家 2 的出口额为 $X_{21}^{12}+X_{22}^{12}+F_{2}^{12}$，它从内生国家 2 进口额为 $X_{12}^{21}+X_{22}^{21}$；它对外生国家 3 的出口额为 E_{2}^{1}，它从内生国家 3 进口额为 $X_{12}^{31}+X_{22}^{31}$。

表 2.2　两国投入产出模型基本结构

产出 投入		中间投入				最终使用		出口	总产出
		国家 1		国家 2		国家 1	国家 2		
		部门 1	部门 2	部门 1	部门 2				
国家 1	部门 1	X_{11}^{11}	X_{12}^{11}	X_{11}^{12}	X_{12}^{12}	F_{1}^{11}	F_{1}^{12}	E_{1}^{1}	X_{1}^{1}
	部门 2	X_{21}^{11}	X_{22}^{11}	X_{21}^{12}	X_{22}^{12}	F_{2}^{11}	F_{2}^{12}	E_{2}^{1}	X_{2}^{1}
国家 2	部门 1	X_{11}^{21}	X_{12}^{21}	X_{11}^{22}	X_{12}^{22}	F_{1}^{21}	F_{1}^{22}	E_{1}^{2}	X_{1}^{2}
	部门 2	X_{21}^{21}	X_{22}^{21}	X_{21}^{22}	X_{22}^{22}	F_{2}^{21}	F_{2}^{22}	E_{2}^{2}	X_{2}^{2}
国家 3	部门 1	X_{11}^{31}	X_{12}^{31}	X_{31}^{32}	X_{12}^{32}	F_{1}^{31}	F_{1}^{32}		
	部门 2	X_{21}^{31}	X_{22}^{31}	X_{21}^{32}	X_{22}^{32}	F_{2}^{31}	F_{2}^{32}		
增加值		V_{1}^{1}	V_{2}^{1}	V_{1}^{2}	V_{2}^{2}				
总投入		X_{1}^{1}	X_{2}^{1}	X_{1}^{2}	X_{2}^{2}				

需要指出的是，两国模型投入产出表虽然是国际投入产出表最简单的形式，但从贸易的流量关系上来说，它具备了非竞争型投入产出模型的一般性质，对中间投入是属于本国投入还是属于外国投入作了区分。还是以国家 1 的第 2 产业部门为例，该部门的中间投入属于本国的有 $X_{12}^{11}+X_{22}^{11}$，属于外国投入的有 $X_{12}^{21}+X_{22}^{21}+X_{12}^{31}+X_{22}^{31}$。

二、《亚洲国际投入产出表》基本框架

日本亚洲经济研究所(IDE)是有关东亚经济的重要研究机构，从 20

世纪 70 年代开始编制国际投入产出表。最初编制的国际投入产出表仅限于日本与东盟各国家及地区之间的投入产出表。随着 80 年代东亚经济相互依赖程度地不断提高，自 1985 年起，亚洲经济研究所在继续推出与东盟国家两国投入产出表的同时，开始编制由印度尼西亚、马来西亚、菲律宾、新加坡、泰国、中国、中国台湾、韩国、日本等东亚国家和地区以及美国总共十个国家和地区组成的《亚洲国际投入产出表》(Asian International Input-Output Table)。至今，《亚洲国际投入产出表》已公开出版了 AIIO1985、AIIO1990、AIIO1995 和 AIIO2000 四期。AIIO2000(《亚洲国际投入产出表 2000》)于 2006 年 3 月出版，是目前为止最新的一版。

从理论上讲，亚洲国际投入产出表是对表 2.1 两国投入产出模型的扩展，由原来的两国及地区扩展到十国及地区，由原来的两部门扩展到二十四部门①。在介绍两国及地区投入产出模型的基础上，表 2.3 列示了完整的《亚洲国际投入产出表》基本结构。

从表 2.3 可以看出，《亚洲国际投入产出表》由八个核心的元素构成，其表示的含义如下：

(1) 中间投入 $X_{ij}^{mn}(m, n=1, \cdots, k; i, j=1, \cdots, s)$。

与两国情况下类似，X 表示中间产品，上标 m 表示生产的投入国，n 表示生产的使用国；下标 i 表示生产投入国的产业，j 表示生产使用国的产业。X_{ij}^{mn} 具体指生产过程中 m 国 i 产业向 n 国 j 产业的中间投入。当 $m=n$ 时，X 表示发生在国内的投入产出关系；当 $m \neq n$ 时，X 表示发生在内生国家及地区②之间的跨国(跨地区)投入产出关系。由于《亚洲国

① 事实上，《亚洲国际投入产出表》每期分别有三种不同的产业部门分类，分别为 7 部门、24 部门和 56 部门。因而这里称"由原来的 2 部门扩展到 24 部门"，主要是由于本研究在数据处理过程中都采用了 24 部门的产业分类数据。

② 《亚洲国际投入产出表》的编制是一项浩大的工程，受人力物力的限制，其研究对象通常仅限于某几个国家及地区。所谓国际投入产出表的内生国家及地区是指该表的研究对象国及地区，即表中列昂剔夫逆矩阵所涉及的国家及地区；外生国家及地区则是指世界上除此以外的其他所有国家及地区。

际投入产出表》的内生国家及地区有十个，故 $k=10$。

(2) 最终使用 $F_{il}^{mn}(m, n=1, \cdots, k; i=1, \cdots, s; l=1, \cdots, q)$。

F 表示最终产品，F_{il}^{mn} 则指 m 国 i 产业向 n 国提供的最终产品。《亚洲国际投入产出表》把最终使用分为私人消费、政府购买、固定资本形成和存货变化四部分，因而 $q=4$。

(3) 内生国家对外生国家的出口 $E_i^{mw}(m=1, \cdots, k; i=1, \cdots, s; w=1)$。

目前已公开出版的《亚洲国际投入产出表》对外生国家的细分，在不同年度的是各不相同的①。为了把不同年度的《亚洲国际投入产出表》用同一个模型归纳，这里取 $w=1$，即把所有的外生国家作为一个整体。所以，E_i^{mw} 实际上表示的是内生国家 m 的 i 产业对所有外生国家的出口总额。

(4) 内生国家从外生国家的进口中间投入 $X_{ij}^{wn}(w=1; n=1, \cdots, k; i, j=1, \cdots, s)$。

X_{ij}^{wn} 表示生产过程中内生国家 n 国从所有外生国家 i 产业的最终产品进口额。这里取 $w=1$ 的理由同上。

(5) 内生国家从外生国家的最终产品进口 $F_{il}^{wn}(w=1; n=1, \cdots, k; i=1, \cdots, s; l=1, \cdots, q)$。

F_{il}^{wn} 表示生产过程中内生国家 n 国 j 产业从外生国家 i 产业的中间产品的进口总额。令 $w=1$ 的理由同上。

(6) 增加价值 $V_{tj}^{n}(n=1, \cdots, k; t=1, \cdots, q; j=1, \cdots, s)$。

V_{tj}^{n} 表示内生国家 n 国 j 产业在生产过程中的价值增值。t 表示增加价值的细分。《亚洲国际投入产出表》把增加价值细分为工资收入、经营

① 1985 年把除了 10 个内生国家和地区之外的外生国家和地区细分成中国香港和其他国家；1990 年和 1995 年则细分成中国香港、英国、法国、民主德国、联邦德国和其他国家；2000 年又相对粗略地分成中国香港、欧盟和其他国家。

利润、固定资产折旧、净税收收入四部分。

(7) 总投入 X_j^n。

$X_j^n = \sum_{m=1}^{k}\sum_{i=1}^{s} X_{ij}^{mn} + \sum_{i=1}^{s} X_{ij}^{wn} + \sum_{t=1}^{p} V_{tj}^{n}$，表示 n 国 j 产业的总投入是各内生国家对 n 国 j 产业的投入、外生国家对 n 国 j 产业的投入和 n 国的价值增值之和。

(8) 总产出 X_i^m。

$X_i^m = \sum_{n=1}^{k}\sum_{j=1}^{s} X_{ij}^{mn} + \sum_{n=1}^{k}\sum_{l=1}^{q} F_{il}^{mn} + E_i^{mw}$，表示 m 国的 i 产业的总产出是各内生国家各产业对 m 国的 i 产业产品的生产投入需求、最终使用需求以及外生国家对 m 国的 i 产业产品的进口需求之和。

表 2.3 《亚洲国际投入产出表》基本结构

<table>
<tr><td colspan="2" rowspan="3">产　出
投　入</td><td colspan="3">中 间 投 入</td><td colspan="3">最 终 使 用</td><td rowspan="3">出口</td><td rowspan="3">总产出</td></tr>
<tr><td>国家 1</td><td>…</td><td>国家 n</td><td>国家 1</td><td>…</td><td>国家 n</td></tr>
<tr><td>生产部门
1, …, j</td><td></td><td>生产部门
1, …, j</td><td>使用部门
1, …, j</td><td></td><td>使用部门
1, …, j</td></tr>
<tr><td>国家 1</td><td>生产部门
1…i</td><td colspan="3" rowspan="3">X_{ij}^{mn}</td><td colspan="3" rowspan="3">F_{il}^{mn}</td><td rowspan="3">E_i^{mw}</td><td rowspan="3">X_i^m</td></tr>
<tr><td>…</td><td></td></tr>
<tr><td>国家 m</td><td>生产部门
1…i</td></tr>
<tr><td>国家 w</td><td>生产部门
1…i</td><td colspan="3">X_{ij}^{wn}</td><td colspan="3">F_{il}^{wn}</td><td colspan="2"></td></tr>
<tr><td colspan="2">增加值</td><td colspan="3">V_{tj}^{n}</td><td colspan="5"></td></tr>
<tr><td colspan="2">总投入</td><td colspan="3">X_j^n</td><td colspan="5"></td></tr>
</table>

三、《亚洲国际投入产出表》的系数求解与计算

(一) 系数求解

亚洲国际投入产出模型是一个典型的非竞争型投入产出模型，因而，

它在水平方向上有两组恒等式：一是内生国家产品生产与其使用量相等的方程组；二是内生国家从外生国家的进口品生产与使用量相等的方程组。即：

$$\sum_{n=1}^{k}\sum_{j=1}^{s}X_{ij}^{mn}+\sum_{n=1}^{k}\sum_{l=1}^{q}F_{il}^{mn}+E_{i}^{mw}=X_{i}^{m}\quad(m=1,\ \cdots,\ k;\ i=1,\ \cdots,\ s)\tag{2.20}$$

$$\sum_{n=1}^{k}\sum_{j=1}^{s}X_{ij}^{wn}+\sum_{n=1}^{k}\sum_{l=1}^{q}F_{il}^{wn}=M_{i}^{w}\quad(w=1;\ i=1,\ \cdots,\ s)\tag{2.21}$$

其中，M_i^w 表示内生国家从外生国家的进口总额。

由于国际投入产出表的均衡方程组是一个庞大的数量体系，为了下文表述的简练，我们把(2.20)式和(2.21)式中相应的变量用矩阵表示，记 $F^D=\left[\sum_{n=1}^{k}\sum_{l=1}^{q}F_{il}^{mn}+E_i^{mw}\right]_{ks\times 1}$，$X=[X_i^m]_{ks\times 1}$，$F^M=\left[\sum_{n=1}^{k}\sum_{l=1}^{q}F_{il}^{wn}\right]_{s\times 1}$，$M=[M_i^w]_{s\times 1}$，则(2.20)式和(2.21)式转化成矩阵方程为：

$$\sum_{n=1}^{k}\sum_{j=1}^{s}X_{ij}^{mn}+F^D=X\tag{2.22}$$

$$\sum_{n=1}^{k}\sum_{j=1}^{s}X_{ij}^{wn}+F^M=M\tag{2.23}$$

令 $A^D=[A_{ij}^{mn}]=\left[\dfrac{X_{ij}^{mn}}{X_j^n}\right]_{ks\times ks}$ 为内生国家之间的产品直接消耗系数矩阵；令 $A^M=[A_{ij}^{wn}]=\left[\dfrac{X_{ij}^{wn}}{X_j^n}\right]_{s\times ks}$ 为内生国家从外生国家进口产品的直接消耗系数。(2.22)式和(2.23)式可以简写为：

$$A^DX+F^D=X\tag{2.24}$$

$$A^MX+F^M=M\tag{2.25}$$

通过对(2.24)式的代数变换，容易得到 $X=(I-A^D)^{-1}\cdot F^D$，其中 $(I-A^D)^{-1}$ 是《亚洲国际投入产出表》中内生国家的完全需求系数矩阵，即著名的列昂剔夫逆矩阵。为了与内生国家的直接消耗系数相对应，我们记 $(I-A^{D})^{-1}=[1-A_{ij}^{mn}]_{ks\times ks}^{-1}=[B_{ij}^{mn}]_{ks\times ks}=B$。完全需求系数矩阵 B 中的元素 B_{ij}^{mn} 描述的是十个内生经济体中，某一国家或地区的某一产业生产一单位最终需求时，对这十个国家不同产业部门的产出的需求。

（二）分析运用

在非竞争型投入产出分析框架下编制的《亚洲国际投入产出表》，其最大的优点在于用棋盘式表格的形式清晰明了地反映东亚国家在生产与消耗之间的相互联系，包括直接联系和间接联系。由于表 2.2 只是东亚国家之间的投入产出流量表，反映的只是东亚国家之间直接的投入产出关系，所以，要全面了解东亚国家之间的投入产出关系，应该同时关注东亚国家生产与消耗之间的间接联系。但是，《亚洲国际投入产出表》本身并未涵盖生产过程中间接的投入产出关系。为此，结合本研究的实际研究需要，我们在熟悉《亚洲国际投入产出表》基本结构及其直接消耗系数和完全需求系数的基础上，构建完全中间投入系数和完全增加值系数。

1. 完全中间投入系数

在正式引入完全中间投入系数之前，我们以《亚洲国际投入产出表》中十个内生国家钢的生产过程为例，来增加完全中间投入的直观印象。从图 2.7 可以看出，在炼钢的过程中，将消耗生铁、焦炭以及从外生国家进口的一些进口投入①。这些构成了钢生产的直接投入。而作为直接投入品的生铁和焦炭，在它们的生产过程中需要消耗铁矿石、煤以及其他国内投入品和进口投入，这些构成了钢生产过程中的第一次间接投入；在铁

① 《亚洲国际投入产出表》是在把十个亚太国家和地区作为一个整体的假定基础上编制而成的。也就是说，《亚洲国际投入产出表》只考虑这十个内生亚太经济体相互之间的间接投入产出关系，不考虑这十个经济体与其他外生经济体之间的间接投入产出关系，即这十个内生经济体从外生经济体的进口中间投入仅仅作为内生国家的直接消耗而不作为间接消耗。

矿石、煤的生产过程中，又需要消耗一系列投入品，构成钢生产过程中的第二次间接投入。如此循环，钢的完全中间投入等于直接投入与所有间接投入的总和。

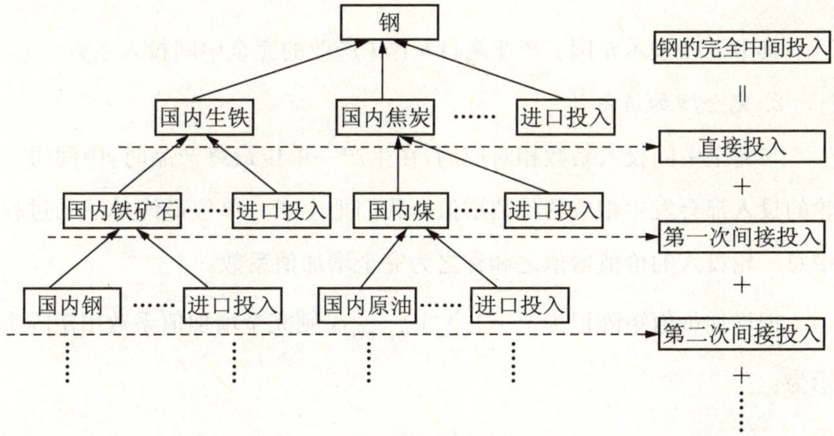

图 2.7　钢的完全中间投入示意图

说明：根据《亚洲国际投入产出表》的结构，进口投入是指内生国家及地区从外生国家及地区的进口，其他投入品均来自内生国家及地区。

基于图 2.7，我们定义完全中间投入系数为内生经济体中任一经济体的任一产业部门生产一单位最终产品所需的所有直接投入和所有间接投入的总和。

由于内生经济体的直接投入既包括了来自内生经济体内部的部分，同时也包括了来自外生经济体的部分，所以，令内生经济体的直接投入系数矩阵 $A=\begin{bmatrix} A^D \\ A^M \end{bmatrix}_{(k+1)s\times ks}$，则完全中间投入系数矩阵 D 可以表示为：

$$D=A+A\cdot A^D+A\cdot[A^D]^2+A\cdot[A^D]^3+\cdots$$
$$=A\cdot\{I+A^D+[A^D]^2+[A^D]^3+\cdots\}$$

$$=A \cdot [I - A^D]^{-1}$$

$$= \begin{bmatrix} A^D \\ A^M \end{bmatrix} \cdot B$$

$$= [D_{ij}^{hn}]_{(k+1)s \times ks} \quad (h = 1, \cdots, k, w)。$$

其中，D_{ij}^{hn} 表示 n 国 j 产业来自 h 国 i 产业的完全中间投入系数。

2. 完全增加值系数

与完全中间投入系数相对应的，在生产一单位最终产品时，中间每一轮的投入都会发生相应的价值增值。我们把生产一单位最终单品的过程中每一轮投入的价值增值之和称之为完全增加值系数。

把增加价值矩阵记为 $V = \left[\sum_{t=1}^{q} V_{tj}^{n}\right]_{1 \times ks}$，则完全增加值系数用矩阵表示为：

$$VB = V + V \cdot A^D + V \cdot [A^D]^2 + V \cdot [A^D]^3 + \cdots$$
$$= V \cdot \{I + A^D + [A^D]^2 + [A^D]^3 + \cdots\}$$
$$= V \cdot [I - A^D]^{-1} = [VB_j^n]_{1 \times ks}$$

其中，VB_j^n 表示 n 国 j 产业的完全增加值系数。

《亚洲国际投入产出表》是一张把美国和九个东亚经济体总计十个国家和地区视为一个整体编制而成的非竞争型投入产出表，目前已成为东亚国家及地区产业分析和贸易流向分析的重要前沿工具。至此，本节完整地介绍了《亚洲国际投入产出表》编制的基本原理、该表的基本结构及其相关的系数之间联系。有关如何运用该表分析中国的贸易收支问题，将在第四至第六章完成。

第三章

东亚产业转移背景下中国贸易收支结构的基本特征

第一节　中国贸易收支的总体规模及其适度性

一、中国贸易收支规模的总体走势

随着我国经济开放程度的不断深化，进出口贸易随之不断增长，贸易收支规模也由贸易逆差转变成贸易顺差，并呈现持续扩大的趋势。从现有的统计数据来看，我国自 20 世纪 80 年代以来，贸易收支规模的演变大致经历了三个阶段，如图 3.1 所示。

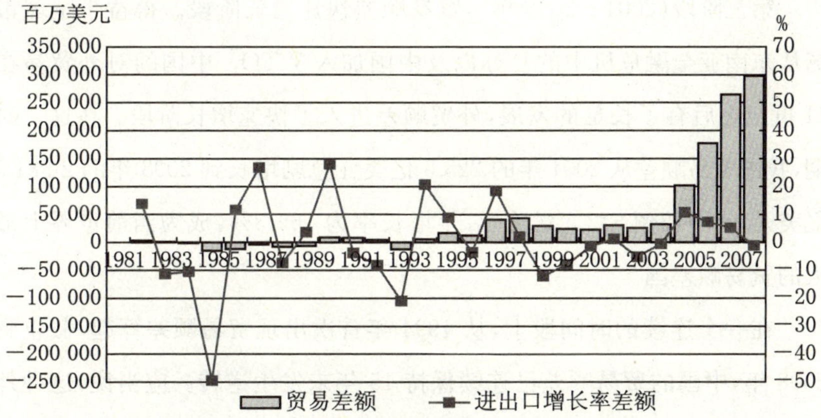

图 3.1　中国外贸顺差和进出口增长率差额

资料来源：中国经济信息网数据库。

说明：图中曲线所示的进出口增长率差额等于出口增长率减去进口增长率。

第一阶段（1981—1993 年），贸易顺差和贸易逆差交替阶段。在这 13 年中，中国的贸易收支余额既有顺差也有逆差，并以贸易逆差的年份占多数，除了 1982 年、1983 年、1990 年、1991 年、1992 年这五个年度呈现贸易顺差之外，其余年份均呈现贸易逆差。从贸易收支规模上看，由于整个 80 年代我国总体上对外开放还处于起步阶段，进出口贸易量相对较少，因而贸易顺差和贸易逆差金额也相对较小。这一时期的贸易顺差最高仅为 87.5 亿美元，贸易逆差的最低额也仅为 122.2 亿美元。

第二阶段（1994—2000 年），贸易顺差小幅震荡阶段。在这一时期，中国的贸易收支从顺差和逆差交替阶段转向了外贸顺差阶段，但是外贸顺差的规模并不大，且处于震荡阶段。一方面，随着 1994 年中国外贸体制的改革，外贸自主权的全面放开使得中国的进出口规模有了较大的发展，特别是 1994 年高达 31.9％的年出口增长率，为今后几年中国的外贸出口提供了一个增长的高基数，也成为形成中国外贸顺差格局的关键性因素；另一方面，1997—1998 年东南亚金融危机对我国进出口的负面影响使得外贸顺差的增长幅度有所放缓。

第三阶段（2001—2008 年），贸易顺差快速增长阶段。得益于全球市场从东南亚金融危机中的复苏以及中国加入 WTO。中国的对外贸易在 21 世纪之后有了长足的发展，外贸顺差进入了快速增长阶段。在这一时期，我国贸易顺差从 2001 年的 225.5 亿美元急剧增长到 2008 年的 2 981.3 亿美元，年增长额 342.5 亿美元，年增长率为 165.3％，成为当前世界上最大的贸易顺差国。

在一个连续的时间段上，从 1994 年首次出现贸易顺差算起，截止到 2008 年，中国的贸易顺差已连续保持 15 年未发生逆转。应当说，这种外部经济失衡是比较特殊的。在全球经济失衡的国际大背景下，中国持续的贸易顺差频频成为欧美国家对人民币施加升值压力和挑起贸易争端的直接理由。但是，值得注意的是，并非与欧美贸易保护主义者所倡导的那样，中国的贸易顺差是由中国的出口快速增长这一单方面因素所造成的。从图 3.1 可以看出，在 1981—2008 年这 18 年中，在中国 1986 年、1987 年、

1989年三个年度出现贸易逆差时，出口的增长率是高于进口增长率的；而同期在出现贸易顺差的20个年度内，其中有10年出口增长率低于进口增长率。所以，出口的快速增长与贸易顺差的形成并不存在必然的联系。尤其是自20世纪90年代末期以来，在中国进口增长率和出口增长率都趋于稳定的情况下，进出口增长率与贸易顺差之间反而呈现了独立的发展趋势。以2008年为例，中国的贸易顺差高达2 981.3亿美元，出口增长率却比进口增长率低1.2%。由此可以看出，对中国的贸易顺差问题的认识，仅仅盯住某一点简单下结论的做法是有失偏颇的。对于中国贸易顺差问题的研究，有必要从不同的角度考察，进而形成一个相对比较完整的认识。

二、中国贸易收支规模的适度性判断

随着中国贸易顺差的不断增长以及由此引发的一系列负面影响，有关贸易收支规模的适度性判断是我们调整内部经济和外部经济失衡时的一个必要参考，同时也是应对由贸易顺差引发的各种国际压力的有效依据。

目前，国际上通常用两个不同的相对标准来评价一国贸易顺差的适度性。一个是用贸易差额占GDP的比值，另一个是用可比净出口指数(Index of Normalized Trade Balance, NTB)①。前者强调对外贸易和国内产出之间的关系，而后者更加注重外部经济本身。关于这两个指标的临界标准，通常认为当贸易差额的绝对值占GDP的比重超过5%时，贸易收支的规模超过了警戒线标准；当可比净出口指数的绝对值超过0.1时，贸易收支超出了适度规模。

---

① 可比净出口指数$NTB=\frac{X-M}{X+M}$，其中X表示出口额，M表示进口额。NTB的取值范围为[−1, 1]，其绝对值越趋向于1，则表示贸易不平衡的程度越高。

这里同时考虑贸易收支规模的两个不同指标，采集中国以及其他几个主要发达国家的相关数据并进行测算。结果列于表 3.1。

表 3.1　中国与世界主要国家的贸易收支相对规模比较

年份	中国		美国		日本		韩国		德国	
	CAG①	NTB	CAG	NTB	CAG	NTB	CAG	NTB	CAG	NTB
1981	0.0%	0.00	−0.9%	−0.06	1.7%	0.07	−5.5%	−0.08	2.1%	0.04
1982	1.1%	0.07	−1.1%	−0.08	1.6%	0.07	−3.8%	−0.06	3.5%	0.07
1983	0.3%	0.02	−1.9%	−0.14	2.6%	0.12	−2.2%	−0.04	2.8%	0.06
1984	−0.4%	−0.02	−2.9%	−0.20	3.4%	0.15	−1.2%	−0.02	3.3%	0.07
1985	−4.9%	−0.21	−2.9%	−0.22	4.0%	0.19	0.0%	0.00	4.4%	0.08
1986	−4.0%	−0.16	−3.2%	−0.24	4.5%	0.28	4.0%	0.07	5.9%	0.13
1987	−1.2%	−0.05	−3.4%	−0.24	3.7%	0.25	5.6%	0.09	5.8%	0.13
1988	−1.9%	−0.08	−2.5%	−0.16	3.1%	0.21	6.2%	0.10	6.1%	0.13
1989	−1.5%	−0.06	−2.1%	−0.14	2.7%	0.17	2.0%	0.04	6.0%	0.12
1990	2.2%	0.08	−1.9%	−0.12	2.3%	0.14	−1.0%	−0.02	4.3%	0.09
1991	2.0%	0.06	−1.3%	−0.08	2.8%	0.18	−2.3%	−0.05	1.1%	0.02
1992	0.9%	0.03	−1.5%	−0.10	3.3%	0.23	−0.6%	−0.01	1.4%	0.03
1993	−2.0%	−0.06	−2.0%	−0.12	3.2%	0.25	0.6%	0.01	2.0%	0.06
1994	1.0%	0.02	−2.3%	−0.14	3.0%	0.23	−0.7%	−0.02	2.4%	0.06
1995	2.3%	0.06	−2.3%	−0.13	2.5%	0.18	−0.8%	−0.02	2.5%	0.07
1996	1.4%	0.04	−2.4%	−0.13	1.8%	0.12	−2.7%	−0.05	2.9%	0.07
1997	4.2%	0.12	−2.4%	−0.13	2.4%	0.14	−0.6%	−0.01	3.2%	0.07
1998	4.3%	0.13	−2.8%	−0.15	3.2%	0.20	12.1%	0.19	3.4%	0.08
1999	2.7%	0.08	−3.7%	−0.20	2.8%	0.18	6.4%	0.11	1.6%	0.07
2000	2.0%	0.05	−4.5%	−0.23	2.5%	0.15	3.2%	0.05	1.5%	0.05
2001	1.7%	0.04	−4.1%	−0.23	1.7%	0.10	2.7%	0.05	2.4%	0.08
2002	2.1%	0.05	−4.5%	−0.26	2.4%	0.13	2.6%	0.05	3.2%	0.11
2003	1.6%	0.03	−4.9%	−0.28	2.5%	0.13	3.4%	0.06	3.0%	0.11
2004	1.7%	0.03	−5.6%	−0.29	2.9%	0.14	5.2%	0.08	3.5%	0.11
2005	4.6%	0.07	−6.2%	−0.31	2.1%	0.09	3.9%	0.06	3.5%	0.11
2006	6.7%	0.10	−6.3%	−0.29	1.9%	0.07	2.9%	0.04	3.5%	0.10
2007	7.8%	0.12	−5.9%	−0.27	2.4%	0.08	2.7%	0.04	4.2%	0.11
2008	6.6%	0.12	−5.8%	−0.25	0.8%	0.03	0.6%	0.01	3.7%	0.10

资料来源：IMF，International Financial Statistics。

① 为了表格的简洁，把贸易差额占 GDP 的比重用 CAG 表示，把可以净出口指数用 NTB 表示。

从表 3.1 可以看出：

第一，从与世界主要国家贸易收支相对规模的纵向比较来看，中国的贸易失衡属于正常现象。根据可比净出口指数的测算结果及相应的贸易收支适度规模的判断标准，在 1981—2008 年 28 年的样本期间，美国超过 10%警戒线的有 25 年，日本超过 10%警戒线的有 22 年，韩国超过 10%警戒线的有 3 年，德国超过 10%警戒线的有 9 年，而中国超过 10%警戒线的有 7 年，仅高于韩国。根据贸易收支差额占 GDP 的比重及相应的贸易收支适度规模的判断标准来看，在测算样本期间，美国有 5 年超过 5%的警戒线标准，韩国有 6 年超过 5%的警戒线标准，德国有 9 年超过 5%的警戒线标准，而中国仅有 3 年超过 5%的警戒线标准。因而，无论从哪一个测算结果来看，根据国际经验，可以认为我国目前存在的大额贸易顺差基本是正常的①。

第二，从与世界主要国家贸易收支相对规模的横向比较来看，中国的外贸顺差问题亟须引起重视。结合表 3.1，从日本的历史经验来看，如果采用贸易差额占 GDP 的比重来衡量日本的贸易收支规模，从 20 世纪 80 年代开始，日本的贸易收支规模始终没有超过国际警戒线，但是在美国持有大量贸易逆差的情况下，日本 80 年代中期巨额的外贸顺差导致了美国向日本施加日元升值的压力，并以签订广场协议告终。从德国的经验来看，由于其同样持有巨额外贸顺差，并且外贸顺差规模超过国际警戒线标准，广场协议之后，受到美国的压力，马克出现了较为强劲的升值②。从表 3.1 可以看到，中国的贸易顺差超过国际警戒线标准主要集中在 2006 年以后，而与此对应的是美国外贸逆差的持续增长并超

① 牟新生：《关于当前我国对外贸易发展及其顺差问题的一些思考》，《求是》2007 年第 5 期，第 42—44 页。

② 张斌、何帆：《如何应对经济崛起时期的汇率升值压力——日本、德国的经验与启示》，《国际经济评论》2004 年第 3 期，第 10—13 页。

过国际警戒线标准。根据日本和德国的经验可以推断，中国外贸顺差问题的解决已不单单是中国本身的问题，而是一个国际经济政策协调的过程。

第三，从与世界主要国家贸易收支相对规模横向与纵向的综合视角来看，中国的外贸顺差是国际分工的产物。可比净出口指数在通常情况下被作为衡量贸易竞争力的之一，用以反映国际分工水平①。从表3.1可以看出，在2000年以前，日本的可比净出口指数要远远高于中国和韩国，并且日本与韩国的可比净出口指数呈现相同的走势，日本与中国则刚好相反。这一现象刚好与中日韩之间的技术水平和国际分工相映衬，即日本位于东亚产业的第一梯队，因而其贸易盈余相对规模居于东亚之首；而韩国处于东亚产业的第二梯队，其贸易盈余相对规模也次于日本；中国由于位于东亚产业的最低端，往往处于贸易逆差或小幅贸易盈余状态。随着中国引进外资之后产业不断升级，中国贸易品的竞争力也不断增强。2000年之后，中国与日本、韩国的可比贸易净出口指数越来越接近，2005年超过了韩国，2006年超过了日本。

第二节　中国贸易收支的国别结构

当前，全球性贸易失衡集中体现在中国持有巨额的贸易顺差和美国持有巨额的贸易逆差两种极端的状态。由于传统的观点往往把贸易顺差等同于贸易利得，在中美贸易收支状态呈现鲜明反差的情况下，人们普遍把关注的焦点聚集在中国的巨额贸易顺差上，从而忽视了中国对外贸易总体上呈现顺差背后对东亚经济体的贸易逆差。应当说，中国对欧美国

① 可比净出口指数最初是用来衡量贸易竞争力的，而它同时被作为衡量贸易收支规模是否适度的主要指标，其机理在于贸易竞争力直接影响到进出口规模，进而决定了贸易差额。

家的贸易顺差和对东亚经济体的贸易逆差，是中国外贸顺差同一个问题的两个方面。因此，剖析中国贸易收支状态的国别特征，对于我们有效应对贸易摩擦、调整国别贸易战略有着重要的意义。

一、中国双边贸易收支的国别分布

根据中国海关统计，近几年来，中国对外贸易的出口目的地和进口来源地基本集中在东亚、欧盟和美国三大区域。中国与这三个区域国家/地区之间的进出口量构成了中国对外贸易总量的主要部分。2008 年，中国与东亚、欧盟和美国三大区域的国家/地区之间的进出口总额占中国进出口总额的 69.34%。从贸易流向上来看，中国对欧盟、美国和中国香港的贸易以出口为主，2008 年中国对三地的出口占中国出口总额的51.52%，中国对三地的进口则仅占中国进口总额的 20.04%；中国对除中国香港之外的其他东亚国家和地区的贸易则以进口为主，2008 年中国对这些贸易伙伴的进口占中国进口总额的 42.64%，中国对这些贸易伙伴的出口则仅占中国出口总额的 23.11%。

与不同贸易伙伴之间在进出口贸易流向上的显著差异，直接导致了中国双边贸易差额存在着明显的国别及地区特征，即中国香港、美国和欧盟成为中国贸易顺差的主要来源地，而东亚各经济体则是中国贸易逆差的主要来源地。值得强调的是，由于中国内地对香港的出口绝大部分属于转口贸易，该部分贸易货物的最终流向主要是欧美国家，因而，中国香港扮演着中国货物通往欧美市场中转站的角色。中国实际最大的贸易伙伴是美国和欧盟，贸易顺差实际上也主要来源于美国和欧盟。

表 3.2 从国别及地区角度列示了 2000 年、2005 年和 2008 年三个年度居于中国贸易顺差和贸易逆差前十位的国家和地区。

表 3.2　中国贸易收支差额的国别(地区)分布

(单位:10 亿美元)

排序	2008 年				2005 年				2000 年			
	顺差地	金额	逆差地	金额	顺差地	金额	逆差地	金额	顺差地	金额	逆差地	金额
1	中国香港	177.8	中国台湾	−77.5	美　国	114.4	中国台湾	−58.1	中国香港	35.1	中国台湾	−20.5
2	美　国	171.3	韩　国	−38.2	中国香港	112.2	韩　国	−41.7	美　国	29.8	韩　国	−11.9
3	荷　兰	40.6	日　本	−34.5	荷　兰	22.9	日　本	−16.4	荷　兰	5.5	俄罗斯	−3.5
4	英　国	26.5	沙　特	−20.2	英　国	13.5	马来西亚	−9.5	英　国	2.7	阿　曼	−3.2
5	阿联酋	19.0	安哥拉	−19.4	阿联酋	6.7	沙　特	−8.4	阿联酋	1.7	马来西亚	−2.9
6	西班牙	15.4	澳大利亚	−15.2	西班牙	6.4	菲律宾	−8.2	西班牙	1.5	泰　国	−2.1
7	意大利	15.0	伊　朗	−11.4	意大利	4.8	安哥拉	−6.2	巴拿马	1.3	瑞　典	−1.8
8	新加坡	12.1	巴　西	−11.1	加拿大	4.1	泰　国	−6.2	土耳其	1.0	安哥拉	−1.8
9	印　度	11.3	阿　曼	−10.8	比利时	3.7	巴　西	−5.2	比利时	0.9	澳大利亚	−1.6
10	越　南	10.8	马来西亚	−10.6	土耳其	3.6	澳大利亚	−5.1	孟加拉国	0.88	芬　兰	−1.5

资料来源:中国海关统计。

从表3.2可以看出，在国别及地区分布上，中国香港和美国是中国最主要的贸易顺差来源地，其次是欧盟国家。在位于前十位的中国贸易顺差来源地中，2000年，欧盟国家有四个；2005年，欧盟国家有五个；2008年，欧盟国家也有四个。与此相对应，东亚国家和地区则是中国贸易逆差的最为主要的来源，在位于前十位的中国贸易逆差来源地中，2000年，东亚经济体有四个；2005年，东亚经济有六个；2008年，东亚经济体又回落到四个。其中，中国台湾和韩国始终是中国大陆的第一大和第二大贸易逆差来源地。

从贸易差额的数量上看，2000年、2005年和2008年中国贸易顺差的总额分别为241.1亿美元、102亿美元和2 981.2亿美元，在位于中国前十位的贸易顺差来源地中，来自欧盟国家的贸易顺差分别为106.1亿美元、513亿美元和975.3亿美元，占中国贸易顺差总额的44%、50.3%和32.7%；来自美国的贸易顺差分别为297.8亿美元、1 144.4亿美元和1 712.6亿美元，占中国贸易顺差总额的123.5%、112.2%和57.4%。在位于中国前十位的贸易逆差来源地中，2000年、2005年和2008年来自东亚经济国家和地区的贸易逆差分别为374.2亿美元、1 401.1亿美元和1 607.8亿美元，对中国贸易总差额的贡献率分别为－155.2%、－137.4%和－53.9%。无论从绝对量还是从相对量上来说，欧盟、美国和东亚在中国贸易顺差的形成中，都起着非常重要的作用。

需要指出的一点是，除了欧盟、美国和东亚主要国家在中国贸易差额的国别分布中起到主导型作用之外，国际经济形势的变化使其他国家对中国贸易收支在国别构成上也起到了细微的复杂化影响。从表3.2可以看出，就双边贸易逆差而言，在国际能源价格上涨的背景下，以沙特阿拉伯、伊朗和阿曼为主的中东石油国家在中国贸易逆差形成中的地位在不断上升，其贸易逆差有了明显扩大。同时，随着国际分工的不断深化，瑞典、芬兰等少数欧洲发达国家在中国形成贸易逆差方面的作用锐减，而日本在中国形成贸易逆差一方的作用日益突出，这与中国在进口方面从制成品到中间产品的模式转变大有关系。就双边贸易顺差而言，印度和越南等南亚发展中国家对中国贸易顺差起到的积极作用正在凸显，而加拿大在中国贸易顺差形成中的作用也在减小，主要的原因是南亚的崛起为中国开拓了更为广阔的出口市场。

二、中国双边贸易收支的国别演变

图3.2描绘了1995—2008年间中国对美国、欧盟和东亚诸经济体的双边贸易差额走势。从图3.2可以看出，在1995—2000年间，中国对各经济体双边贸易差额的最高值为对美贸易顺差297.9亿美元，对各经济体双边贸易差额的最低值为对台湾贸易逆差204.5亿美元。总体上，这一时期中国与各经济体的双边贸易差额处于一个较低的水平。

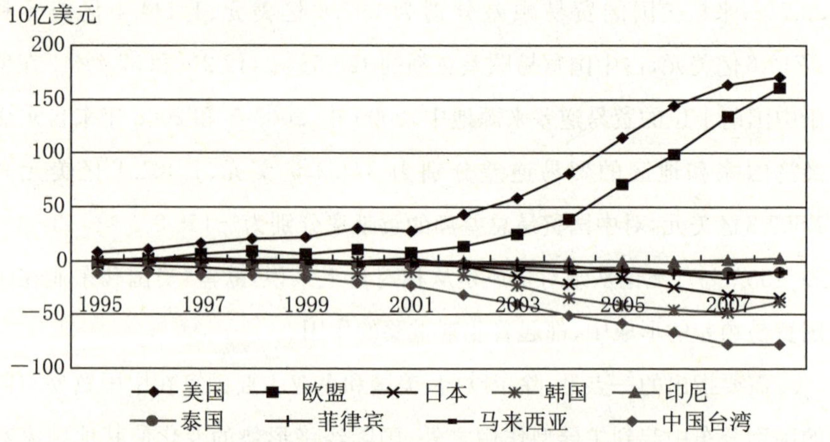

图3.2 中国与美国、欧盟和东亚各经济体的双边贸易差额

资料来源：联合国COMTRADE数据库；中国《海关统计》。

说明：①为避免2003年欧盟后10国加入欧盟带来的统计口径上的不一致性，这里中国对欧盟的贸易差额为中国对原欧盟15国①贸易差额的加总。②中国台湾数据来自中国《海关统计》。

---

① 原欧盟15国是指法国、德国、意大利、荷兰、比利时、卢森堡、丹麦、爱尔兰、英国、希腊、西班牙、葡萄牙、奥地利、芬兰、瑞典；2003年4月加入欧盟的后10国分别为：波兰、匈牙利、捷克、斯洛伐克、斯洛文尼亚、爱沙尼亚、拉脱维亚、立陶宛塞浦路斯、马耳他。

进入21世纪之后，中国与各经济体的双边贸易差额有了急剧增加，并呈现了中国对美国与欧盟的贸易顺差持续扩大、对东亚各经济体的贸易逆差持续增加的基本增长趋势。从2001年到2008年，中国对美国的贸易顺差从281.7亿美元增加到1 710.6亿美元，在八年时间内增加了6.07倍；在此期间，中国对欧盟的贸易顺差从81.7亿美元增加到1 602.8亿美元，在八年时间内整整增加了19.62倍。在中国与之保持贸易逆差的东亚各经济体中，以中国台湾、韩国和日本最为典型。从2001年到2008年，中国大陆对台湾的贸易逆差从223.4亿美元增加到774.6亿美元，在八年内增加了3.47倍。中国台湾成为中国大陆最大的贸易逆差来源地。与此同时，中国与韩国的贸易逆差从2001年的108.5亿美元增加到2008年的382.7亿美元，整整增加了3.52倍。中国与日本的双边贸易收支跟其他国家单纯的增长有所不同，从2001年22.7亿美元的贸易顺差，自2002年开始转为贸易逆差并持续增长，截至2008年中国对日本的贸易顺差为346.3亿美元，绝对值意义上的增长倍数高达15.27倍。

中国双边贸易差额在横向上对欧美国家保持顺差、对东亚经济体保持逆差的同时，在纵向上，对欧美国家的顺差和对东亚经济体的逆差存在着双向的扩大趋势。这种区域和时间上纵横交错的贸易流向失衡结构，是全球性贸易失衡在中国贸易领域的集中体现，也可以理解为中国在东亚和欧美市场之间扮演着贸易桥梁的作用。而正是这种贸易桥梁作用，使得中国成为推动世界贸易失衡进入人们研究视线的重要因素①。

但是，贸易收支是一国实体经济运行在贸易领域的综合反映。中国贸易收支的国别特征客观上离不开近年来中国大量接受国际资本和国际产业转移的实体经济因素。境外大量制造业向中国转移的结果在很大程度上改变了中国对外贸易的地理流向，最终改变了中国与主要贸易

① 张海燕、宋玉华：《当前全球贸易失衡的机制及中国的地位分析》，《世界经济研究》2009年第8期，第9—13页。

伙伴国之间的双边贸易差额状况。因而,中国对欧美国家保持贸易顺差、对东亚经济体保持贸易逆差的贸易收支格局需要在国际背景下进一步审视。

通过表 3.3 对欧盟和美国贸易差额来源的分析,可以直观地看出欧盟和美国的贸易差额中也存在着明显的国别变化趋势。从表 3.3 所列的欧盟对包括中国在内的东亚七国总体的贸易逆差份额来看,尽管年度之间存在波动,2000 年到 2008 年年均增长率相对稳定,年均增长仅仅 1.15%,而同期美国对东亚七国总体的贸易逆差份额基本保持着固定的

表 3.3 东亚国家贸易差额占欧美贸易逆差的比重 (单位:%)

东道国 \ 年份 \ 伙伴国		中国	日本	韩国	印尼	泰国	菲律宾	马来西亚	七国总和
欧盟	2000	6.68	24.37	5.76	3.57	3.51	2.65	1.03	47.57
	2001	5.86	21.06	4.81	4.08	3.11	3.30	0.48	42.71
	2002	20.32	36.44	9.36	8.92	6.95	6.63	−2.55	86.07
	2003	28.69	33.80	7.21	6.80	6.94	3.56	−3.46	83.54
	2004	26.44	21.78	7.99	3.09	3.94	2.15	−0.77	64.63
	2005	33.03	11.99	6.23	2.33	1.71	1.50	−1.97	54.83
	2006	27.68	9.41	3.90	2.09	2.04	1.37	−0.58	45.91
	2007	48.17	13.58	2.96	2.53	3.32	1.26	−0.04	71.79
	2008	39.97	9.24	1.19	1.56	1.63	1.10	3.27	57.96
美国	2000	19.37	18.24	2.91	1.85	2.28	1.19	3.25	49.09
	2001	20.07	16.05	3.18	1.87	2.13	0.92	3.05	47.27
	2002	21.89	14.38	2.81	1.53	2.13	0.82	2.83	46.38
	2003	23.19	11.90	2.45	1.33	1.77	0.43	2.63	43.69
	2004	24.80	11.14	3.03	1.27	1.73	0.35	2.56	44.89
	2005	26.33	10.45	2.16	1.20	1.67	0.34	2.93	45.06
	2006	28.40	10.50	1.72	1.28	1.76	0.29	2.83	46.78
	2007	32.16	10.15	1.71	1.28	1.80	0.25	2.58	49.92
	2008	32.90	8.87	1.73	1.25	1.80	0.09	2.15	48.78

资料来源:Comtrade 数据库。
说明:这里的欧盟是指原欧盟 15 国。

份额。但是,从2000年到2008年,在欧盟和美国的贸易逆差中,对中国的贸易逆差份额都呈现了明显的上升趋势,对以日本和韩国为首的东亚其他经济体的贸易逆差份额却都呈现了不同程度的下降趋势。由此可以推断,欧盟和美国对华贸易逆差的增加,即中国对欧盟和美国的贸易顺差持续增长,是东亚国家在大量对华资本输出后将其贸易顺差向中国转移的结果。日本、韩国和东盟国家在把加工贸易大量转移到中国的同时,由于加工成品中很大一部分是在中国加工组装之后直接销往欧美市场的,因而,实际上把它们原本对欧美国家的一部分出口转移到了中国,从而导致它们对欧美国家的一部分贸易顺差也连带地转移到了中国。

三、中国双边贸易收支差异的商品因素

东亚经济体对欧美国家的贸易顺差之所以能转移到中国,主要源于贸易商品的结构因素。根据联合国统计司按照大型经济类别(BEC, broad economic category)分类标准,贸易商品可以分成三大基本货物类别:资本货物、中间货物和消费品。结合本研究的需要,将中间货物细分为初级产品、半成品和零部件。把BEC的各个亚类分别归入资本品、初级产品、半成品、零部件和消费品,其中资本品包括:41-资本货物(除运输设备)、521-运输设备;初级产品包括:111-初级工业用食品和饮料、21-初级工业用品、31-初级燃料和润滑剂;半成品包括:121-已加工的工业用食品和饮料、22-已加工的工业用品、32-已加工的燃料和润滑剂;零部件包括:42-资本货物(除运输设备)零配件、53-运输设备零配件;消费品包括:112-初级家用食品和饮料、122-已加工家用食品和饮料、51-载客汽车、522-非工业用的运输设备、61-耐用消费品、62-半耐用消费品、63-非耐用消费品。在此分类的基础上,按中国与主要贸易伙伴的贸易额进行统计,并计算其相应的贸易份额,结果列示于表3.4。

表 3.4 中国与主要贸易伙伴的进出口商品结构 （单位：%）

伙伴国	年份	资本品		初级产品		半成品		零部件		消费品	
		出口	进口	出口	进口	出口	进口	出口	进口	出口	进口
美国	1995	16.1	31.3	2.4	19.8	13.7	32.6	6.4	12.2	61.5	4.1
	2000	20.3	32.7	1.6	12.7	13.9	27.5	9.8	21.7	54.4	5.4
	2005	30.8	25.0	0.7	19.4	14.2	27.0	12.8	23.8	41.5	4.8
	2008	30.9	21.9	0.5	22.1	16.9	27.7	13.4	22.3	38.2	6.0
欧盟	1995	13.9	55.6	4.6	3.8	26.0	23.6	5.7	13.7	49.8	3.3
	2000	25.7	32.2	2.1	6.4	20.3	26.2	10.9	30.5	41.0	4.7
	2005	33.6	35.0	1.3	5.7	17.5	28.8	12.7	25.1	34.8	5.5
	2008	32.0	30.8	0.9	6.6	20.8	29.5	15.1	25.6	31.1	7.5
日本	1995	7.8	28.1	10.0	0.8	19.6	39.9	6.0	25.7	56.7	5.5
	2000	10.5	21.6	6.0	1.3	15.7	39.2	11.5	34.4	56.3	3.5
	2005	20.1	24.2	3.8	2.1	19.6	33.8	15.4	37.0	41.2	2.9
	2008	18.5	23.7	3.8	2.6	22.4	34.1	18.7	36.3	36.6	3.3
韩国	1995	3.9	12.6	12.7	0.7	55.9	72.4	5.8	10.0	21.6	4.4
	2000	13.6	10.4	15.7	0.4	34.6	63.6	13.2	22.9	22.8	2.7
	2005	16.8	21.9	10.0	0.5	35.7	36.4	18.6	39.4	19.0	1.8
	2008	18.1	21.7	5.1	0.7	41.9	35.5	21.7	40.2	13.2	1.8
东盟四国	1995	13.0	3.1	7.6	24.2	48.3	57.6	9.9	4.8	21.1	10.3
	2000	17.4	8.5	11.6	14.5	28.5	41.9	22.0	31.2	20.5	3.9
	2005	21.7	16.5	4.3	9.4	32.2	22.9	26.9	48.2	14.9	3.0
	2008	25.1	17.2	1.8	14.2	34.7	21.5	22.1	44.0	16.2	3.1

资料来源：Comtrade 数据库。

说明：欧盟是指原欧盟 15 国；东盟四国指马来西亚、印度尼西亚、菲律宾和泰国。

表 3.4 显示中国与美国和欧盟的贸易商品结构存在较大的相似性，与日本、韩国和东盟等东亚贸易伙伴的进出口商品结构也存在较大的相似性，但中国在欧美和东亚市场的贸易商品结构却存在着较大的差异。

从欧美市场来看，中国对美国和欧盟的出口以消费品和资本品等最终产品为主，而中国从美国与欧盟的进口以初级产品、半成品和零部件等中间产品为主。1995年到2008年间，消费品和资本品等最终产品高居中国对美国出口份额的74.4%、对欧盟出口份额的66.5%；初级产品、半成品和零部件等中间产品高居中国从美国进口份额的67.2%、从欧盟进口份额的56.4%。从具体的商品类别的进出口份额变化趋势来看，中国从欧美市场初级产品、零部件和消费品的进口份额以及中国对欧美市场的资本品出口份额都有明显增加，而中国从欧美市场的资本品进口份额以及中国对欧美消费品的出口份额都发生了明显下降，这种进出口商品结构的变化与中国加工贸易的深化程度刚好相吻合。

从东亚市场来看，初级产品、半成品和零部件等中间产品在进出口中都占据主要份额，中间产品贸易成为中国与东亚各经济体进出口贸易的最大特征。1995年到2008年间，中国对韩国和东盟四国的出口中，初级产品、半成品和零部件等中间产品的累计份额几乎都在60%以上，中国从韩国和东盟四国的进口初级产品、半成品和零部件等中间产品的份额都在75%以上。中国从日本的进口商品结构和中国从韩国、东盟四国的进口结构极其相似，但是，中国对日本的出口结构和中国对韩国、东盟四国的出口结构有很大的不同，具体表现在初级产品、半成品和零部件等中间产品的份额普遍低于韩国和东盟四国，主要的原因在于日本作为东亚"雁行模式"中的头雁，其对华出口的中间产品中有很大一部分通过最终产品的形式返销回日本，从而大大降低了中国对日中间品的出口份额，这可以从中国对日本消费品出口份额普遍高于中国对韩国、东盟四国消费品出口份额中的事实中得到印证。

把表3.4中欧美和东亚各经济体结合起来观察可以发现，随着时间的演变，在中国的进口中，半成品的进口份额除了欧盟有小幅上升之外，从其他国家进口的份额都呈现下降趋势；与此同时，零部件的进口份额却都有了较大的提高。由于零部件往往是半成品的组成部分，中国对各主要贸易伙伴零部件和半成品进口份额的不同变动趋势,体现了欧美和东亚经济体在产业转移过程中对华输出的中间品结构发生了改变,说明中国加工贸易实现了从以半成品为主的浅层次加工模式到以零部件为主的深层次加工模式的升级。

正是这种加工贸易模式的升级,使得以零部件和半成品为主的中间产品贸易成为中国贸易收支呈现国别差异的主要商品结构性因素。零部件和半成品等中间产品的输出国实现了制成品的生产之后,该制成品有三种流向:一种情况是返销母国,一种情况是直接在中国销售,另一种情况则是从中国出口到其他国家。在表 3.4 所揭示的中国从东亚和欧美大量进口半成品和零部件等中间产品、对东亚国家大量出口中间产品、对欧美国家大量出口最终产品的贸易商品结构下,一方面,中国对韩国和东盟资本品和消费品的出口份额远远低于相应半成品和零部件的出口份额;另一方面,中国对美国和欧盟资本和消费品的出口份额远远高于相应半成品和零部件的出口份额,因此,从商品结构的角度看,中国对美国和欧盟保持贸易顺差、对东亚国家保持贸易逆差的原因主要在于中国将购自东亚国家的中间产品经过组装、加工之后出口至欧美国家的三角贸易模式。

第三节　中国贸易收支的商品结构

在经济与贸易发展的过程中,一国贸易收支的总体规模与进出口的商品结构密切相关。贸易收支的规模很大程度上取决于贸易商品的结构和水平。从中国的实际情况来看,随着近年来参与国际分工的程度不断深化,中国劳动力比较优势和工业发展潜力得到了很大的释放,进出口结构随之优化与升级,工业制品在中国巨额的外贸顺差中逐渐占据主导地位。

一、中国总体贸易收支的商品构成

根据联合国国际贸易标准分类(SITC),贸易商品共分成10类。这10类商品分别为:0类-食品及活动物;1类-饮料及烟类;2类-非食用原料(燃料除外);3类-矿物燃料、润滑油及有关原料;4类-动植物油、脂及蜡;5类-化学成品及有关产品;6类-按原料分类的制成品;7类-机械及运输设备;8类-杂项制品;9类-未分类的商品。通常情况下,把SITC0-4类称为初级产品,把SITC5-8类称为工业制品。

表3.5 中国外贸顺差的大类构成 (单位:10亿美元;%)

年　份	1995	2000	2001	2002	2003
总差额	16.70	24.11	22.55	30.43	25.47
初级产品	−2.94	−21.28	−19.40	−20.73	−37.95
一比重(%)	−0.18	−0.88	−0.86	−0.68	−1.49
工业制品	19.63	45.39	41.95	51.16	63.42
一比重(%)	1.18	1.88	1.86	1.68	2.49
年　份	2004	2005	2006	2007	2008
总差额	32.10	102.00	177.47	263.94	298.13
初级产品	−76.72	−98.68	−134.21	−180.92	−284.60
一比重(%)	−2.39	−0.97	−0.76	−0.69	−0.95
工业制品	108.82	200.68	311.68	444.87	582.73
一比重(%)	3.39	1.97	1.76	1.69	1.95

资料来源:Comtrade数据库。

从表3.5可以看出,随着我国工业化水平的不断提高以及加工贸易的快速发展,从20世纪90年代中期开始,在中国贸易差额总体保持顺差的情况下,中国初级产品始终保持贸易逆差,工业制品始终保持贸易顺差。中国成为初级产品的净进口国和工业制品的净出口国。在贸易差额的增长趋势上,初级产品逆差和工业制品顺差都呈现迅猛的增长态势。

就初级产品而言,在经过1995年到2000年间相对小幅的增长之后,从2001年开始，初级产品的贸易逆差出现了跳跃式扩大。初级产品贸易逆差额从2001年的194亿美元，快速上升到2005年的986.8亿美元，并一路扩大到2008年的2 846亿美元。在短短的8年中，初级产品贸易逆差的年均增长率高达170.8%。

就工业制品而言，从1995年开始，其贸易顺差除了2001年出现小幅减少之外，其余年份均保持强劲增长。从2001年到2008年，工业制品绝对涨幅为5 407.8亿美元，年均相对涨幅为161.1%。从初级产品和工业产品在贸易总差额中的比重来看，工业制品对中国总体外贸顺差的贡献远远超过初级产品，是决定中国对外贸易整体上保持顺差的主要方面。

为了进一步细化中国外贸顺差的商品构成，表3.6按SITC0-9具体的商品类别对中国1995—2008年间外贸顺差的进行分解。

表3.6 1995—2008年中国收支差额的商品细分结构

（单位:10亿美元）

年份	初级产品					工业制品				
	0类	1类	2类	3类	4类	5类	6类	7类	8类	9类
1995	3.82	0.98	−5.79	0.21	−2.15	−8.21	3.47	−21.24	46.12	−0.51
1996	4.56	0.84	−6.66	−0.95	−1.32	−9.23	−2.89	−19.45	47.88	−0.57
1997	6.77	0.73	−7.81	−3.32	−1.04	−9.07	2.21	−9.07	61.59	−0.58
1998	6.83	0.80	−7.20	−1.60	−1.18	−9.84	1.40	−6.63	61.74	−0.75
1999	6.84	0.56	−8.82	−4.25	−1.24	−13.66	−1.06	−10.62	62.67	−1.20
2000	7.52	0.38	−15.54	−12.78	−0.86	−18.11	0.74	−9.33	73.31	−1.21
2001	7.80	0.46	−17.96	−9.06	−0.65	−18.75	1.88	−12.11	72.03	−1.09
2002	9.38	0.60	−18.33	−10.85	−1.53	−23.71	4.47	−10.03	81.35	−0.92
2003	11.57	0.53	−29.09	−18.07	−2.89	−29.39	5.12	−5.05	93.08	−0.32
2004	9.71	0.67	−49.52	−33.51	−4.07	−39.11	26.66	15.43	106.25	−0.42
2005	13.09	0.40	−62.74	−46.33	−3.10	−41.96	47.96	61.76	133.32	−0.40
2006	15.73	0.15	−75.30	−71.23	−3.56	−42.52	87.89	99.32	166.70	0.28
2007	19.24	0.00	−108.75	−84.24	−7.17	−47.08	117.38	165.17	209.69	−0.28
2008	18.71	−0.39	−155.38	−137.47	−10.08	−39.68	155.23	232.11	237.78	−2.70

资料来源:Comtrade数据库。

从表3.6可以看出，中国外贸顺差主要来自按原料分类的制成品

(6类)、机械及运输设备(7类)和杂项制品(8类)。从1995年到2008年,这三类商品的贸易差额分别增长了1 517.6亿美元、2 533.5亿美元和1 916.6亿美元,年均增幅312.4%、85.2%和29.7%。其中,第6类商品经过了贸易顺差和逆差交替的阶段;第7类商品由小幅贸易逆差转向了巨额贸易顺差;第8类商品始终保持着顺差的增长。与这三类商品相反,作为构成中国贸易收支商品结构的另一个层面,除燃料之外非食用原料(2类)和矿物燃料、润滑油及有关原料(3类)从1995年到2008年始终保持逆差增长趋势,14年间这两类商品的逆差额分别增长了1 495.8亿美元和1 376.7亿美元,年均增速分别高达188.5%和479.1%。

在初级产品整体保持贸易逆差和工业制品整体保持顺差的情况下,作为初级产品一部分的食品及活动物(0类)始终保持贸易顺差,而作为工业制成品一部分的化学成品及有关产品(5类)始终保持贸易逆差。但这两类产品对贸易收支并没有起到显著的作用,主要的原因在于农业和化工产业在中国国民经济中所占比重并不是很大。

二、中国总体进出口贸易结构的变迁

贸易收支差额的形成是进口和出口两者共同作用的结果。贸易差额的商品构成及其变动,其背后的核心问题就是进出口贸易的结构及其变动问题。具体地说,贸易顺差的形成及其增加,可能是出口增加导致的,也可能是进口减少引起的,或者是两者同时出现所产生的。同样,贸易逆差的形成及其增加,可能是出口减少引起的,也可能是进口增加导致的,当然更有可能是两者同时出现所产生的。因而,全面分析进口结构和出口结构,对于深入考察贸易收支的商品构成是十分必要的。

(一) 进出口行业结构分析

我们把出(进)口商品结构定义成某类商品的出(进)口额占同期中国出(进)口总额的比重。根据此定义,表3.7列出了1995年以来各主要年份 SITC0-9 十类商品的进口份额和出口份额数据，从中可以发现：

第一，中国进出口高度集中的商品大类与对贸易差额其主要作用的商品大类相吻合。

从表 3.7 可以看出，中国的出口商品主要集中在 SITC6、SITC7、SITC8 三大类制成品。这三类商品从 1995—2008 年占据中国出口总额的比重比较稳定，基本都保持在 85%左右。中国的进口商品主要集中在 SITC2、SITC3、SITC5、SITC6 和 SITC7 五类。这五类商品从 1995—2008 年占据中国进口总额的比重也非常稳定，基本维持在 86%左右。这些集中的进口和出口的商品类别与对中国贸易差额起到主要作用的商品类别基本一致。中国第 6—8 类商品的贸易顺差主要是由该三类商品的大量出口造成的，而中国第 2 类和第 3 类商品的贸易逆差主要是由这两类商品的大量进口造成的。

第二，主要商品类别出现了由劳动密集型进出口结构向资本与技术密集型进出口结构的转变。

从中国出口高度集中的三大类商品来看，第 7 类商品（机械及运输设备）的出口比重出现了大幅的上升，第 8 类商品（杂项制品）的出口比重出现了明显上升。从 1995 年到 2008 年，前者从 21.11%上升至 47.11%，后者从 36.44%下降至 23.43%，上升和下降幅度分别高达 123.2%和 35.7%。从中国进口高度集中的五大类商品来看，第 2 类（除燃料之外的非食用原料）和第 3 类（矿物燃料等）的进口比重急剧上升，从 1995 年到 2008 年上升幅度分别高达 91.4%和 285%；第 6 类（按原料分类的制成品）的进口比重明显下滑，从 1995 年的 21.78%下降到了 9.46%。就这几类商品的要素禀赋而言，第 2 类和第 3 类商品主要属于资源密集型初级产品，第 6 类和第 8 类商品主要属于劳动密集型产品，第 7 类主要属于资本和技术密集型产品。结合这几类商品的要素禀赋及进口和出口比重变化趋势，可以判断中国的进出口商品正在经历由传统的劳动密集型向资本与技术密集型的转变。

表 3.7 中国进出口商品结构

（单位：%）

商品类别	出口商品结构						进口商品结构					
	1995 年	2000 年	2005 年	2006 年	2007 年	2008 年	1995 年	2000 年	2005 年	2006 年	2007 年	2008 年
0 类	6.69	4.93	2.95	2.65	2.52	2.29	4.64	2.11	1.42	1.26	1.20	1.24
1 类	0.92	0.30	0.16	0.12	0.11	0.11	0.30	0.16	0.12	0.13	0.15	0.17
2 类	2.93	1.79	0.98	0.81	0.75	0.79	7.69	8.89	10.64	10.51	12.33	14.72
3 类	3.58	3.15	2.31	1.83	1.71	2.22	3.88	9.17	9.69	11.25	10.99	14.94
4 类	0.30	0.05	0.04	0.04	0.03	0.04	1.97	0.43	0.51	0.50	0.78	0.94
5 类	6.11	4.85	4.69	4.60	4.95	5.54	13.10	13.42	11.78	11.00	11.24	10.51
6 类	21.67	17.07	16.95	18.04	18.05	18.34	21.78	18.57	12.30	10.98	10.76	9.46
7 类	21.11	33.15	46.23	47.10	47.36	47.11	39.86	40.84	44.01	45.11	43.16	39.02
8 类	36.44	34.51	25.48	24.56	24.34	23.43	6.14	5.63	9.22	9.01	9.13	8.61
9 类	0.23	0.21	0.21	0.24	0.18	0.12	0.65	0.77	0.30	0.26	0.26	0.39

资料来源：作者根据 Comtrade 数据库计算而得。

表 3.8　中国进口和出口占世界市场的份额

（单位：%）

商品类别	出口市场份额						进口市场份额					
	1995 年	2000 年	2005 年	2006 年	2007 年	2008 年	1995 年	2000 年	2005 年	2006 年	2007 年	2008 年
0 类	2.93	3.75	4.34	4.47	4.50	4.03	1.78	1.37	1.76	1.70	1.64	1.76
1 类	2.50	1.34	1.45	1.33	1.33	1.34	0.85	0.68	0.94	1.16	1.34	1.72
2 类	2.27	2.35	2.35	2.01	1.93	2.08	4.48	9.06	19.15	18.95	21.70	25.66
3 类	2.01	1.25	1.42	1.11	1.25	1.57	1.45	3.16	4.55	5.15	5.54	6.23
4 类	1.73	0.61	0.71	0.85	0.52	0.69	10.71	4.93	8.70	8.89	13.06	13.33
5 类	1.98	2.17	3.37	3.71	4.28	5.00	3.64	5.11	6.96	6.95	7.30	7.20
6 类	4.22	5.10	9.35	10.70	11.49	12.49	3.73	4.82	5.84	5.37	5.39	5.24
7 类	1.67	3.26	9.26	10.50	11.77	12.79	2.91	3.63	7.63	8.25	8.45	8.59
8 类	8.98	11.42	16.95	18.67	20.43	21.37	1.31	1.60	5.06	5.37	5.78	6.07
9 类	0.24	0.21	0.43	0.48	0.39	0.25	0.63	0.68	0.61	0.44	0.48	0.74
整体	3.14	4.06	7.65	8.33	9.22	9.68	2.75	3.56	6.42	6.66	7.03	7.35

资料来源：作者根据 Comtrade 数据库计算而得。

说明：表中“整体”指中国出（进）口总额占同期世界出（进）口总额的比重。

（二）进出口市场份额分析

我们把出（进）口市场份额定义成中国某类商品的出（进）口额占同期世界同类出（进）口总额的比重。根据此定义，表 3.8 列出了 1995 年以来各主要年份 SITC0-9 十类商品的进口市场份额和出口市场份额，从中可以发现：

第一，中国进出口市场的份额总体上呈现同步增长，贸易地位有所提升。

从表 3.8 可以看出，中国出口市场份额和进口市场份额总体上都呈现出不断上升的趋势。从 1995 年到 2008 年 14 年间，出口总额的市场份额从 3.14％上升到了 9.68％，整整增加了 3 倍有余；进口总额的市场份额从 2.75％上升到了 7.35％，升幅也高达 167％。就 2008 年的情况而言，世界出口总额中有 9.68％来自中国，同时世界进口总额中有 7.35％为中国所用。市场份额往往被作为衡量贸易竞争力的一个主要指标，无论是从中国进出口的现有市场份额还是从其变化趋势来看，中国贸易发展的实绩是令人瞩目的。

第二，各大类商品的世界进口市场份额普遍提高。

从表 3.8 右半部分可以看出，第 0—9 类商品的进口份额都有了不同程度的提高。在中国以加工贸易为主导的贸易模式下，大规模地从世界进口构成了中国“有进有出”贸易流向特点的一个方面。大量的进口中，以第 2 类非食用原材料进口份额的提升幅度最为突出。

第四章

东亚产业联动背景下中国出口品中进口投入成分度量

贸易收支与进出口贸易结构有着密切的联系，贸易收支呈现顺差状态还是逆差状态是进出口共同作用的结果。所以，探讨出口品中进口投入对贸易收支的影响，有必要分别考察出口品中进口投入对进口和出口各自的影响。国内大量的文献都提到，中国近几年来进出口贸易结构的变化是国际产业对华转移的结果，但是这部分研究基本尚处于定性研究层面，相关的定量研究由于种种原因相对缺乏。本章将利用《亚洲国际投入产出表》数据，通过设计一套指标体系，定量地揭示东亚产业的跨国联动结构、中国在东亚的产业地位以及东亚产业联动背景下中国出口品中的进口投入成分。

第一节　东亚转移性生产投入下的产业联动

根据经济一体化理论，生产要素的跨国界流动是推动经济一体化进程和相关经济体经济增长的主要动力。从产业经济的角度看，这种生产要素的流动实质上就是产业的跨国转移。自 20 世纪 80 年代以来，在东亚经济的发展过程中，东亚国家正是通过大量承接国际产业转移，带动国内产业成长和经济发展，创造了令世人瞩目的“东亚奇迹”。

然而，东亚国家大量承接外来产业转移，导致其把经济增长路径锁定在“出口导向型”战略上，严重依赖外部市场，最终给经济发展带来了诸多不稳定的因素。因此，如何培育东亚内部增长机制，是东亚国家抵御外部冲击的重要举措。而这种内部增长机制的核心内容是基于实体经济层面的产业联动结构。以下从东亚产业经贸流动关系出发，通过指数测算，分析东亚国家之间的产业关联状况及相应的改进对策。

一、东亚产业前向关联效应分析

（一）研究方法

产业前向关联效应（Forward Linkages Effect）又叫产业感应度，通常用以描述特定产业发展对其他产业发展的推动作用。根据投入产出表的投入产出结构，产业前向关联效应从产品投入层面测度产业部门间的相互联系，即着重考察部门的产品去了哪里①。这里根据《亚洲国际投入产出表》对内生国家进口产品和出口产品在投入产出关系上的细分，分别从综合前向关联和外部前向关联两个层面，考察亚太地区各经济体的产业前向关联关系，具体如下：

$$\text{综合前向产业关联系数 } FE_i^m = \frac{\sum_{n=1}^{k}\sum_{j=1}^{s} B_{ij}^{mn}}{\frac{1}{k \times s}\sum_{n=1}^{k}\sum_{j=1}^{s}\sum_{m=1}^{k}\sum_{i=1}^{s} B_{ij}^{mn}} \tag{4.1}$$

$$\text{外部前向产业关联系数 } IFE_i^m = \frac{\sum_{n=1}^{k}\sum_{j=1}^{s} B_{ij}^{mn} - \sum_{j=1}^{s} B_{ij}^{mn}}{\frac{1}{k}\sum_{i=1}^{s}\left(\sum_{n=1}^{k}\sum_{j=1}^{s} B_{ij}^{mn} - \sum_{j=1}^{s} B_{ij}^{mn}\right)} \tag{4.2}$$

其中，B_{ij}^{mn} 是《亚洲国际投入产出表》里昂惕夫逆矩阵中的元素，即完全需求系数，表示 n 国 j 产业增加一单位最终产品时对 m 国 i 产业的完全投入需求。s 和 k 分别表示《亚洲国际投入产出表》涉及的内生国家个

① 潘文卿、刘起运：《区域经济的空间联系：方法与指标》，《统计研究》2004 年第 10 期，第 49 页。

数及其划分的产业部门数。根据第二章第四节的分析，$k=10$，$s=24$。综合前向产业关联系数和外部前向产业关联系数的主要区别在于：前者反映的是本国各产业的产出和外国各产业的产出共同对特定国家特定产业产生的投入效应，而后者仅反映外国各产业的产出对特定国家特定产业产生的投入效应，即前者表示《亚洲国际投入产出表》中某一经济体某一产业增加一单位投入时，对每一经济体的每一产业的需求增加所产生的影响，后者则表示《亚洲国际投入产出表》中某一经济体某一产业增加一单位投入时，对于除了该经济体之外的其他每一经济体的每一产业的需求增加所产生的影响。前向关联系数通常被作为遴选优质产业的标准。该系数越大，说明其他产业对特定产业的依赖程度越大，要求为它们提供的中间投入越多。

（二）测算结果

本书利用日本亚洲经济研究所 2006 年编制的《亚洲国际投入产出表》中的制造业数据，对(4.1)式和(4.2)式分别进行了测算，结果如表 4.1 所示。

表 4.1　2000 年亚太地区制造业综合前向产业关联系数和外部前向产业关联系数

产业序号	印度尼西亚		马来西亚		菲律宾		新加坡		泰国	
	FE_i^m	IFE_i^m	FE_i^m	IFE_i^m	FE_i^m	IFE_i^m	FE_i^m	IFE_i^m	FE_i^m	IFE_i^m
8	1.043	0.719	1.532	1.843	0.866	0.945	0.708	0.152	1.126	1.417
9	0.804	1.119	0.693	0.536	0.654	0.482	0.616	0.088	0.839	1.236
10	0.675	0.744	0.734	1.464	0.602	0.200	0.578	0.030	0.600	0.270
11	0.822	1.675	0.790	0.443	0.641	0.509	0.639	0.545	0.766	0.957
12	1.009	2.326	1.049	1.788	0.792	1.050	0.962	3.338	0.986	2.771
13	0.808	0.970	1.268	1.875	1.119	1.462	1.370	6.871	1.141	1.464
14	0.585	0.164	0.587	0.222	0.580	0.232	0.552	0.055	0.677	1.099
15	0.591	0.186	0.751	0.373	0.679	0.451	0.617	0.118	0.700	0.613
16	0.819	1.439	0.998	1.674	0.833	0.810	0.802	1.322	0.771	1.176

（续表）

产业序号	印度尼西亚 FE_i^m	印度尼西亚 IFE_i^m	马来西亚 FE_i^m	马来西亚 IFE_i^m	菲律宾 FE_i^m	菲律宾 IFE_i^m	新加坡 FE_i^m	新加坡 IFE_i^m	泰国 FE_i^m	泰国 IFE_i^m
17	0.711	1.409	0.952	2.970	0.631	8.149	1.314	4.930	0.920	3.056
18	0.893	0.417	0.744	0.146	0.539	0.723	0.804	0.137	0.809	0.538
19	0.593	0.243	0.799	1.081	0.595	0.837	0.702	0.959	0.722	1.118
均值A	0.780	0.951	0.908	1.201	0.711	1.321	0.805	1.545	0.838	1.310
均值B	0.878	1.000	0.912	1.000	0.756	1.000	0.875	1.000	0.864	1.000

产业序号	中国 FE_i^m	中国 IFE_i^m	中国台湾 FE_i^m	中国台湾 IFE_i^m	韩国 FE_i^m	韩国 IFE_i^m	日本 FE_i^m	日本 IFE_i^m	美国 FE_i^m	美国 IFE_i^m
8	1.334	0.569	1.110	0.272	1.067	0.253	0.992	0.212	0.926	0.615
9	1.733	2.116	0.993	2.802	0.969	1.610	0.872	0.359	0.825	0.280
10	0.720	0.360	0.565	0.110	0.684	0.063	0.693	0.075	0.755	0.256
11	0.993	0.452	0.898	0.798	1.070	0.914	1.356	0.799	1.195	1.349
12	2.476	2.950	1.498	3.976	2.148	5.281	2.735	3.686	2.035	3.682
13	1.584	1.347	0.912	0.691	1.362	2.409	0.983	0.353	1.006	0.645
14	0.745	0.436	0.585	0.142	0.607	0.201	0.707	0.332	0.605	0.121
15	0.858	0.360	0.734	0.402	0.787	0.285	0.813	0.376	0.706	0.180
16	2.138	2.892	1.263	3.026	1.790	3.727	2.648	3.690	1.522	1.538
17	2.150	2.590	1.184	4.177	1.374	3.719	2.758	4.591	1.832	3.778
18	1.178	0.504	0.765	0.289	0.854	0.384	1.628	1.436	0.940	0.737
19	1.108	0.976	0.783	1.156	0.893	0.766	1.367	1.288	1.053	1.333
均值A	1.418	1.296	0.941	1.487	1.134	1.634	1.463	1.433	1.117	1.209
均值B	1.280	1.000	0.924	1.000	1.004	1.000	1.316	1.000	1.191	1.000

资料来源：Asian International Input-Output Table 2000，Institute of Developing Economies，2006。

说明：均值A表示制造业平均值；均值B表示所有产业的平均值。产业序号的含义分别为：8 食品加工业、9 棉纺皮革制造业、10 木器制品业、11 纸制品印刷业、12 化工产品行业、13 原油产品业、14 橡胶产品业、15 非金属采矿业、16 金属制品业、17 机械制造业、18 运输设备生产业、19 其他制品业。

从综合前向产业关联系数的总体水平来看，日本、中国、美国和韩国的综合前项产业关联系数的平均值(均值B)分别高于亚太平均水平，其中，日本的综合前向产业关联系数的平均值(均值B)为1.316，是亚太十个经济体中最高的；印度尼西亚、马来西亚、菲律宾、新加坡、泰国和中国台湾的综合前项产业关联系数的平均值分别低于亚太平均水平，其中，菲律宾各产业综合前向产业关联系数的平均值为0.756，是亚太十个经济体中最低的。中日韩美四国在综合前项产业关联系数平均值上与其他东亚小型经济体呈现的差异，说明中日韩美这四个经济大国集中了大量的优势产业和支柱产业，是亚太区域中生产投入品的主要提供者，成为亚太经济发展的主要推动力量。而与此相对应的，东亚其他经济体由于规模的限制，在供给层面对整个亚太经济的推动作用比较有限。

从综合前向产业关联系数涉及的具体行业来看，制造业虽然在各经济体的经济发展中都占据了最大的比重，但是各国及地区的制造业并不完全都是推动亚太经济最主要的行业力量。从表4.1可以看出，除了中国、中国台湾、日本和韩国之外，其他国家及地区制造业的前向产业关联系数平均值都低于所有产业的前向产业关联系数平均值，主要的原因在于，在东亚制造业转移的过程中，各经济体在投入和产出方面扮演的角色是不一样的。日本、韩国和中国台湾是东亚制造业转移的主要输出源，成为其他东亚经济体进口投入的主要供给者。东盟各小国则是日本、韩国和中国台湾制造业转移的接受者，主要扮演进口投入需求者的角色。中国的情况比较特殊。加工贸易“两头在外”的发展模式使得中国在扮演进口投入品需求者角色的同时，更多地充当了进口投入品供给者的角色。这一现象在中国制造业中前向产业关联系数居前三位的化工产品行业(12)、金属制品业(16)和机械制造业(17)中体现得尤为明显。这三类行业的前向产业关联系数都大于2，一方面远远高于东盟国家的同类行业，另一方面却低于日本的同类行业。

从外部前向产业关联系数来看，总体而言，除了印度尼西亚之外，其他九个样本经济体的制造业外部前向产业关联系数的平均值(均值A)都高于其所有产业的平均水平，表明东亚各国及地区的制造业总体上对其他国家都存在较大的推动作用。其中，韩国制造业外部前向产业关联系数的平均值为1.634，居十个样本经济体之首，这和韩国近年来把大量产业对华转移有密切的关联。通过产业对外转移，韩国已成为亚太地区对外生产投入程度最高的国家。从具体产业而言，各国及地区制造业中的化工产品行业(12)、金属制品业(16)和机械制造业(17)都不同程度地发挥了本国本地区的行业比较优势，其前向产业关联系数都居于各产业的前列，为满足其他国家及地区的生产需要做出了巨大的贡献。但是，十个样本经济体中10、11、14、15、18等行业的前向产业关联系数普遍偏低，从生产投入的角度看，这些产业基本上处于只能够满足本国本地区生产的状况。

二、东亚产业后向关联效应分析

(一) 研究方法

产业后向关联效应(Backward Linkages Effect)又叫产业影响力，通常用以描述特定产业发展对其他产业发展的拉动作用。根据投入产出表的投入产出结构，产业后向关联效应从产品产出层面测度产业部门间的相互联系，即从本质上说明投入品来自何方，反映着某部门最终需求的改变如何影响着各部门总产出的变化①。这里根据《亚洲国际投入产出表》对内生国家进口产品和出口产品在投入产出关系上的细分，分别从综合后向关联和外部后向关联两个层面，考察亚太地区各经济体的产业后向关联关系，具体如下：

$$\text{综合后向产业关联系数 } BE_j^n = \frac{\sum_{m=1}^{k}\sum_{i=1}^{s} B_{ij}^{mn}}{\frac{1}{k\times s}\sum_{n=1}^{k}\sum_{j=1}^{s}\sum_{m=1}^{k}\sum_{i=1}^{s} B_{ij}^{mn}} \tag{4.3}$$

① 潘文卿、刘起运：《区域经济的空间联系：方法与指标》，《统计研究》2004年第10期，第49页。

$$\text{外部后向产业关联系数 } IBE_j^n = \frac{\sum_{m=1}^{k}\sum_{i=1}^{s} B_{ij}^{mn} - \sum_{i=1}^{s} B_{ij}^{mn}}{\frac{1}{k}\sum_{j=1}^{s}\left(\sum_{m=1}^{k}\sum_{i=1}^{s} B_{ij}^{mn} - \sum_{i=1}^{s} B_{ij}^{mn}\right)} \quad (4.4)$$

(4.3)式和(4.4)式中各字母含义同前。这里需要解释的是综合后向产业关联系数和外部后向产业关联系数之间的异同。综合后向产业关联系数反映的是本国各产业的投入和外国各产业的投入共同对特定国家特定产业产生的产出效应,而外部后向产业关联系数反映的是外国各产业的投入对特定国家特定产业产生的产出效应。具体地说,前者表示《亚洲国际投入产出表》中某一经济体某一产业增加一单位产出时,对每一经济体的每一产业的供给增加所产生的影响,后者则表示《亚洲国际投入产出表》中某一经济体某一产业增加一单位产出时,对于除了该经济体之外的其他每一经济体的每一产业的供给增加所产生的影响。后向产业关联系数通常被用于分析各经济体不同产业间的相互拉动程度,该系数越大,表示该经济体对其他经济产业的拉动作用越大。

(二)测算结果

本书利用日本亚洲经济研究所 2006 年编制的《亚洲国际投入产出表》数据,对(4.3)式和(4.4)式分别进行了测算,结果如表 4.2 所示。

从综合后向产业关联系数的总体水平来看,中国尽管不是亚太地区经济发展水平最高的国家,但中国对于亚太经济的带动作用是亚太地区中最大的,各产业综合后向产业关联系数平均值(均值 B)为 1.230,居亚太各国及地区之首。除了中国以外,各产业综合后向产业关联系数平均值高于亚太 10 个国家及地区平均水平的还有日本、韩国、新加坡和马来西亚,但高出的幅度相对较小。与此相对应,美国尽管是世界的头号经济大国,但是,美国对亚太经济所起的拉动作用却非常有限,其各产业综合后向产业关联系数平均值仅为 0.991,远远低于中国,甚至低于亚太 10 个国家及地区的平均水平。除了美国以外，印度尼西亚、菲律宾、泰国和中国台湾等国家和地区的各产业综合后向产业关联系数平均值也都低于亚太10个国家及地区的平均水平。

从综合后向产业关联系数涉及的具体行业来看，各国及地区制造业特定产业对亚太经济的拉动作用普遍高于各国及地区总体上对亚太经济的拉动作用，这主要体现在各国及地区制造业综合后向产业关联系数平均值（均值B）都不同程度地高于各产业综合后向产业关联系数平均值。其中，以韩国制造业综合后向产业关联系数平均值高出各产业后向产业关联系数平均值的幅度为最大，高出幅度为16.3%。综合各国及地区的情况可以发现，金属制品业（16）、机械制造业（17）、运输设备生产业（18）等行业已成为制造业中对带动整个亚太经济起到辐射作用的主导行业。这在中、日、韩三国表现得尤为突出。以运输设备生产业为例，其综合后向产业关联系数分别高达1.540、1.398和1.375，居各行业的综合后向产业关联系数之首。

从外部后向产业关联系数可以看出，从总体上讲，十个样本国家及地区的制造业外部后向产业关联系数的平均值（均值A）都高于各国及地区所有产业的平均水平。由于外部后向产业关联系数描述的是纯粹的进口投入与本国或本地区产出之间的关系，这表明亚太地区的制造产业比其他产业具有更大的对外依赖性。可以这么说，跨国界生产已经成为亚太地区制造业发展的主要模式。就国别而言，中国外部后向产业关联系数的平均值为1.378，是十个样本国家及地区中对外依赖程度最低的，这很大程度上是由于中国的开放程度远远不及美国和东亚小型经济体的开放程度所造成。日本制造业外部后向产业关联系数的平均值为1.462，相对于韩国和印尼、菲律宾以及泰国等东盟国家也是算较低的，主要的原因在于日本作为东亚产业雁阵中的“头雁”处于东亚产业的高端，其部分生产投入尚不能完全依靠从东亚其他国家和地区的进口来实现。

三、东亚产业结构平衡分析

本书把前向产业关联指数细分成综合前向产业关联指数和外部前向产业关联指数的目的，是要从生产投入的角度区分一国及一个地区生产的产品是流向本国本地区还是流向他国及其他地区；同样，把后向产业关联指数细分成综合后向产业关联指数和外部后向产业关联指数的目的，是要从产出的角度区分产品生产过程中的投入品是来自本国本地区还是来自他国及其他地区。在以上测算的基础上，对十个样本国家及地区不同制造业部门的综合前向产业关联指数、外部前向产业关联指数、综合后向产业关联指数和外部后向产业关联指数进行排序，结果如表 4.3 所示。

就综合前向产业关联系数和外部前向产业关联系数的关系而言，在两个指数测算值排名居前五位的 100 个制造业产业部门①中，同时具有密切综合前向产业关联和外部前向产业关联的产业有 84 个。这说明对外国生产投入的输出已成为亚太地区各经济体推动其产业成为区域主导产业的主要路径。在位居综合前向产业关联系数和外部前向产业关联系数排名前五位的各产业中，中国、日本、韩国和美国呈现了高度集中的情况，两个指数测算值排序下居于前五位的产业几乎可以一一对应。而中国台湾地区和印度尼西亚等东盟五国两种指数测算值排序下产业的部门的对应关系则表现得相对比较松散。这一现象与前面分析中提到的东盟国家由于经济规模小进而对整体亚太经济的推动作用较弱有直接的关联。

---

① 这里为了表述方便，把不同国家及地区同一类别的产业视为不同产业部门；同时，由于按照不同指数测算值排序所对应的产业部门可能是不相同的，因而，把按照不同指数测算值排序所对应的产业部门也视为不同产业部门。这样，十个样本国家及地区按照两个指数测算值进行排序，居前五位的产业部门就有 100 个。

表 4.2　2000 年亚太地区制造业综合后向产业关联系数和外部后向产业关联系数

产业序号	印度尼西亚		马来西亚		菲律宾		新加坡		泰国	
	BE_j^n	IBE_j^n	BE_j^n	IBE_j^n	BE_j^n	IBE_j^n	BE_j^n	IBE_j^n	BE_j^n	IBE_j^n
8	1.019	0.522	1.282	0.814	1.018	0.372	1.198	1.716	1.113	0.760
9	1.071	2.100	1.217	1.876	1.013	1.963	1.093	1.276	1.168	1.379
10	1.019	0.710	1.093	0.862	0.981	0.942	1.190	1.307	0.905	1.064
11	0.934	1.353	1.120	1.429	0.943	1.270	1.023	1.000	0.986	1.542
12	0.945	1.610	1.235	1.355	1.068	1.633	1.054	1.064	1.068	1.647
13	0.778	0.778	0.998	0.722	0.682	0.481	0.733	0.779	0.652	0.469
14	0.988	1.984	1.117	1.106	1.078	2.530	1.156	1.414	1.115	1.134
15	0.942	0.807	1.107	1.008	1.107	1.068	1.119	1.252	0.997	0.954
16	1.033	1.715	1.178	1.999	1.115	1.870	1.242	1.664	0.970	1.664
17	1.042	3.057	1.264	2.849	1.134	3.205	1.258	2.392	1.201	3.767
18	1.004	1.743	1.148	1.783	1.194	2.142	1.220	1.461	1.151	2.730
19	1.049	2.881	1.106	1.649	1.005	2.075	1.107	1.694	1.062	1.606
均值 A	0.985	1.605	1.155	1.454	1.028	1.629	1.116	1.418	1.032	1.560
均值 B	0.888	1.000	1.033	1.000	0.908	1.000	1.014	1.000	0.952	1.000

产业序号	中国		中国台湾		韩国		日本		美国	
	BE_j^n	IBE_j^n	BE_j^n	IBE_j^n	BE_j^n	IBE_j^n	BE_j^n	IBE_j^n	BE_j^n	IBE_j^n
8	1.236	0.557	1.291	1.063	1.197	0.918	1.074	1.346	1.185	0.611
9	1.426	1.521	1.278	1.590	1.226	1.855	1.123	1.993	1.125	2.509
10	1.412	1.266	0.936	1.166	1.114	1.531	1.075	2.267	1.092	1.112
11	1.278	1.868	1.031	1.130	1.216	1.375	1.069	0.861	1.002	0.712
12	1.403	1.377	1.150	2.364	1.200	1.998	1.139	1.519	1.053	0.985
13	1.120	0.624	0.638	0.597	0.669	0.757	0.661	0.927	1.077	0.447
14	1.416	1.414	1.096	1.641	1.133	1.808	1.124	1.411	1.049	1.751
15	1.369	1.010	0.987	1.102	1.105	0.840	1.040	0.867	0.974	0.870
16	1.477	1.245	1.153	1.344	1.268	1.643	1.150	1.242	1.069	1.282
17	1.451	2.229	1.256	3.109	1.211	2.971	1.168	2.025	1.017	3.477
18	1.540	1.557	1.161	1.847	1.375	1.776	1.398	1.429	1.129	2.914
19	1.435	1.862	1.203	1.901	1.261	1.746	1.155	1.659	1.004	1.498
均值 A	1.297	1.378	1.099	1.571	1.164	1.601	1.098	1.462	1.065	1.514
均值 B	1.230	1.000	0.978	1.000	1.004	1.000	1.001	1.000	0.991	1.000

资料来源：Asian International Input-Output Table 2000，Institute of Developing Economies，2006。

说明：均值 A 表示制造业平均值；均值 B 表示所有产业的平均值。产业序号含义同前。

表 4.3　2000 年东亚制造业不同产业指标排序表

排序	印尼				马来西亚				菲律宾				新加坡				泰国			
	A	B	C	D	A	B	C	D	A	B	C	D	A	B	C	D	A	B	C	D
1	8	12	13	19	8	17	8	17	13	17	18	17	13	13	17	17	13	17	17	17
2	12	11	11	13	13	13	17	16	8	13	17	14	17	17	16	8	8	12	9	18
3	18	16	15	17	12	8	12	9	16	12	16	18	12	12	18	19	12	13	18	16
4	11	17	12	11	16	12	9	18	12	8	15	19	18	16	8	16	17	8	14	12
5	16	9	14	10	17	16	16	19	15	19	14	9	16	19	10	18	9	9	8	19
6	13	13	18	15	19	10	18	11	9	16	12	16	8	11	14	14	18	16	12	11
7	9	10	10	16	11	19	11	12	11	18	8	12	19	8	15	10	16	19	19	9
8	17	8	8	9	15	9	14	14	17	11	9	11	11	18	19	9	11	14	15	14
9	10	18	16	14	18	11	15	15	10	9	19	15	15	15	9	15	19	11	11	10
10	19	19	17	18	10	15	19	10	19	15	10	10	9	9	12	12	15	15	16	15
11	15	15	19	12	9	14	10	8	14	14	11	13	10	14	11	11	14	18	10	8
12	14	14	9	8	14	18	13	13	18	10	13	8	14	10	13	13	10	10	13	13

排序	中国				中国台湾				韩国				日本				美国			
	A	B	C	D	A	B	C	D	A	B	C	D	A	B	C	D	A	B	C	D
1	12	12	12	17	12	17	15	17	12	12	12	17	17	17	12	13	12	17	15	17
2	17	16	18	10	16	12	16	8	16	16	18	8	12	16	17	17	17	12	12	12
3	16	17	17	19	17	16	17	19	17	17	19	16	16	12	19	16	16	16	16	16
4	9	9	19	12	8	9	19	12	13	13	16	11	18	18	18	19	11	11	13	11
5	13	13	16	16	9	19	12	11	11	9	10	12	19	19	8	8	19	19	14	19
6	8	19	11	11	13	11	18	16	8	11	17	19	11	11	11	12	13	18	18	18
7	18	8	13	8	11	13	8	18	9	19	8	18	8	15	16	11	18	13	8	13
8	19	18	8	13	19	15	11	13	19	18	15	13	13	9	13	15	8	8	11	8
9	11	11	9	18	18	18	10	10	18	15	11	10	9	13	15	18	9	9	17	9
10	15	14	10	9	15	8	9	9	15	8	13	15	15	14	10	14	10	10	19	10
11	14	10	15	14	14	14	13	15	10	14	9	9	14	8	9	9	15	15	10	15
12	10	15	14	15	10	10	14	14	14	10	14	14	10	10	14	10	14	14	9	14

说明：本表是根据表 4.1 和表 4.2 的数据排序而得，除了“排序”一列之外，其他数字均为产业部门的代码。其中 A 表示综合前向产业关联指数、B 表示外部前向产业关联指数、C 综合后向产业关联指数、D 表示外部后向产业关联指数。

就综合后向产业关联系数和外部后向产业关联系数的关系而言，在两个指数测算值排名居于前五位的 100 个制造业产业部门中，同时具有密切综合后向产业关联和外部后向产业关联的产业只有54个，而且在不同指数的同一排序下，位于前五位的这些产业之间的一一对应关系很少出现。这说明从产出的角度来说，各样本国家及地区产业的发展在拉动国内及本地区投入需求和拉动国外及本地区外需求方面所产生的作用是不一样的。以机械制造业(17)为例，十个样本国家及地区中，除了日本、新加坡和泰国之外，其他国家及地区的外部后向产业关联系数普遍高于综合后向产业关联系数。这说明与依靠国内及本地区投入相比，亚太地区机械制造业产出的增加，更多地依靠外来投入，各经济体机械制造业的发展对其他国家及地区投入供给的增加起到很大的拉动作用。

不管从综合层面还是从外部层面来看，前向产业关联系数和后向产业关联系数同一排序下涉及的产业通常是不一致的。这说明特定经济体特定行业对于其他经济体的各行业起到的投入推动作用和产出拉动作用是各不同的。它可能需要大量的国外投入但生产的产品出口的比重却很小，也有可能仅需要少量的国外投入但把产出的大部分出口至国外。这种投入和产出效应的不对称，由于涉及跨境的投入和产出关系，因而，很可能直接导致行业进口规模和出口规模的不对称，即出现行业层面的贸易顺差或行业层面的贸易逆差。这种行业层面的贸易失衡规模的叠加，极有可能出现总体层面的贸易收支失衡。

第二节 中国在东亚生产转移中的地位与作用

通过上一节的分析，可以发现，日韩两国对东盟和中国大规模的产业输出，从生产投入层面对整个东亚经济起到了推动作用。以中国为代表的东亚发展中国家，通过接受大量的外来产业输入，在产出层面对整个东亚经济起到了拉动作用。东亚各经济体之间通过产业国际转移，已基本形成了一个具有推拉互动型的产业联动结构。

在东亚这样的经济大环境下，中国一方面由于生产的需要，对东亚其他经济体的中间产品具有旺盛的需求，充当了进口投入品需求者的角色；另一方面，中国扮演了出口供给者的角色，向东亚其他经济体提供了大量的出口。因而，需要搞清楚的是，在这种双向贸易过程中，中国经济对东亚其他经济体的依赖程度有多大？东亚其他经济体对中国的依赖程度又有多大？同时，由这种国际分工引发的利益分配也是需要深入研究的问题。

一、经济依赖程度分析

（一）研究方法

本书以《亚洲国际投入产出表》把生产投入品细分成本国（或地区）投入和进口投入为基础，把一国（或地区）从另一国（或地区）的完全中间进口投入占该国所有完全中间投入的比例作为经济依赖指数，用以从宏观上刻画两国之间的整体经济依赖程度。

本书第二章第四节完整地介绍了《亚洲国际投入产出表》的结构，十个样本国家及地区把从外生国家及地区的进口投入考虑在内完全中间进口投入系数矩阵为：

$$D=\begin{bmatrix}A^D\\ A^M\end{bmatrix}\cdot B=\left[D_{ij}^{hn}\right]_{(k+1)s\times ks}$$

$$(h=1,\ \cdots,\ k,\ k+1;\ n=1,\ \cdots,\ k;\ i,\ j=1,\ \cdots,\ s) \qquad (4.5)$$

由于这里仅考虑经济体之间的整体依赖程度，无需考虑具体的产业部门，根据(4.5)式，我们把 n 国来自 h 国的完全中间投入系数记作 $D^{hn}=\sum_{i=1}^{s}\sum_{j=1}^{s}D_{ij}^{hn}$，把 n 国来自所有国家的完全中间投入系数记作 $\sum_{h=1}^{k+1}D^{hn}=\sum_{h=1}^{k+1}\sum_{i=1}^{s}\sum_{j=1}^{s}D_{ij}^{hn}$，从而构建 n 国对 h 国的经济依赖指数：

$$DR^{hn} = \frac{\sum_{i=1}^{s} \sum_{j=1}^{s} D_{ij}^{hn}}{\sum_{h=1}^{k+1} \sum_{i=1}^{s} \sum_{j=1}^{s} D_{ij}^{hn}} \tag{4.6}$$

(4.6)式从生产投入的角度，把不同国家及地区之间的经济依赖程度转化为一国生产过程中投入品的来源构成比例。与通常情况下学者们利用前向产业关联系数和后向产业关联系数描述经济依赖程度的做法相比，本书提出的经济依赖指数跳出了前两个指数仅停留在产业部门这个中观层面的局限，可以较好地从宏观层面描述不同经济体之间的整体经济依赖程度。更重要的是，它在考虑来自内生国家投入品的同时，又兼顾了来自外生国家的投入品，从而使得利用该指数刻画的经济依赖程度具有完整性，这是该指数与其他同类指数相比最明显的优势。

（二）测算结果

根据日本亚洲经济研究所截至目前编制的四份《亚洲国际投入产出表》数据，对(4.6)式进行测算。需要说明的是，(4.6)式只是从生产投入的角度度量经济依赖关系，故若要同时考察中国对东亚国家的经济依赖和东亚国家对中国的经济依赖，需要完整地列出包括《亚洲国际投入产出表》所有样本国家及地区的经济依赖系数矩阵，因为东亚国家对中国的经济依赖需要从东亚各经济体的经济依赖系数中得到反映。测算的结果如表 4.4 所示，从中可以发现：

第一，东亚国家和地区对中国经济的推动作用使得中国对东亚国家和地区的进口依赖程度有所提升。表 4.4 的测算结果显示，中国自身的投入在经济发展中保持在占总投入的 85％以上，但从时间上来看，国内投入的比重有所下降，从 1985 年的 89.5％下降到了 2000 年的 87.3％。与此相对应，来自东亚国家和地区的投入占中国总投入的比重由 1985 年的 4.8％提高到了 5.4％。从具体的国别层面来看，除了日本之外，中国来自东亚其他国家和地区的生产投入都有不同程度的增加，表现出对东亚在生产投入供给上的依赖。

第二，中国经济的迅速腾飞反过来使中国成为东亚越来越重要的进口依赖对象。表4.4的测算结果表明，除了菲律宾和新加坡之外，中国为东亚国家和地区以及美国所提供的生产投入在各经济体生产总投入中所占的比重都有了较大幅度的提高。特别是，来自中国大陆的生产投入在中国台湾和韩国的生产总投入中所占的比重提升尤为明显，从1985年到2000年，提升幅度分别高达3.4%和2.9%。这些都说明中国经济的腾飞对东亚各经济体的经济发展所产生的辐射作用日益突出，与上一节外部后向产业关联指数的测算结果得到了耦合。

第三，在与东亚各经济体保持双向依赖关系的同时，自主发展是中国参与东亚分工的根本道路。从表4.4可以看出，从1985年到2000年尽管中国对东亚各经济体生产投入的依赖程度有所提高，但是，中国对本国投入的依赖程度始终保持在85%以上。从中国自主经济依赖指数由1995年85.9%到2000年87.3%的小幅提升这一转变中，可以看出中国在积极参与国际分工、与东亚保持推拉互动型的经济依赖关系时，开始注重经济发展的自主性。根据表4.4日本和美国的相关数据，可以认为这符合日本和美国等经济大国的历史经验。

表4.4　亚太国家和地区之间的经济依赖指数　　（单位:%）

去向＼来源		印尼	马来西亚	菲律宾	新加坡	泰国	中国	中国台湾	韩国	日本	美国
印　尼	1985	67.4	1.1	1.0	4.3	0.4	0.3	1.1	1.2	1.4	0.3
	1995	72.8	1.3	1.5	2.2	0.7	0.5	2.1	1.5	0.7	0.1
	2000	72.6	1.2	1.1	2.3	0.5	0.6	2.2	1.5	1.0	0.1
马来西亚	1985	0.3	51.9	2.0	7.9	2.6	0.1	1.3	2.2	0.7	0.1
	1995	0.6	50.3	1.4	5.0	2.4	0.4	1.6	1.1	0.4	0.2
	2000	1.0	53.7	1.7	6.7	2.9	0.4	2.2	1.3	0.7	0.3

（续表）

去向＼来源		印尼	马来西亚	菲律宾	新加坡	泰国	中国	中国台湾	韩国	日本	美国
菲律宾	1985	0.1	0.4	69.3	0.3	0.2	0.0	0.2	0.1	0.1	0.1
	1995	0.0	0.2	47.0	0.3	0.3	0.0	0.1	0.1	0.1	0.1
	2000	0.1	0.2	54.0	0.4	0.4	0.0	0.2	0.1	0.1	0.2
新加坡	1985	2.0	6.0	0.5	42.3	1.6	0.1	0.4	0.3	0.2	0.1
	1995	1.3	4.6	2.2	47.8	2.3	0.3	0.8	0.3	0.1	0.2
	2000	1.4	4.2	1.8	46.2	2.1	0.4	1.0	0.3	0.2	0.2
泰　国	1985	0.2	1.0	0.3	1.6	66.8	0.1	0.2	0.2	0.3	0.1
	1995	0.3	1.1	0.6	2.0	57.6	0.2	0.4	0.4	0.4	0.1
	2000	0.4	1.2	0.7	2.5	60.0	0.2	0.6	0.3	0.5	0.1
中　国	1985	0.8	2.0	2.7	5.2	1.1	89.5	0.1	0.1	1.1	0.2
	1995	1.5	2.2	2.7	2.9	2.1	85.9	2.2	2.7	1.0	0.5
	2000	2.0	2.8	2.6	4.1	2.7	87.3	3.5	3.0	1.3	0.6
中国台湾	1985	1.4	1.4	1.1	3.1	1.3	0.3	67.3	0.5	0.3	0.4
	1995	1.2	2.4	3.9	2.3	1.8	0.6	59.8	0.6	0.3	0.4
	2000	0.9	1.8	2.5	1.9	1.3	0.4	55.8	0.4	0.3	0.3
韩　国	1985	1.1	1.2	1.4	1.8	0.8	0.0	0.3	65.7	0.4	0.3
	1995	1.7	2.2	3.5	2.4	1.8	1.3	1.4	68.8	0.5	0.4
	2000	2.1	2.4	3.4	2.9	2.1	1.3	2.0	69.7	0.7	0.5
日　本	1985	9.9	13.9	4.4	11.4	9.3	3.9	7.5	9.0	84.3	1.5
	1995	7.0	15.2	13.4	13.6	12.5	3.2	9.9	6.5	88.7	1.9
	2000	6.0	12.3	9.3	11.5	9.7	2.1	9.8	4.8	86.9	1.6
美　国	1985	6.5	5.8	7.7	6.6	3.1	1.3	7.2	8.3	3.0	91.7
	1995	3.6	6.4	8.4	8.6	5.3	1.7	7.7	6.1	2.3	88.4
	2000	3.4	5.9	6.4	8.4	4.8	1.3	8.8	5.1	2.5	88.3
其他国家	1985	10.4	15.4	9.5	15.5	12.9	4.4	14.4	12.4	8.3	5.4
	1995	10.0	14.0	15.3	12.9	13.3	5.9	13.9	11.9	5.4	7.7
	2000	10.1	14.3	16.4	13.1	13.6	6.0	13.7	13.4	5.8	7.8

资料来源：作者根据 Asian International Input-Output Table 1985 年、1995 年和 2000 年的直接投入系数和完全需求系数计算而得。

二、国际分工增值率分析

(一) 研究方法

国际产业转移使得各国的生产相互融合，但不同国家由于处于同一产业的不同生产环节，引发了各国在国际产业转移过程中的利益分配博弈。中国作为东亚最大的国际产业转移输入国，在东亚产业转移过程中占据极其重要的位置。近年来中国经济的高速增长和外贸顺差的大规模增加，使各国在东亚乃至全球的经济利益博弈中，把中国推向了矛盾的焦点。为此，本书从投入产出的角度，建立国际分工增值率指数①，用来细分东亚产业转移过程中各经济体经济增加值的国别来源，以此作为衡量产业转移过程中经济利益分配的参照。

本书第二章第四节把《亚洲国际投入产出表》十个样本国家及地区的完全增加值系数记作：

$$VB = V \cdot [I - A^D]^{-1} = [VB_j^n]_{1\times ks} \quad (n=1, \cdots, k; i=1, \cdots, s) \tag{4.7}$$

由于 VB 作为一个独立的矩阵，不能反映出国家及地区联系，故按照只考虑国家及地区因素而不考虑产业部门因素的原则对其进行分块，并构建国际分工增值率指数，用公式表示为：

$$VID^{mn} = \left[\sum_{t=1}^{q} V_{tj}^{n}\right]_{1\times s} \times \left[\sum_{j=1}^{s} B_{ij}^{mn}\right]_{s\times 1} \quad (i, j=1, \cdots, s; \forall m, n) \tag{4.8}$$

(4.8)式描述的国际分工增值率表示 m 国为 n 国提供的生产投入给 n

---

① 国际分工增值率(Ratio of Value-added on International Division)指数的构建，参考了 Takao(1993)。Takao(1993)仅考察了内生国家之间的国际分工增值情况，而这里的国际分工增值率指数，同时考察了内生国家和外生国家。

国带来的增加值占 n 国生产过程中全部增加值的比重。其中 B_{ij}^{mn} 表示亚洲国际投入产出标的完全需求系数。该指数具有典型的供给学派思想，即供给产生价值，利益的分配需要遵从投入的多少来决定。揭示产业转移过程中产业输出国和输入国之间利益分配问题的方法有很多，国际分工增值率指数与其他方法相比，由于是建立在投入产出分析框架之上的，因而具有简单明了的特征。

（二）测算结果

利用《亚洲国际投入产出表》提供的价值增值系数和完全需求系数，对(4.8)式进行测算。鉴于东亚产业转移主要集中在制造业，故测算涉及的行业仅包括各经济体的制造业。需要说明的是，由于《亚洲国际投入产出表》的完全需求系数仅仅是针对十个内生国家和地区的，所以，表 4.5 中来自其他国家的国际分工增值率是根据 $1-\sum_{m=1}^{k} VID^{mn}$ 计算而来的。测算结果列于表 4.5，从中可以发现：

中国制造业在接受外来产业转移的过程中，本地投入对新增价值的贡献率有较大幅度的下降，而外来投入对新增价值的贡献率有所提升。表 4.5 显示，中国 1985 年本地投入在新增价值中的贡献率高达 89.4%，到 2000 年则下降为 84.1%，下降幅度为 5.3%。这意味外来投入在新增价值中的贡献率提高了 5.3%，表明中国大量接受外来产业转移和进口投入品对于促进经济发展起到了积极的作用。分国别及地区来看，在东亚国家和地区中，韩国对中国的国际分工增值率从 1985 年到 2000 年增加了 0.8%，表现最为突出；马来西亚等东盟国家在中国制造业新增价值创造中的比重几乎无任何增长，对带动中国在产业转移过程中的价值创造起到的作用并不大；日本则相反，对华国际分工增值率有所下降，主要的原因在于 20 世纪 90 年代中期以来日本经济长期处于低迷状态。就美国的情况而言，带动中国价值创造的作用也并不明显。除了十个样本经济体以外的国家的国际分工增值率有了大幅度的提高，从1985年的6.7%上升到了2000年的11.0%，这很可能主要由德国等西欧国家对华产业转移产生的积极影响。

第三节 中国出口品中进口投入成分度量

随着东亚产业转移的不断推进，在东亚产业跨国联动的投入产出架构中，作为产业转移主要载体的外资企业扮演了中国贸易品主要生产者的角色。它们把贸易对象由最终产品延伸到了中间产品，使得接受外来转移的相关行业其贸易量不断增加，进而导致中国进出口贸易总额在规模上持续扩大。

从本质上来看，东亚产业转移促进中国进出口贸易量增长在于跨国企业从母公司大量进口原材料和零部件、经中国加工组装之后出口到欧美国家或返销回母国的垂直专业化生产模式。所以，考察东亚产业转移对中国进出口影响的关键点在于如何度量中国在东亚产业转移中的垂直专业化程度。本节通过进口垂直专业化率和出口垂直专业化率两个垂直专业化指数来测度中国在东亚产业转移进程中的垂直专业化程度。

表4.5 亚太国际和地区之间的国际分工增值率 (单位：%)

来源 \ 去向		印尼	马来西亚	菲律宾	新加坡	泰国	中国	中国台湾	韩国	日本	美国
印尼	1985	84.7	0.6	0.5	3.6	0.2	0.2	0.7	1.0	1.1	0.2
	1995	84.1	0.7	0.8	1.6	0.4	0.3	0.9	0.7	0.4	0.1
	2000	81.0	0.7	0.5	1.5	0.3	0.4	1.1	1.0	0.6	0.1
马来西亚	1985	0.1	65.4	0.9	5.1	1.6	0.1	0.6	1.2	0.4	0.1
	1995	0.3	59.0	0.7	3.7	1.2	0.2	0.8	0.4	0.2	0.2
	2000	0.5	54.2	0.6	4.5	1.6	0.2	1.2	0.6	0.3	0.2

（续表）

来源 \ 去向		印尼	马来西亚	菲律宾	新加坡	泰国	中国	中国台湾	韩国	日本	美国
菲律宾	1985	0.0	0.4	84.2	0.4	0.1	0.0	0.1	0.1	0.1	0.0
	1995	0.0	0.2	71.9	0.5	0.3	0.0	0.2	0.1	0.1	0.1
	2000	0.0	0.3	73.0	0.7	0.4	0.0	0.3	0.1	0.1	0.1
新加坡	1985	0.4	1.9	0.1	39.7	0.4	0.0	0.2	0.1	0.1	0.0
	1995	0.3	1.9	0.5	44.9	0.8	0.1	0.5	0.2	0.1	0.1
	2000	0.4	2.0	0.4	46.7	0.9	0.1	0.6	0.2	0.1	0.1
泰国	1985	0.1	0.9	0.1	0.6	79.1	0.1	0.1	0.2	0.1	0.0
	1995	0.1	0.7	0.2	2.3	69.3	0.1	0.3	0.1	0.1	0.1
	2000	0.2	0.8	0.2	2.1	63.8	0.1	0.4	0.1	0.1	0.1
中国	1985	0.4	0.9	1.0	6.4	0.5	89.4	0.1	0.1	0.6	0.1
	1995	0.5	1.0	0.8	1.4	0.9	83.3	1.1	1.2	0.4	0.2
	2000	0.7	1.3	0.7	1.9	1.2	84.1	1.9	1.5	0.6	0.3
中国台湾	1985	0.3	0.6	0.4	1.1	0.5	0.2	68.0	0.3	0.2	0.2
	1995	0.4	1.3	1.4	1.4	0.9	0.4	62.2	0.3	0.2	0.2
	2000	0.3	1.0	0.7	0.9	0.7	0.3	55.7	0.2	0.1	0.2
韩国	1985	0.2	0.6	0.4	0.6	0.3	0.0	0.2	70.4	0.2	0.1
	1995	0.7	1.4	1.3	2.8	0.9	1.0	1.2	75.0	0.3	0.3
	2000	0.7	1.6	0.9	2.7	1.0	0.8	1.5	68.8	0.4	0.3
日本	1985	3.3	6.4	1.3	6.5	3.6	2.4	5.6	5.5	86.6	0.9
	1995	2.8	10.5	4.0	13.8	7.7	2.8	8.9	4.9	92.0	1.3
	2000	2.5	9.7	2.4	10.8	6.6	1.9	9.1	4.4	90.4	1.1
美国	1985	2.1	3.5	3.2	5.6	1.6	1.0	5.4	5.2	1.9	91.8
	1995	1.5	4.8	3.8	7.3	3.4	1.4	5.7	4.0	1.3	88.7
	2000	1.4	5.4	2.8	6.8	3.8	1.1	6.9	3.9	1.4	88.6
其他国家	1985	8.4	18.9	7.9	30.6	12.3	6.7	19.1	16.0	8.9	6.6
	1995	9.4	18.6	14.7	20.3	14.3	10.3	18.3	13.0	5.0	8.7
	2000	12.3	23.2	17.7	21.6	19.7	11.0	21.3	19.2	6.0	9.0

资料来源：作者根据 Asian International Input-Output Table 1985 年、1995 年和 2000 年的直接投入系数和完全需求系数计算而得。

一、进口垂直专业化程度测算

（一）研究方法

长期以来，垂直专业化率的测算基本都是沿用了 Hummels 等人(2001)①从出口层面进行度量的做法，从进口层面进行测算垂直专业化率的研究很少，主要的原因在于获取有效数据的困难。但是，对于中国这样中间产品在进口和出口都占有很大份额的国家来说，仅从出口层面衡量垂直专业化程度显然不够全面。庆幸的是，《亚洲国际投入产出表》由于对亚太地区十个国家和地区的进口投入按来源地和产业进行了详细的归类，为进口垂直专业化率的测算提供了有力的数据支持。

我们把一国进口中被用于生产的中间投入品份额称为进口垂直专业化率。本书参考 Feenstra 和 Hanson(1997)②，根据《亚洲国际投入产出表》数据，将中国来自某国或地区不同产业的中间投入品进口额和最终消费品进口额加总，并将这两者之和称为中国来自该国或地区的双边进口额，这样就可以得到中国从该国或地区进口的垂直专业化率，用中国来自该国或地区中间投入品进口额占中国来自该国或地区双边进口额的比重表示。

类似的，将中国来自不同国家或地区不同产业的中间投入品进口额和最终消费品进口额加总，并将这两者之和称为中国的进口总额，那么，就可以得到中国总体层面的进口垂直专业化率，用中国来自不同国家或地区的中间投入品进口额占中国进口总额的比重表示。从数学表达式的角度看：

---

① Hummels, D., Ishii J. and Yi, K.M.. The Nature and Growth of Vertical Specialization in World Trade[J]. *Journal of International Economics*, 2001, 54(1):75—96.

② Feenstra, R.C. and Hanson, G.H.. Ownership and Control of Outsourcing to China: Estimating the Property-Rights Theory of The Firm[J]. *Quarterly Journal of Economics*, 2005, 120(2):729—761.

$$\text{中国双边进口垂直专业化率 } IVSS_{mn} = \frac{\sum_{i=1}^{s}\sum_{j=1}^{s} X_{ij}^{mn}}{\sum_{i=1}^{s}\sum_{j=1}^{s} X_{ij}^{mn} + \sum_{i=1}^{s}\sum_{l=1}^{q} F_{il}^{mn}} \tag{4.9}$$

$$\text{中国总体进口垂直专业化率 } IVSS_{\cdot n} = \frac{\sum_{i=1}^{s}\sum_{j=1}^{s}\sum_{m\neq n}^{k-1} X_{ij}^{mn}}{\sum_{i=1}^{s}\sum_{j=1}^{s}\sum_{m\neq n}^{k-1} X_{ij}^{mn} + \sum_{i=1}^{s}\sum_{l=1}^{q}\sum_{m\neq n}^{k-1} F_{il}^{mn}} \tag{4.10}$$

(4.9)式和(4.10)式中,各字母的含义同第二章第四节。X 和 F 分别表示中间投入和最终消费使用,i 和 j 分别表示产业分类数,i, $j=1$, …, s; l 表示最终使用的类别数,$l=1$, …, q; m 表示进口来源国;n 表示进口国。需要说明的是,$IVSS_{mn}$ 和 $IVSS_{\cdot n}$ 都是份额指标,与此相对应的价值指标是 $\sum_{i=1}^{s}\sum_{j=1}^{s} X_{ij}^{mn}$ 和 $\sum_{i=1}^{s}\sum_{j=1}^{s}\sum_{m\neq n}^{k-1} X_{ij}^{mn}$,分别表示 n 国从 m 国进口的中间投入品和 n 国的中间进口投入总额。

(二) 测算结果分析

本书利用 1985 年、1990 年、1995 年和 2000 年《亚洲国际投入产出表》数据,对(4.9)式和(4.10)式分别进行测算,结果如表 4.6 所示。

首先,总体上说,无论是垂直专业化的绝对值还是相对值,都表明中国的垂直专业化程度在不断深化。垂直专业化生产已经成为中国主要的生产模式。表 4.6 显示,中国的进口中间投入品在过去二十多年时间里有了快速的增长,从 1985 年 230.5 亿美元快速增长到了 2000 年的 1 808.6 亿美元,年均增长率高达 45.7%,占中国进口总额的比例从 53.5%急剧上升到了 83.4%。这表明中国一单位的进口中只有 16.6%是用于直接消费和使用的,而有 83.4%是用于生产的。为了满足生产需要而引发的大规模进口,是产业国际转移背景下中国垂直专业化生产的典型特征。

其次，从垂直专业化的价值构成来看，包括美国在内的亚太国家和地区是中国进口中间投入品的主要来源地。在中国的进口中间投入品中，以2000年为例，来自东盟五国、中国台湾、韩国、日本和美国等九个经济体的份额高达51.8%，超过了一半。特别是，随着中国台湾、韩国和日本对华产业的不断转移，这三个经济体把大量需要加工和组装的原材料和零部件输往其在中国的子公司，以致使从单独的经济体而言，中国台湾、韩国和日本成了中国位居前三位的进口中间投入品市场。这一定程度上也解释了中国台湾、韩国和日本成为中国前三大贸易逆差国及地区的原因。

再次，从垂直专业化的份额构成来看，中国与各贸易伙伴之间的进口垂直专业化率不断提高，并呈现出与经济规模相背离的趋势。结合《亚洲国际投入产出表》个经济体的总产出数据，我们发现，中国与各贸易伙伴之间的进口垂直专业化率都有了不同程度的提高。但是，中国与经济规模相对较小的东盟国家和中国台湾、韩国等小型经济体之间的进口垂直专业化率明显较高，而中国与经济规模相对较大的美国、日本和欧盟之间的进口垂直专业化率明显较低。主要的原因在于前者由于经济规模小，外向型发展程度相对更高，在全球化环境中更倾向于把生产环节分散化，而后者由于经济规模较大，产业结构完备，除了把部分生产环节外包之外，还会保留不少位于产品价值链末端的高附加值生产环节。

最后，从进口垂直专业化率的地域来看，中国与东亚经济体的进口垂直专业化率要明显高于中国与美国和欧盟的进口垂直专业化率。造成这一现象的原因是复杂的，从东亚内部来看，在20世纪80年代中期广场协议之后，日本大量的对东亚其他国家的直接投资导致了东亚的经济发展呈现出典型的“雁行形态”。东亚内部的贸易与投资呈现了具有经济发展梯度的相互联动格局。中国大陆由于技术水平低于日韩和台湾地区，在东亚产业的转移过程中，中国承接的主要是大量低附加值的加工组装环节，这直接决定了中国与东亚各经济体之间的进口垂直专业化率相对较高。从欧美国家的角度来看，一方面，由于地域的因素，为了节约运输成本，它们可能会把产业转移动机定位在非市场进入型的部分产业就近转移，另一方面，随着东盟各小国近几年来的飞速发展，它们在对中国产业转移的同时，在接受欧美产业输入方面又与中国保持着竞争关系，这些因素的综合效应使中国与欧美国家的进口垂直专业化率相对于东亚经济体而言显得低一些。

表 4.6 中国进口垂直专业化程度的价值构成和份额构成

（单位：亿美元；%）

名称	年份	东盟五国	中国台湾	韩国	日本	美国	中国香港	其他国家（地区）	欧盟	总体
价值构成	1985	8.2	4.9	—	60.3	22.7	12.7	121.7	—	230.5
	1990	25.0	15.6	5.5	46.5	41.3	107.9	124.7	—	366.4
	1995	69.6	37.6	75.5	178.6	94.1	129.6	501.0	—	1 086.0
	2000	147.9	192.4	190.8	270.0	136.8	122.7	528.2	219.8	1 808.6
份额构成	1985	84.50	63.65	—	42.87	50.17	26.61	67.71	—	53.52
	1990	91.60	71.85	84.16	63.96	67.48	75.66	62.79	—	69.06
	1995	80.10	67.89	79.90	64.68	64.41	77.42	67.10	—	69.04
	2000	88.10	84.74	88.80	78.35	70.70	84.83	86.09	71.31	83.35

资料来源：根据 Asian International Input-Output Table 1985 年、1990 年、1995 年、2000 年计算而来。

说明：①“—”表示数据无法获得；②“东盟五国”包括印度尼西亚、马来西亚、菲律宾、泰国和新加坡；③1985 年、1990 年和 1995 年三个年度的“其他国家（地区）”包括欧盟，2000 年的“其他国家（地区）”不包括欧盟，主要的原因是 2000 年《亚洲国际投入产出表》把十个样本国家（地区）欧盟的进出口从其他国家中单独分离了出来。

二、出口垂直专业化程度测算

（一）研究方法

有关从出口层面对垂直专业化程度进行测算的研究始于 Hummels

等人(2001)①。他们构建了两种衡量垂直专业化的方法,即绝对量指标VS和相对量指标VSS。前者指一国出口中所含的进口中间投入价值;后者指一国出口中所含进口中间投入的份额。VSS作为衡量垂直专业化程度的一种有效方法,目前被国内学者在相关研究中广泛运用,比如北京大学中国经济研究中心课题组(2006)②、宗毅君(2008)③和洪联英与刘解龙(2009)④等。

以上对出口垂直专业化率的测算都基于单个国家的投入产出表,而本书对出口垂直专业化率的测算则基于由十个国家和地区组成的《亚洲国际投入产出表》,两者的矩阵结构形式有所不同。因此,在测算之前需要结合《亚洲国际投入产出表》的具体结构,对测算公式进行改写与修正。为了避免公式表达形式的繁杂,这里根据Hummels等人(2001)对出口垂直专业化的定义直接针对中国的出口情况,给出中国出口垂直专业化绝对量指标的表达式:

$$EVS_c = \frac{\sum_{i=1}^{s}\sum_{j=1}^{s} X_{ij}^{mc}}{\sum_{j=1}^{s} X_j^c}\left(\sum_{i=1}^{s}\sum_{j=1}^{s}\sum_{n\neq c}^{k-1} X_{ij}^{cn} + \sum_{i=1}^{s}\sum_{l=1}^{q}\sum_{n\neq c}^{k-1} F_{il}^{cn} + \sum_{i=1}^{s} E_i^{cw}\right) \tag{4.11}$$

(4.11)式中,$\sum_{i=1}^{s}\sum_{j=1}^{s} X_{ij}^{mc}$ 中国生产的商品中所包含的进口中间投入品价值,$\sum_{j=1}^{s} X_j^c$ 表示中国的总产出,$\sum_{i=1}^{s}\sum_{j=1}^{s}\sum_{n\neq c}^{k-1} X_{ij}^{cn} + \sum_{i=1}^{s}\sum_{l=1}^{q}\sum_{n\neq c}^{k-1} F_{il}^{cn} +$

① Hummels, D., Ishii J. and Yi, K.M.. The Nature and Growth of Vertical Specialization in World Trade[J]. *Journal of International Economics*, 2001, 54(1):75—96.

② 北京大学中国经济研究中心课题组:《中国出口贸易中的垂直专门化与中美贸易》,《世界经济》2006年第5期,第3—11页。

③ 宗毅君:《国际产品内分工与进出口贸易》,《国际贸易问题》2008年第2期,第7—13页。

④ 洪联英和刘解龙:《我国垂直专业化发展进程评估及其产业分布特征:基于投入产出法的国际比较分析》,《中国工业经济》2009年第6期,第67—76页。

$\sum_{i=1}^{s} E_i^{cw}$ 表示中国的出口总额。c 表示中国，$m \neq c$，其他字母含义同前。

进口中间投入品在通过最终产品出口之前，可能需要在国内经过多阶段的生产和流通。在考虑这种间接循环效应的基础上，把(4.11)式的绝对量指标转化成相对量指标，可以表示成：

$$EVSS_c = \frac{1}{E}(1,\ 1,\ \cdots,\ 1)\begin{pmatrix} A_{11}^{mc} & \cdots & A_{1s}^{mc} \\ \vdots & \ddots & \vdots \\ A_{s1}^{mc} & \cdots & A_{ss}^{mc} \end{pmatrix}\begin{pmatrix} B_{11}^{cc} & \cdots & B_{1s}^{cc} \\ \vdots & \ddots & \vdots \\ B_{s1}^{cc} & \cdots & B_{ss}^{cc} \end{pmatrix}\begin{pmatrix} E_1^c \\ \vdots \\ E_s^c \end{pmatrix}$$

$$= \frac{1}{E}\mu A^{mc} B^{cc} E^c = \frac{1}{E}\mu A^{mc}\ (I - A^{cc})^{-1} E^c \tag{4.12}$$

(4.12)式中，μ 表示元素为 1 的 $1 \times s$ 维行向量，A^{mc} 表示 $s \times s$ 维中国的进口系数矩阵，$B^{cc} = (I - A^{cc})^{-1}$ 表示 $s \times s$ 维中国的完全需求系数矩阵，E^c 表示 $s \times 1$ 维中国的出口向量，$E = \mu E^c$ 表示中国的出口总额，I 是 $s \times s$ 维单位矩阵，s 表示产业部门数。

在现有利用投入产出表从出口层面测算中国垂直专业化的相关研究中，由于中国的投入产出表是竞争型投入产出表，把进口视为外生变量，因而进口系数矩阵是无法直接从投入产出表中获得的，只能在假定各个产业部门使用相同比例进口投入品的基础上推断出进口系数矩阵①。但这个假定条件非常苛刻，现实经济生活中，不同产业部门对进口中间投入品的需求基本上都是不一致的，所以，建立在这个假定基础上的测算结果有较大的局限性。与此相比，(4.12)式利用《亚洲国际投入产出表》数据测算出口垂直专业化率的做法，由于《亚洲国际投入产出表》本身详细地提供了不同国家和地区不同部门之间中间投入品的投入和使用情况，因此，(4.12)式可以在很大程度上克服 Hummels 等人(2001)②利用单一国

① 北京大学中国经济研究中心课题组(2006)和吴宏(2008)都采用了类似的做法对进口系数矩阵进行了推断。

② Hummels, D., Ishii J. and Yi, K.M., 2001, The Nature and Growth of Vertical Specialization in World Trade[J], *Journal of International Economics*, Vol.54(1):75—96.

际投入产出表无法直接提供进口系数矩阵的弊端。

（二）测算结果分析

利用1985年、1990年、1995年和2000年《亚洲国际投入产出表》数据，对(4.12)式进行测算，结果如表4.7所示，从中可以看出：

第一，中国在出口过程中，出口的不完全是中国自身的价值，同时包含了来自境外中间投入品的价值，并且出口中的境外含量在不断增加。从中国出口中外国中间投入的绝对量来看，中国出口中的境外含量从1985年的21.51亿美元上升到了2000年的538.45亿美元，在15年间年均增长率高达160.2%。从中国出口中境外中间投入的相对量来看，中国的出口垂直专业化率从1985年的6.5%增长到了2000年的17.9%，增长幅度为11.4%，垂直专业化程度提高了接近3倍，表明中国在开放经济条件下，通过接受外产业转移，参与国际分工的速度和程度都得到了迅速的提升。根据Hummels等人(2001)的测算，OECD主要国家从20世纪70年代初到90年代初，出口垂直专业化程度从10%提高到了20%花了整整20年，而中国却只花了15年的时间就把垂直专业化程度提高了11.4%，一方面比OECD主要国家少用了5年左右的时间，另一方面专业化程度的提高反而高出了1.4个百分点。

第二，从区域上看，中国出口中包含的外来价值主要来自东亚国家和地区。表4.7的数据显示，2000年在中国出口垂直专业化程度的份额构成中，来自包括中国香港在内的东亚国家和地区的中间投入价值份额占据了中国出口中所有外来价值含量的一半以上。其中，中国出口中来自日本的投入品份额最大。就中国与各贸易伙伴的出口垂直专业化率而言，中国出口中来自中国台湾和韩国的投入份额增长速度最快，东盟五国次之；与此相反，中国出口中来自美国的投入品份额从1990年起几乎没有增长迹象，基本保持在1.2%的水平。同时，来自包括欧盟在内的其他国家的投入品份额增速也非常缓慢。中国与东亚各经济体、美国和欧盟各贸易伙伴之间双边出口垂直专业化程度呈现差异的主要原因在于，东亚是中国接受外来产业转移的重地。过去二十多年东亚国家和地区大量对华产业输出，促进了中国利用来自东亚的中间投入品进行出口产品的生产。

表 4.7　中国出口垂直专业化程度的价值构成和份额构成

（单位：亿美元；%）

名称	年份	东盟五国	中国台湾	韩国	日本	美国	中国香港	其他国家（地区）	欧盟	总体
价值构成	1985	0.74	0.85	—	4.79	2.26	1.39	11.49	—	21.51
	1990	4.72	5.03	2.63	10.23	8.78	35.11	24.12	—	90.63
	1995	16.69	9.73	23.03	45.96	21.23	40.61	112.20	—	269.46
	2000	41.62	63.71	62.47	79.67	37.23	44.97	147.56	61.22	538.45
份额构成	1985	0.22	0.26	—	1.44	0.68	0.42	3.47	—	6.49
	1990	0.69	0.74	0.39	1.50	1.29	5.14	3.53	—	13.27
	1995	0.95	0.56	1.31	2.62	1.21	2.32	6.40	—	15.38
	2000	1.38	2.12	2.08	2.65	1.24	1.50	4.91	2.04	17.92

资料来源：根据 Asian International Input-Output Table 1985 年、1990 年、1995 年、2000 年计算而来。

说明：①“—”表示数据无法获得；②“东盟五国”包括印度尼西亚、马来西亚、菲律宾、泰国和新加坡；③1985 年、1990 年和 1995 年三个年度的“其他国家（地区）”包括欧盟，2000 年的“其他国家（地区）”不包括欧盟，主要的原因是 2000《亚洲国际投入产出表》把十个样本国家（地区）欧盟的进出口从其他国家（地区）中单独分离了出来。

第五章

分离出口品中进口投入因素后的中国真实贸易顺差测算

东亚国家和地区对中国产业转移的过程，往往是其国内产业结构升级和调整的过程。从以日韩为主的东亚经济体对华产业输出的实际情况来看，主要集中在这些国家已经丧失比较优势的劳动密集型产业和对欧美贸易摩擦频发商品的加工组装环节。东亚经济体通过输出产业对华转移加工制造生产环节，形成了中国从这些国家和地区进口原材料与零部件等中间投入品，在国内加工组装后出口到欧美国家的贸易流向格局；同时，也把他们对欧美国家的一部分贸易顺差业转移给了中国，由此产生了中国对欧美保持贸易顺差、对东亚国家和地区保持贸易逆差的区域失衡格局。

本章将利用投入产出方法，构建产业国际转移情况下的双边真实贸易差额测算模型，进而利用《亚洲国际投入产出表》数据对中美双边真实贸易顺差进行测算，并从东亚产业转移角度分析中美真实贸易顺差测算值和现有统计口径下中美贸易顺差存在差异的原因。

第一节 基于投入产出法的真实贸易差额测算模型

在当前产业国际转移的背景下，一个产品的生产往往是由多个国家共同生产完成的，其生产环节可能分布在不同的国家，所以，一个产品在生产过程中很可能在不同国家之间流转多次。与以最终产品为贸易对象的传统情况有所不同，这种垂直专业化生产现象使得一国的进口不会完全被进口国最终使用。进口国往往会把很大一部分的进口用于出口产品的生产,进而使得出口产品中含有来自不同国家的投入成分。

从贸易收支的角度来看,垂直专业化对一国总体层面的贸易收支并不产生影响,但是,由于生产一个产成品的投入来源和产成品的最终去向可能不是同一个国家,这样就造成了现行贸易统计口径下的双边贸易差额与传统意义上的双边贸易利得产生不一致,并由此引发贸易摩擦。第二章第二节已经提到,当前贸易统计遵循属地原则、按照不同国家生产的贸易品价值进行统计的做法,由于无法反映垂直化生产过程中生产环节的跨国流转,带来了贸易统计的重复计算问题,并且对不同类型国家之间的双边贸易差额核算产生了高估或者低估的影响。这里还是从投入产出的角度,对第二章第二节的双边贸易差额核算模型进一步拓展。

贸易收支问题是一个由微观层面引发的宏观问题。这里的扩展工作主要作了两方面改进:一是把双边贸易差额的测算视角从跨国企业这一微观视角转变为立足于一个国家的宏观视角,这主要考虑到企业层面的贸易数据在实证研究中很难获取,而宏观层面的数据相对比较好获得;二是纳入了生产的循环因素,这样将使得第二章第二节借助于投入产出思想的双边贸易差额核算模型从方法上更加完整。分析过程将从最简单的两国情况下的真实贸易差额测算逐步推广到多国情况下的双边真实贸易差额测算。

一、两国情况下的真实贸易顺差

在建立模型之前,我们作如下假定:第一,世界上只有两个国家,即国家 1 和国家 2;第二,每个国家只生产一种可贸易的商品,两国生产的商品是有差异的,该商品既可分别用于两国的消费,也可分别作为中间产品用于两国进一步的生产投入;第三,两国在生产过程中的投入包括生产要素和中间产品，中间产品可以来自不同国家，但生产要素仅由本国提供。

在以上假定的基础上，生产过程遵从如下 Armington 生产函数：

$$q_i = L_i^{1-\alpha_{ii}-\alpha_{ji}} (q_{ii}^m)^{\alpha_{ii}} (q_{ji}^m)^{\alpha_{ji}} \tag{5.1}$$

q_i 表示 i 国的产量，L_i 表示生产过程中 i 国的要素投入量，q_{ji}^m 表示 j 国向 i 国提供的中间产品投入量，α_{ji} 表示中间产品的投入份额，其取值范围为[0, 1)。我们定义 i 国的价格水平为 p_i，则 i 国的产值 $y_i \equiv p_i q_i$，i 国的投入生产使用的中间产品价值 $m_{ij} \equiv p_i q_{ij}^m$。假定一价定律成立且 j 国价格水平为 1，那么 i 国投入生产使用的中间产品价值遵从 $m_{ij} = \alpha_{ij} y_j$。

根据第二个假定条件，消费者会消费来自不同国家的产品，令 c_{ij} 表示 j 国消费者用于来自 i 国的消费支出，那么每个国家的市场均衡条件都可以表示成：

$$y_i = c_{ii} + c_{ij} + m_{ii} + m_{ij} \tag{5.2}$$

由于出口既包括供外国生产使用的中间产品，也包括最终消费品，所以，出口可以记为 $x_i = x_{ij} = c_{ij} + m_{ij}$ ①。(5.2)式则表示一国的产值可以细分为国内消费、国内中间投入和出口。

在以上简要交待的基础上，我们把(5.2)式的市场均衡条件结合中间产品的使用，即把 $m_{ij} = \alpha_{ij} y_j$ 带入(5.2)式，构建国家 1 和国家 2 同时处于市场均衡时的条件方程：

$$\begin{pmatrix} y_1 \\ y_2 \end{pmatrix} = \begin{pmatrix} \alpha_{11} & \alpha_{12} \\ \alpha_{21} & \alpha_{22} \end{pmatrix} \begin{pmatrix} y_1 \\ y_2 \end{pmatrix} + \begin{pmatrix} c_{11} \\ c_{22} \end{pmatrix} + \begin{pmatrix} c_{12} \\ c_{21} \end{pmatrix} \tag{5.3}$$

对(5.3)式进行求解，则：

$$\begin{pmatrix} y_1 \\ y_2 \end{pmatrix} = \left[I - \begin{pmatrix} \alpha_{11} & \alpha_{12} \\ \alpha_{21} & \alpha_{22} \end{pmatrix} \right]^{-1} \begin{pmatrix} c_{11} + c_{12} \\ c_{22} + c_{21} \end{pmatrix} \tag{5.4}$$

① 由于这里只是考虑两国的情况，所以 $x_i = x_{ij}$。

(5.4)式描述了国家 1 和国家 2 把产出转换成最终使用的过程。为了搞清产出如何转换成最终消费使用的过程，我们进一步定义 y_{ij}，用以表示 i 国用于创造 j 国最终消费使用的产出价值。以下对国家 1 的情况作详细分析。国家 2 情况的分解由于与国家 1 类似，为了避免重复，不做赘述。国家 1 的产出可以表示为：

$$y_1 = y_{11} + y_{12} \tag{5.5}$$

(5.5)式表示国家 1 总产出一部分(y_{11})是为了满足国家 1 的最终消费使用，另一部分(y_{12})则是为了满足国家 2 的最终消费使用。结合(5.4)式和(5.5)式，解得 $y_{11} = M_1\left(c_{11} + \frac{\alpha_{12}}{1-\alpha_{22}}c_{21}\right)$，$y_{12} = M_1\left(\frac{\alpha_{12}}{1-\alpha_{22}}c_{22} + c_{12}\right)$。

其中，$M_1 = \left(1 - \alpha_{11} - \frac{\alpha_{12}\alpha_{21}}{1-\alpha_{22}}\right)^{-1} \geqslant 1$，它表示由两国中间产品联系构成的生产乘数效应。从对(5.5)式的分解中可以发现，国家 1 产出用于其本国最终消费使用(y_{11})的途径有两种，一是由国家 1 直接生产提供，即 M_1c_{11}；二是由国家 1 间接提供，国家 1 把其产出的一部分作为中间产品用于国家 2 的生产，经国家 2 生产加工之后再供国家 1 消费使用，即 $M_1\frac{\alpha_{12}}{1-\alpha_{22}}c_{21}$；类似的，国家 1 产出用于国家 2 最终消费使用(y_{12})的途径也有两种，一种由国家 1 向国家 2 出口直接提供，即 M_1c_{12}；二是由国家 1 向国家 2 出口间接提供，国家 1 把其产出的一部分作为中间产品用于国家 2 的生产，经国家 2 生产加工之后再供国家 2 消费使用，即 $M_1\frac{\alpha_{12}}{1-\alpha_{22}}c_{22}$。

(5.5)式是利用投入产出方法测算真实贸易差额的核心内容。它从最终使用的角度揭示了跨国生产过程中中间产品的转移环节，对于产品的初始投入来源、流转路径和最终去向作了清晰的梳理。

根据(5.1)式的 Armington 生产函数，i 国生产过程中的增加价值可以理解为生产要素创造的价值，在数量上等于产出额减去中间投入品价值，即：

$$va_i = (1 - \alpha_{ii} - \alpha_{ji}) y_i \tag{5.6}$$

结合(5.5)式和(5.6)式，则国家1生产过程的增加值可以表示成：

$$va_1 = (1 - \alpha_{11} - \alpha_{21}) \cdot y_{11} + (1 - \alpha_{11} - \alpha_{21}) \cdot y_{12} \equiv va_{11} + va_{12} \tag{5.7}$$

(5.7)式把国家1的增加值分解成了两部分，一部分是在向本国提供最终消费时获得的(va_{11})；一部分则是在向国家2提供最终消费时获得的(va_{12})，这部分增加值事实上就是国家1向国家2出口的出口增加值。在后文中，我们定义 va_{ij} 为 i 国向 j 国出口时的出口增加值。至此，国家1对国家2的真实贸易差额可以表示为：

$$rtb_{12} = va_{12} - va_{21} = (1 - \alpha_{11} - \alpha_{21}) \cdot y_{12} - (1 - \alpha_{22} - \alpha_{12}) \cdot y_{21} \tag{5.8}$$

(5.8)式用国家1对国家2出口增加值与国家2对国家1出口增加值的之差构建的真实贸易顺差，由于通过引入来自国外的最终消费额 y_{12} 和 y_{21}，把不同国家之间的投入产出联系追溯到了“最终使用”的层面，因而可以很好地避免跨国生产投入过程中对贸易差额的重复计算问题，并且把贸易差额与贸易利得的概念有机地结合了起来。

真实贸易差额与传统意义上的贸易差额相比是否存在差异，这是引入真实贸易差额概念之后需要进一步解释和探讨的关键问题。

根据(5.2)式和(5.5)式，国家1的产出可以细分为：

$$\begin{aligned} y_1 &= y_{11} + y_{12} \\ &= c_{11} + c_{12} + \alpha_{11} y_1 + \alpha_{12} y_2 \\ &= c_{11} + c_{12} + \alpha_{11} y_{11} + \alpha_{11} y_{12} + \alpha_{12} y_{21} + \alpha_{12} y_{22} \end{aligned} \tag{5.9}$$

按照对应原则，从(5.9)式可以得到：

$$y_{12}=c_{12}+\alpha_{11}y_{12}+\alpha_{12}y_{22} \tag{5.10}$$

结合前文对出口所作的定义，从(5.10)式中可以求得市场均衡条件下国家1对国家2的出口额 $x_{12}=(1-\alpha_{11})y_{12}+\alpha_{12}y_{21}$。同理，可以求得市场均衡条件下国家2对国家1的出口额 $x_{21}=(1-\alpha_{22})y_{21}+\alpha_{21}y_{12}$。

所以，传统意义上的国家1对国家2的贸易差额 tb 可以表示为：

$$\begin{aligned}tb_{12}&=x_{12}-x_{21}\\&=[(1-\alpha_{11})y_{12}+\alpha_{12}y_{21}]-[(1-\alpha_{22})y_{21}+\alpha_{21}y_{12}]\\&=(1-\alpha_{11}-\alpha_{21})\cdot y_{12}-(1-\alpha_{22}-\alpha_{12})\cdot y_{21}\\&=va_{12}-va_{21}=rtb_{12}\end{aligned} \tag{5.11}$$

至此，我们发现，在两国情况下，双边真实贸易差额和传统意义上的双边贸易差额在数量上是相等。进一步，我们将考察三国情况下的不同国家之间双边真实贸易差额。

二、三国情况下的双边真实贸易差额

前面在两国情况下对中间产品的跨国生产流转以及真实贸易差额的概念作了具体论述。紧接着，放松讨论的背景条件，探讨存在三个国家且每个国家具有 k 个生产部门时的双边真实贸易差额情况。

在三国情况下，记 Y_n 为 n 国 $k\times1$ 维产出向量，C_{mn} 为 $k\times1$ 维 m 国对 n 国最终消费品出口向量。A_{mn} 为 $k\times k$ 维中间产品的直接消耗系数矩阵，表示 n 国生产过程中对 m 国中间产品的投入需求。m，$n=1$，2，3。三国情况下的投入产出方程为：

$$\begin{pmatrix}Y_1\\Y_2\\Y_3\end{pmatrix}=\begin{pmatrix}A_{11}&A_{12}&A_{13}\\A_{21}&A_{22}&A_{23}\\A_{31}&A_{32}&A_{33}\end{pmatrix}\begin{pmatrix}Y_1\\Y_2\\Y_3\end{pmatrix}+\begin{pmatrix}C_{11}+C_{12}+C_{13}\\C_{21}+C_{22}+C_{23}\\C_{31}+C_{32}+C_{33}\end{pmatrix} \tag{5.12}$$

通过代数变换，对(5.12)式进行求解，得到：

$$\begin{pmatrix} Y_1 \\ Y_2 \\ Y_3 \end{pmatrix} = \begin{pmatrix} I-A_{11} & -A_{12} & -A_{13} \\ -A_{21} & I-A_{22} & -A_{23} \\ -A_{31} & -A_{32} & I-A_{33} \end{pmatrix}^{-1} \begin{pmatrix} C_{11}+C_{12}+C_{13} \\ C_{21}+C_{22}+C_{23} \\ C_{31}+C_{32}+C_{33} \end{pmatrix}$$

$$= \begin{pmatrix} B_{11} & B_{12} & B_{13} \\ B_{21} & B_{22} & B_{23} \\ B_{31} & B_{32} & B_{33} \end{pmatrix} \begin{pmatrix} C_{11}+C_{12}+C_{13} \\ C_{21}+C_{22}+C_{23} \\ C_{31}+C_{32}+C_{33} \end{pmatrix} \tag{5.13}$$

其中，$\begin{pmatrix} B_{11} & B_{12} & B_{13} \\ B_{21} & B_{22} & B_{23} \\ B_{31} & B_{32} & B_{33} \end{pmatrix}$ 为直接消耗系数矩阵的逆矩阵，B_{mn} 为该逆矩阵中 $k \times k$ 维的分块矩阵，表示生产过程中 m 国对 n 国中间产品的完全投入产出关系。

在建立跨国投入产出方程的基础上，我们从最终消费使用的角度分解产出向量，得到：

$$\begin{pmatrix} Y_1 \\ Y_2 \\ Y_3 \end{pmatrix} = \begin{pmatrix} Y_{11}+Y_{12}+Y_{13} \\ Y_{21}+Y_{22}+Y_{23} \\ Y_{31}+Y_{32}+Y_{33} \end{pmatrix} \tag{5.14}$$

(5.13)式表示 n 国的产出分别用于国家 1、国家 2 和国家 3 的最终消费，$n=1, 2, 3$。结合(5.12)式和(5.13)式，对 m 国生产的供 n 国最终消费使用的 Y_{mn} 进行求解，得到：

$$\begin{pmatrix} Y_{11} & Y_{12} & Y_{13} \\ Y_{21} & Y_{22} & Y_{23} \\ Y_{31} & Y_{32} & Y_{33} \end{pmatrix} = \begin{pmatrix} B_{11} & B_{12} & B_{13} \\ B_{21} & B_{22} & B_{23} \\ B_{31} & B_{32} & B_{33} \end{pmatrix} \begin{pmatrix} C_{11} & C_{12} & C_{13} \\ C_{21} & C_{22} & C_{23} \\ C_{31} & C_{32} & C_{33} \end{pmatrix} \tag{5.15}$$

紧接着，我们开始分析三国情况下两两之间的双边真实贸易差额。

由于(5.12)式的投入产出方程是三国情况下的一般情况，所以，把三个国家中的任意两个作为讨论对象都具有典型性。与两国情况下类似，为了避免讨论过程的重复，以下仅就国家 1 与国家 2 之间的双边真实贸易差额进行讨论。

从(5.15)式我们可以得到：

$$Y_{21}=B_{21}C_{11}+B_{22}C_{21}+B_{23}C_{31} \tag{5.15'}$$

$$Y_{12}=B_{11}C_{12}+B_{12}C_{22}+B_{13}C_{32} \tag{5.15''}$$

(5.15′)式和(5.15″)式揭示了国家 2(国家 1)的产出供国家 1(国家 2)最终消费使用的流转路径。国家 2 把其产出转化成国家 1 的消费，一部分是通过向国家 1 提供中间产品、经国家 1 生产之后实现的，一部分是通过向国家 1 直接提供最终消费品实现的，另一部分是通过把中间产品出口到国家 3、经国家 3 加工生产之后才向国家 1 提供了最终消费品。与此相对应，国家 1 把其产出转化成国家 2 的消费，一部分是通过向国家 2 直接提供最终消费品实现的，一部分是通过向国家 2 提供中间产品、经国家 2 加工生产之后实现的，另一部分是通过把中间产品出口到国家 3、经国家 3 加工生产之后才向国家 2 提供了最终消费品。

通过对(5.6)式和(5.7)式的扩展，容易得到存在三个国家时国家 1 向国家 2 出口的增加值为：

$$va_{12}=(I-A_{11}-A_{21}-A_{31})Y_{12} \tag{5.16}$$

$$va_{21}=(I-A_{12}-A_{22}-A_{32})Y_{21} \tag{5.17}$$

其中，I 为 $k\times k$ 维单位矩阵。那么，国家 1 对国家 2 之间的真实贸易差额为：

$$\begin{aligned}rtb_{12}&=\mu\cdot va_{12}-\mu\cdot va_{21}\\&=\mu\cdot(I-A_{11}-A_{21}-A_{31})Y_{12}-\mu\cdot(I-A_{12}-A_{22}-A_{32})Y_{21}\end{aligned} \tag{5.18}$$

其中，μ 为 $1\times k$ 维单位行向量。

为了比较三国情况下国家 1 对国家 2 的双边真实贸易差额和传统意义上国家 1 对国家 2 的贸易差额之间是否存在的差异，我们进一步从投入产出方程中推断国家 1 和国家 2 之间的贸易额。

把(5.14)式带入(5.12)式，并按照对应原则，可以得到：

$$Y_{12}=C_{12}+A_{11}Y_{12}+A_{12}Y_{22}+A_{13}Y_{32} \tag{5.19}$$

$$Y_{21}=C_{21}+A_{21}Y_{11}+A_{22}Y_{21}+A_{23}Y_{31} \tag{5.20}$$

由于国家 1 对国家 2 的出口 X_{12} 和国家 2 对国家 1 的出口 X_{21} 分别为：

$$X_{12}=C_{12}+M_{12}=C_{12}+A_{12}Y_{2}=C_{12}+A_{12}Y_{21}+A_{12}Y_{22}+A_{12}Y_{23} \tag{5.21}$$

$$X_{21}=C_{21}+M_{21}=C_{21}+A_{21}Y_{1}=C_{21}+A_{21}Y_{11}+A_{21}Y_{12}+A_{21}Y_{13} \tag{5.22}$$

其中，M_{12} 表示国家 1 对国家 2 中间产品的出口，M_{21} 表示国家 2 对国家 1 中间产品的出口。进一步把(5.19)式和(5.20)式分别代入(5.21)式和(5.22)式，得到：

$$X_{12}=(I-A_{11})Y_{12}-A_{13}Y_{32}+A_{12}Y_{21}+A_{12}Y_{23} \tag{5.23}$$

$$X_{21}=(I-A_{22})Y_{21}-A_{23}Y_{31}+A_{21}Y_{12}+A_{21}Y_{13} \tag{5.24}$$

所以，国家 1 对国家 2 传统意义上的双边贸易差额为：

$$\begin{aligned} tb_{12} &= \mu X_{12}-\mu X_{21} \\ &= \mu[(I-A_{11})Y_{12}-A_{13}Y_{32}+A_{12}Y_{21}+A_{12}Y_{23}]-\mu[(I-A_{22})Y_{21} \\ &\quad -A_{23}Y_{31}+A_{21}Y_{12}+A_{21}Y_{13}] \\ &= rtb_{12}+\mu(A_{31}Y_{12}-A_{32}Y_{21}-A_{13}Y_{32}+A_{12}Y_{23}-A_{23}Y_{31}+A_{21}Y_{13}) \end{aligned} \tag{5.25}$$

从(5.25)式可以看出，真实贸易差额与传统意义上的双边贸易差额不相吻合。造成这一现象的主要原因在于，真实双边贸易差额以贸易品在进口国的最终使用作为该贸易品最终流向的判断标准。而传统意义上的双边贸易差额在统计时则以贸易行为是否发生作为衡量标准，当同一产品在不同国家多次流转时，无法确认贸易品的最终流向。与两国情况相比，在三国情况下贸易品的流转空间有所扩大，为贸易品在投入产出层面的最终使用流向与贸易流向可能产生的不一致提供了可能性。

三、多国情况下的双边真实贸易差额

出于实际测算的需要，我们把三国情况下的真实双边贸易差额测算模型进一步扩展到更为一般的多国情况。

假定现实中存在 k 个国家，每个国家具有 s 个生产部门，其他条件同前，则生产函数为：

$$q_n(j)=L_n(j)^{1-\alpha_n(j)}\left[\prod_m^k\prod_i^s q_{mn}(i,j)^{\alpha_{mn}(i,j)}\right] \tag{5.26}$$

其中，$q_{mn}(i,j)$表示 n 国 j 部门来自 m 国 i 部门的中间投入数量，$\alpha_{mn}(i,j)$表示 n 国 j 部门来自 m 国 i 部门的投入份额，$\alpha_n(j)=\sum_m^k\sum_i^s\alpha_{mn}(i,j)$ 为 n 国 j 部门来自各个国家所有部门的投入份额。

与三国情况下类似，记 Y_n 为 n 国 $s\times1$ 维产出向量，C_{mn} 为 $s\times1$ 维 m 国对 n 国最终消费品出口向量。A_{mn} 为 $s\times s$ 维中间产品的直接消耗系数矩阵，表示 n 国生产过程中对 m 国中间产品的投入需求，$A_{mn}=[\alpha_{mn}(i,j)]_{s\times s}$。由此，我们可得到多国情况下由多个国家构成的直接投入析数据阵、产出向量和最终消费向量：

$$A=\begin{pmatrix}A_{11} & A_{12} & \cdots & A_{1n}\\ A_{21} & A_{22} & \cdots & A_{2n}\\ \vdots & \vdots & \ddots & \vdots\\ A_{n1} & A_{n2} & \cdots & A_{nn}\end{pmatrix},Y=\begin{pmatrix}Y_1\\ Y_2\\ \vdots\\ Y_n\end{pmatrix},C=\begin{pmatrix}C_{11}+C_{12}+\cdots+C_{1n}\\ C_{21}+C_{22}+\cdots+C_{2n}\\ \vdots\\ C_{n1}+C_{n2}+\cdots+C_{nn}\end{pmatrix}。$$

由这些变量构成的多国情况下的投入产出方程为：

$$\begin{pmatrix} Y_1 \\ Y_2 \\ \vdots \\ Y_n \end{pmatrix} = \begin{pmatrix} A_{11} & A_{12} & \cdots & A_{1n} \\ A_{21} & A_{22} & \cdots & A_{2n} \\ \vdots & \vdots & \ddots & \vdots \\ A_{n1} & A_{n2} & \cdots & A_{nn} \end{pmatrix} \begin{pmatrix} Y_1 \\ Y_2 \\ \vdots \\ Y_n \end{pmatrix} + \begin{pmatrix} C_{11} + C_{12} + \cdots + C_{1n} \\ C_{21} + C_{22} + \cdots + C_{2n} \\ \vdots \\ C_{n1} + C_{n2} + \cdots + C_{nn} \end{pmatrix} \tag{5.27}$$

通过代数变换，对(5.27)式进行求解，得到：

$$\begin{aligned} \begin{pmatrix} Y_1 \\ Y_2 \\ \vdots \\ Y_n \end{pmatrix} &= \begin{pmatrix} I-A_{11} & -A_{12} & \cdots & -A_{1n} \\ -A_{21} & I-A_{22} & \cdots & -A_{2n} \\ \vdots & \vdots & \ddots & \vdots \\ -A_{n1} & -A_{n2} & \cdots & I-A_{nn} \end{pmatrix}^{-1} \begin{pmatrix} C_{11} + C_{12} + \cdots + C_{1n} \\ C_{21} + C_{22} + \cdots + C_{2n} \\ \vdots \\ C_{n1} + C_{n2} + \cdots + C_{nn} \end{pmatrix} \\ &= \begin{pmatrix} B_{11} & B_{12} & \cdots & B_{1n} \\ B_{21} & B_{22} & \cdots & B_{2n} \\ \vdots & \vdots & \ddots & \vdots \\ B_{n1} & B_{n2} & \cdots & B_{nn} \end{pmatrix} \begin{pmatrix} C_{11} + C_{12} + \cdots + C_{1n} \\ C_{21} + C_{22} + \cdots + C_{2n} \\ \vdots \\ C_{n1} + C_{n2} + \cdots + C_{nn} \end{pmatrix} \end{aligned} \tag{5.28}$$

其中，B_{mn}表示n国对m国的完全投入需求。在建立跨国投入产出方程的基础上，我们从最终消费使用的角度分解产出向量，得到：

$$\begin{pmatrix} Y_1 \\ Y_2 \\ \vdots \\ Y_n \end{pmatrix} = \begin{pmatrix} Y_{11} + Y_{12} + \cdots + Y_{1n} \\ Y_{21} + Y_{22} + \cdots + Y_{2n} \\ \vdots \\ Y_{n1} + Y_{n2} + \cdots + Y_{nn} \end{pmatrix} \tag{5.29}$$

(5.29)式表示n国的产出分别用于 1 至n国的最终消费，$n=1, 2, \cdots, k$。结合(5.28)式和(5.29)式，对m国生产的、供n国最终消费使用的Y_{mn}进行求解，得到：

$$\begin{pmatrix} Y_{11} & Y_{12} & \cdots & Y_{1n} \\ Y_{21} & Y_{22} & \cdots & Y_{2n} \\ \vdots & \vdots & \ddots & \vdots \\ Y_{n1} & Y_{n2} & \cdots & Y_{nn} \end{pmatrix} = \begin{pmatrix} B_{11} & B_{12} & \cdots & B_{1n} \\ B_{21} & B_{22} & \cdots & B_{2n} \\ \vdots & \vdots & \ddots & \vdots \\ B_{n1} & B_{n2} & \cdots & B_{nn} \end{pmatrix} \begin{pmatrix} C_{11} & C_{12} & \cdots & C_{1n} \\ C_{21} & C_{22} & \cdots & C_{2n} \\ \vdots & \vdots & \ddots & \vdots \\ C_{n1} & C_{n2} & \cdots & C_{nn} \end{pmatrix} \tag{5.30}$$

从(5.29)式可以得到，m 国供 n 国最终消费使用的产出额 Y_{mn} 为：

$$Y_{mn} = B_{m1}C_{1n} + B_{m2}C_{2n} + \cdots B_{mk}C_{kn} \quad m, n = 1, 2, \cdots, k \tag{5.31}$$

(5.31)式表示 m 国的产出转化为 n 国的最终消费使用的路径有多种，可能是由 m 国向 n 国直接提供最终消费品，可能由 m 国向 n 国提供中间产品、经 n 国生产加工之后供 n 国最终消费使用，也可能由 m 国向 n 国提供中间产品、经其他国家生产加工之后出口到 n 国供 n 国最终消费使用。

由生产函数(5.26)式，我们可以分别得到 m 国的产出转化为 n 国最终消费时的增加价值 va_{mn} 和 n 国的产出转化为 m 国最终消费时的增加价值 va_{nm}：

$$va_{mn} = \mu(I - A_{nn} - A_{fn})Y_{mn} \tag{5.32}$$

$$va_{nm} = \mu(I - A_{mm} - A_{fm})Y_{nm} \tag{5.33}$$

其中，$A_{fn} = \sum_{m \neq n}^{k-1} A_{mn}$，$A_{fm} = \sum_{n \neq m}^{k-1} A_{nm}$，$\mu$ 为 $1 \times s$ 为单位行向量。由(5.32)式和(5.33)式，可以得到 m 国对 n 国的双边真实贸易顺差 rtb_{mn}：

$$rtb_{mn} = va_{mn} - va_{nm} = \mu(I - A_{nn} - A_{fn})Y_{mn} - \mu(I - A_{mm} - A_{fm})Y_{nm} \tag{5.34}$$

至此，我们完成了利用投入产出方法测算双边真实贸易差额的理论论述。

第二节　东亚生产投入转移情况下的中国真实贸易顺差测算

目前，我国所出现的贸易顺差，表面反映在贸易领域，但实质上是经济全球化背景下，中外经济结构和发展阶段差异以及国际分工调整等一系列综合因素共同作用的结果①。所以，若能分离外来因素在中国贸易顺差形成过程中所产生的影响，对于化解国际社会在贸易领域和人民币汇率升值方面施加给中国的压力有着积极的现实意义。

中美双边贸易顺差是中国外贸顺差问题中最重要和最具典型性的一个方面。本节将在上一节利用投入产出方法建立双边真实贸易顺差测算模型的基础上，对中美双边真实贸易顺差进行实际测算。

一、测算方法

利用投入产出方法测算双边真实贸易顺差，最大的障碍就是在具体测算操作中跨国投入产出数据的获取难度较大。根据(5.34)式，我们需要每一年度样本国家的直接投入系数 A_{mn}、完全需求系数 B_{mn} 和最终消费使用额 C_{mn} 数据。日本亚洲经济研究所(IDE)是目前可以获取东亚国家间投入产出数据的唯一来源，但由于编制国际投入产出表涉及大量的人力物力，该机构只编制了 1985 年、1990 年、1995 年、2000 年四个年度的《亚洲国际投入产出表》。也就是说，我们利用(5.34)式直接从《亚洲国际投入产出表》测算中美真实贸易顺差的年度只有四个。

考虑到亚洲各国家和地区在短期内的技术水平是相对固定的，《亚洲国际投入产出表》反映的是短期内东亚各国家和地区之间相对稳定的生产投入产出关系，所以，我们可以利用 1985 年、1990 年、1995 年、2000 年

① 钟山：《关于我国外贸顺差问题的若干思考》，《求是》2009 年第 16 期，第 32 页。

四个年度的投入产出数据对相邻年份所需数据作近似替代，从而测算出1985—2008 年每一年度的中美真实贸易顺差①。测算过程如下：

第一步，构建双边出口增值率指数(VAS)。

定义 m 国对 n 国的出口增值率 $VAS_{mn}=\dfrac{va_{mn}}{\mu X_{mn}}=\dfrac{\mu(I-A_{m}-A_{fn})Y_{mn}}{\mu X_{mn}}$

$$(5.35)$$

(5.35)式表示 m 国出口中被 n 国实际使用部分给 m 国带来的价值增值占 m 国对 n 国出口的比重。式中各变量的含义同本章第一节，需要强调的是，μ 为 $1\times s$ 为单位行向量，X_{mn} 为 $s\times 1$ 维 m 国对 n 国的出口向量，$X_{mn}=C_{mn}+A_{mn}Y_{n}$。这里构建出口增值率的目的，是为了解决除 1985 年、1990 年、1995 年、2000 年之外其他年份数据不足的问题。

第二步，计算中美出口增值率和美中出口增值率。

利用 1985 年、1990 年、1995 年和 2000 年《亚洲国际投入产出表》数据，根据(5.35)式分别计算中美出口增值率和美中出口增值率，并用此替代其他相近年份的中美出口增值率和美中出口增值率。即用 1985 年中国对美国的出口增值率代替 1986—1989 年中国对美国的出口增值率；用 1990 年中国对美国的出口增值率代替 1991—1994 年中国对美国的出口增值率；用 1995 年中美出口增值率代替 1996—1999 年的中美出口增值率；用 2000 年的中美出口增值率代替 2001—2008 年的中美出口增值率。相应的，美国对中国出口的增值率也采用相同的年份替代法。

需要说明的是，由于亚洲投入产出表的中间投入和最终使用两部分的基本交易流量额都统一还原成了离岸价(FOB)②，所以，美国对中国的

① 投入产出表的编制年份一般都是不连续的，通常是每隔五年编制一次。国内运用投入产出表数据所作的相关研究基本也都采用了近似替代的做法。比如北京大学中国经济中心课题组(2006)、宗毅君(2008)等。

② 尽管美国的出口计价方式与大多数国家不同，采用船边交货价(FAS)，但《亚洲国际投入产出表》在编制过程中通过相应数据处理把各个国家的出口计价方式统一折算到了离岸价(FOB)。同时，把每个国家在进口过程中产生的运费和保险费单独设置了一行。

出口和中国从美国的进口在数量上是一致的，美中出口增值率事实上就是中国实际使用美国的进口产品给美国带去的增加价值占中国从美国进口额的比重。

第三步，搜集1985—2008年度的中美进出口数据。

这里采用的数据为联合国Comtrade数据库中中国对美国出口和中国从美国进口的相关数据。国际贸易标准分类第三版(SITC Rev.3)的商品目录是从1992年才开始的实行的，所以这里选用的数据参照国际贸易标准分类第二版(SITC Rev.3)的商品目录。

第四步，结合第二步和第三步，分别计算中国对美国的出口增加值和美国对中国的出口增加值，并按照(5.34)式得出中美真实贸易顺差。

二、测算结果与分析

(一) 中美之间的出口增值率

根据(5.35)式，经过复杂的矩阵运算，我们得到了《亚洲国际投入产出表》四个年度的出口增值率，如表5.1所示。

本书提出的双边真实贸易差额是通过出口过程中的相对增加值来衡量的，对于中美之间出口增值率的初步分析可以有助于对真实贸易顺差测算值的理解。从表5.1可以看出：

第一，中国对美国的出口增值率要高于美国对中国的出口增值率。主要的原因在于中国自改革开放以来一直把贸易作为拉动经济发展的主要动力，外贸行业集中了中国大量的优势产业。相对而言，美国却把其附加值最高的部分产业实行对中国出口控制，很大程度上降低了其对中国的出口增值率。

第二，无论是中国对美国的出口增值率还是美国对中国的出口增值率，总体上都存在不同程度的下降。根据(5.32)式对出口增加值的定义，出口增加值完全是由本国要素创造的。随着全球化程度不断加深，外来要素逐渐参与生产导致了本国要素在创造出口价值过程中的作用有所下降。

第三，从产出增值率来看，美国的产出增值率要高于中国的产出增值率，这主要取决于美国的生产技术水平要高于中国的生产技术水平。另一方面，美国的产出增值率保持相对稳定，而中国的产出增值率在不断下降。同时，中国的产出增值率普遍低于中国对美国的出口增值率，而美国的产出增值率普遍高于出口增值率。

表 5.1　中美贸易增值率与产出增值率　　（单位：%）

年 份	出口增值率		产出增值率	
	中—美	美—中	中 国	美 国
1985	51.95	46.65	45.75	53.77
1990	43.71	29.26	40.07	54.33
1995	48.52	30.94	38.40	52.60
2000	50.11	25.14	35.86	54.48

说明：出口增值率数据作者根据《亚洲国际投入产出表》计算而来；产出增值率数据直接来自《亚洲国际投入产出表》。“中—美”表示中国对美国出口；“美—中”表示美国对中国出口。

（二）中美真实贸易顺差

根据前述步骤，对中美真实贸易差额进行测算，计算值列于表 5.2。

从现有统计口径的中美双边贸易差额来看，中国对美国从 20 世纪 80 年代中期到 90 年代初期一直保持贸易逆差，且逆差保持在相对较小范围。从 1993 年起，中美贸易差额由逆差转为顺差，并且贸易顺差规模逐年扩大。截至 2008 年，中国对美国的贸易顺差高达 1 712.58 亿元，与 1993 年中国对美国初次出现贸易顺差时相比，整整高出了 27 倍。

从中国对美国的真实贸易差额测算值来看，中美真实贸易差额的变化趋势与现行统计口径下的中美双边贸易差额基本一致，大体上也呈现出由逆差转为顺差且顺差规模逐渐增大的发展轨迹。按年份比较中美真实贸易差额测算值与现行统计口径下的中美贸易差额值，可以明显地发现，在原始贸易差额为逆差的情况下，真实贸易差额测算值要高于原始贸易差额；在原始贸易差额为顺差的情况下，真实贸易差额的测算值要低于原始贸易差额。两者具有的共同特征就是真实贸易差额的测算值基本上趋向于中美贸易平衡的方向调整。

根据本章第一节的分析，真实贸易差额是本国向贸易伙伴国出口过程中实现的本国增加值与本国通过进口让对方实现的外国增加值之间的差额。从本质上讲，真实贸易差额是贸易过程中的净增加值，属于贸易利得的范畴。从表5.2可以看出，近些年来中美真实贸易顺差显著低于原始贸易顺差，主要的原因在于，现行统计口径下的贸易顺差与贸易利得发生了背离。下一节将分析这种背离的深层原因。

表5.2 1985—2008年中美真实贸易差额测算值（单位：亿美元）

年份	出口	进口	贸易差额	中国对美国出口增加值	美国对中国出口增加值	真实贸易差额
1985	21.92	47.39	−25.47	11.39	22.11	−10.72
1986	26.27	46.74	−20.47	13.65	21.80	−8.16
1987	30.20	48.10	−17.90	15.69	22.44	−6.75
1988	33.58	66.49	−32.91	17.45	31.02	−13.57
1989	44.05	78.39	−34.34	22.89	36.57	−13.68
1990	51.75	65.71	−13.96	22.62	19.23	3.39
1991	61.48	80.02	−18.54	26.87	23.41	3.45
1992	85.99	89.01	−3.02	37.58	26.05	11.54
1993	169.73	106.87	62.85	74.18	31.27	42.91
1994	214.75	138.94	75.81	93.86	40.66	53.20
1995	247.29	161.18	86.10	119.98	49.88	70.10

（续表）

年份	出　口	进　口	贸易差额	中国对美国出口增加值	美国对中国出口增加值	真实贸易差额
1996	267.06	161.55	105.51	129.57	49.99	79.58
1997	327.41	163.02	164.39	158.85	50.44	108.41
1998	379.84	168.83	211.00	184.29	52.24	132.05
1999	420.04	194.87	225.17	203.80	60.30	143.50
2000	521.56	223.75	297.82	261.37	56.25	205.12
2001	543.55	262.17	281.38	272.39	65.91	206.47
2002	700.50	272.61	427.89	351.04	68.53	282.50
2003	926.26	339.44	586.82	464.17	85.34	378.83
2004	1 251.49	447.48	804.01	627.15	112.50	514.65
2005	1 631.80	487.41	1 144.39	817.73	122.54	695.20
2006	2 038.01	593.14	1 444.87	1 021.29	149.12	872.18
2007	2 331.69	695.48	1 636.21	1 168.46	174.84	993.62
2008	2 528.44	815.86	1 712.58	1 267.06	205.11	1 061.95

说明："出口"和"进口"两列数据来自 Comtrade 数据库；其他数据由作者计算而来。

第三节　不同口径下中国双边贸易差额存在差异的原因

根据上一节的测算结果，中美真实贸易顺差测算值普遍低于现行统计口径下的中美双边贸易顺差，这意味着中美双边贸易顺差高估了中美贸易过程中中国要素的净增加值。这种高估不是单纯的贸易平衡问题，而是中国参与东亚生产分工的结果。本节通过计算东亚对中国出口转移份额与中国对美出口的垂直专业化率，来解释不同口径下中美贸易差额存在差异的原因。

一、基于东亚对华出口转移层面的解释

随着中国加工贸易的不断繁荣，中国在整个东亚产业链上扮演着加工平台的角色。通过从东亚国家和地区进口原材料与半成品、经国内加工组装之后出口到欧美国家，成了中国参与东亚国家和地区分工的典型贸易流向路径。就中美双边贸易顺差而言，它事实上是东亚国家和地区的产业结构调整和中国接受外来产业转移并发挥自身外贸优势共同作用的产物。

所以，与传统意义上的出口相比，东亚国家和地区对中国出口的目的具有多样性，可能是为了满足中国自身的进口需求，也可能只是为了利用中国廉价的加工平台为进一步出口转移做准备。若是后者，那么中国实际上为来自东亚的这部分产品提供了中转，一方面给中国带来发挥生产要素价格优势的空间，另一方面也把本来东亚对欧美国家的出口转移到了中国。

这里，我们根据本章第一节真实贸易差额测算模型中产出流转的基本思想，把东亚国家和地区的产出在外国的最终流向纳入到东亚对中国的出口中，把东亚国家和地区对中国的出口按其最终使用流向进行分解，用以揭示东亚对中国出口之后的贸易转移效应。具体如下：

$$x_{mn}=\mu X_{mn}=\mu(c_{mn}+A_{mn}Y_n) \tag{5.36}$$

(5.36)式中，x_{mn}表示 m 国对 n 国的出口额，μ 表示 $1\times s$ 维单位行向量，X_{mn}表示由 s 个产业部门构成的 m 国对 n 国的 $s\times 1$ 维出口向量，c_{mn}表示 m 国对 n 国的 $s\times 1$ 维最终消费品出口向量；A_{mn}和 Y_n 分别表示 m 国对 n 国的 $s\times s$ 维直接投入系数矩阵和 n 国 s 个产业部门的 $s\times 1$ 维产出向量。根据真实贸易差额模型中对出口的定义，(5.36)式表示 m 国对 n 国的出口由 m 国对 n 国最终消费品出口和中间投入品出口两部分构成。

根据(5.29)式,我们把 n 国的产出向量按照其最终使用流向进行细分,即 $Y_n = Y_{n1} + Y_{n2} + \cdots + Y_{nn}$,代入(5.36)式,将之转化为:

$$x_{mn} = \mu(c_{mn} + A_{mn}Y_{nn}) + \mu A_{mn}Y_{nm} + \sum_{k \neq m,n}^{k-2} \mu A_{mn}Y_{nk} \qquad (5.37)$$

在(5.37)式中,$\mu(c_{mn} + A_{mn}Y_{nn})$ 表示 m 国对 n 国的出口转化为 n 国实际吸收的部分,$\mu A_{mn}Y_{nm}$ 表示 m 国对 n 国的出口经 n 国加工生产之后又返销母国的部分,$\sum_{k \neq m,n}^{k-2} \mu A_{mn}Y_{nk}$ 表示 m 国对 n 国的出口经 n 国加工生产之后销往第三国的部分。所以,m 国对 n 国的出口 x_{mn} 从最终流向上来看,细分为被东道国 n 国最终吸收使用、返销母国和出口至第三国三个部分。

根据(5.37)式,利用《亚洲国际投入产出表》中的相关数据,我们对东亚国家和地区对中国的出口按最终流向进行细分测算,结果列于表 5.3。

表 5.3 的测算结果显示,从总体上看,伴随着东亚对中国产业转移的不断推进,东亚国家和地区对中国出口经过中国的生产加工又转销美国市场的现象非常明显。具体而言:

首先,从中国的实际吸收而言,东亚国家和地区对中国出口转化为中国国内实际吸收的比重有很大程度的下降。根据表 5.3 中中国实际吸收来自各经济体的比例来看,1985 年、1990 年、1995 年和 2000 年的平均值分别为 98.83%、97.11%、95.16%和 91.78%。从 1985 年到 2000 年 15 年间,包括美国在内的亚太国家和地区,对中国出口并把出口品最终留在中国为中国消费使用的比例下降了 7.05%。这种下降的趋势在 20 世纪 80 年代并不明显,而到 90 年代表现得非常突出。遗憾的是,我们没有 2000 年之后东亚各经济体之间的跨国投入产出数据,但按照表 5.3 所示 80 年代和 90 年代中国实际吸收来自东亚出口品的变化趋势,结合中国加工贸易发展的实际情况可以推断,在进入 21 世纪的最近十年中,东亚对中国出口被中国实际吸收的比重又会进一步下降。

其次，从转销美国的角度来看，东亚产品经中国之后进一步销往美国的比重有了明显提高。1985年、1990年、1995年和2000年东亚对中国出口转销美国的比例平均为0.83%、1.47%、2.13%和5.18%。从1985年到2000年15年间，东亚国家和地区对中国出口并把该部分产品在中国生产加工之后再进一步出口到比重提高了4.35%。特别是，从1995年到2000年，这种变化增长趋势非常明显，表明中国很大程度上充当了东亚向美国出口过程中加工平台的角色。

第三，从返销母国的角度来看，东亚产品出口至中国经中国生产加工之后返销母国的比重也有所提高。这种提高的趋势从时间上来看，也是在20世纪90年代相对比较明显，在80年代则并不突出。从国别上看，印度尼西亚、马来西亚等东盟小国的母国返销率相对较低，而日本的母国返销率相对较高。2000年日本对中国出口中的母国返销率为2.33%，比1985年的0.08%高出了2.25个百分点，主要的原因在于日本处于东亚产业链的高端，日本制造业的跨国生产的分散化程度要大大高于东盟小型经济体。

表5.3 东亚经济体与美国对中国出口的转移效应 （单位：%）

	印尼	马来西亚	菲律宾	新加坡	泰国	中国	中国台湾	韩国	日本	美国
(a) 1985年										
印　尼	0.01	0.01	0.01	0.03	0.01	98.77	—	—	0.25	0.91
马来西亚	0.01	0.02	0.02	0.02	0.01	99.26	—	—	0.18	0.49
菲律宾	0.02	0.02	0.02	0.05	0.02	98.69	—	—	0.35	0.83
新加坡	0.01	0.02	0.02	0.03	0.01	98.98	—	—	0.20	0.73
泰　国	0.03	0.02	0.02	0.06	0.02	98.67	—	—	0.41	0.78
中国台湾	0.01	0.02	0.02	0.05	0.01	97.45	—	—	0.69	1.76
日　本	0.01	0.01	0.01	0.01	0.01	99.59	—	—	0.08	0.28
美　国	0.01	0.01	0.01	0.02	0.01	99.23	—	—	0.19	0.51

（续表）

	印尼	马来西亚	菲律宾	新加坡	泰国	中国	中国台湾	韩国	日本	美国
(b) 1990年										
印　尼	0.05	0.04	0.01	0.15	0.07	97.71	—	—	0.85	1.14
马来西亚	0.03	0.02	0.00	0.05	0.04	98.88	—	—	0.44	0.54
菲律宾	0.07	0.07	0.01	0.14	0.08	97.60	—	—	0.85	1.17
新加坡	0.05	0.03	0.01	0.09	0.06	98.08	—	—	0.86	0.80
泰　国	0.05	0.07	0.02	0.13	0.06	95.55	—	—	1.83	2.28
中国台湾	0.06	0.06	0.03	0.12	0.08	95.80	—	—	2.14	1.72
韩　国	0.08	0.07	0.02	0.16	0.16	94.80	—	—	2.12	2.59
日　本	0.05	0.04	0.01	0.09	0.08	97.74	—	—	0.79	1.20
美　国	0.05	0.05	0.01	0.11	0.05	97.81	—	—	1.01	0.90
(c) 1995年										
印　尼	0.07	0.07	0.02	0.11	0.06	95.28	0.05	0.33	1.97	2.04
马来西亚	0.06	0.07	0.02	0.09	0.07	95.62	0.05	0.19	1.94	1.88
菲律宾	0.08	0.08	0.03	0.09	0.08	95.16	0.08	0.17	2.06	2.17
新加坡	0.09	0.09	0.03	0.12	0.10	94.02	0.07	0.25	2.62	2.61
泰　国	0.05	0.05	0.02	0.07	0.04	96.28	0.04	0.19	1.89	1.38
中国台湾	0.06	0.06	0.02	0.09	0.08	95.52	0.05	0.15	2.04	1.92
韩　国	0.08	0.08	0.04	0.12	0.09	92.61	0.07	0.25	3.69	2.97
日　本	0.07	0.07	0.02	0.10	0.09	95.61	0.06	0.14	1.88	1.95
美　国	0.06	0.06	0.02	0.08	0.06	96.30	0.04	0.13	1.76	1.50
(d) 2000年										
印　尼	0.05	0.08	0.02	0.08	0.09	92.11	0.14	0.22	2.49	4.71
马来西亚	0.05	0.11	0.02	0.14	0.11	92.13	0.20	0.22	2.12	4.91
菲律宾	0.06	0.15	0.03	0.19	0.14	90.82	0.26	0.25	2.29	5.82
新加坡	0.05	0.11	0.02	0.13	0.11	92.19	0.19	0.21	2.05	4.93
泰　国	0.05	0.10	0.02	0.12	0.10	92.21	0.18	0.22	2.30	4.70
中国台湾	0.05	0.11	0.02	0.13	0.12	90.19	0.20	0.27	3.21	5.70
韩　国	0.05	0.11	0.02	0.12	0.12	89.76	0.20	0.28	3.50	5.83
日　本	0.04	0.09	0.02	0.10	0.09	92.61	0.17	0.20	2.33	4.36
美　国	0.04	0.08	0.02	0.09	0.08	94.01	0.14	0.17	1.75	3.63

资料来源：作者根据《亚洲国际投入产出表》数据计算而来。

说明："—"表示原始数据无法获得。1985年未列出韩国对中国出口分解数据的原因是《亚洲国际投入产出表》未提供有关韩国投入产出的原始数据。为了便于各年度数据的比较，表中数据采用比例形式。

最后，比较美国、日本、韩国和中国台湾对中国出口的转移效应。这四个经济体对中国双边贸易差额格局的形成起到了关键性作用。美国是中国最大的贸易顺差来源国，而日本、韩国和中国台湾是位居中国前三位的贸易逆差来源地。从美国的情况来说，美国对中国出口之后的母国返销率总体上都要低于日本、韩国和中国台湾对中国出口之后对美国的转销率，这很大程度上由于地域的限制。美国并没有把对外产业转移的重心放在中国，可能有很大一部分分散在墨西哥等邻国。从日本的情况来看，日本对中国出口之后对美国的转销率和对其母国返销率都较高，但前者高于后者，同时日本对中国出口之后对美国的转销率又低于其他东亚经济体。这说明日本作为东亚技术水平相对较高的经济大国，对中国产业转移有着多重的目标，一方面要充分利用中国廉价的劳动力和其他资源为本国生产服务，另一方面把中国作为其出口的平台。韩国和中国台湾的情况比较相似，它们对中国出口之后对美国和日本的转销率都较高，且远远超出其对自身的返销率，这体现了它们高度外向型的经济特征。它们作为东亚技术水平处于第二梯队的经济体，既严重依赖美国，同时很大程度上也依赖于日本。

二、基于中国对美出口品中进口投入层面的解释

中美双边贸易顺差高于中美真实贸易顺差测算值，主要的原因在于中国对美国的出口中含有大量的外来投入，从而使得中美双边贸易顺差远远高于中国在中美贸易过程中的净增加值。东亚对华出口的转移效应，间接地解释了这一现象。我们进一步通过中国对美国出口中外来投入含量的测算，为中美双边贸易顺差与中美真实贸易顺差测算值之间的差异提供直接的解释。

我们把第四章第三节测算中国出口总额时的出口垂直专业化率时的(4.12)式扩展到中美双边出口，具体如(5.38)式所示。

$$EVSS_{cu}=\frac{1}{E}(1,1,\cdots,1)\begin{pmatrix}A_{11}^{mc} & \cdots & A_{1s}^{mc}\\ \vdots & \ddots & \vdots\\ A_{s1}^{mc} & \cdots & A_{ss}^{mc}\end{pmatrix}\begin{pmatrix}B_{11}^{cc} & \cdots & B_{1s}^{cc}\\ \vdots & \ddots & \vdots\\ B_{s1}^{cc} & \cdots & B_{ss}^{cc}\end{pmatrix}\begin{pmatrix}E_{1}^{cu}\\ \vdots\\ E_{s}^{cu}\end{pmatrix}$$

$$=\frac{1}{E}\mu A^{mc}B^{cc}E^{cu}=\frac{1}{E}\mu A^{mc}(I-A^{cc})^{-1}E^{cu} \tag{5.38}$$

(5.38)式中，μ 表示 $1\times s$ 维单位行向量，A^{mc} 表示 $s\times s$ 维中国从所有其他国家的进口系数矩阵，$B^{cc}=(I-A^{cc})^{-1}$ 表示 $s\times s$ 维中国的完全需求系数矩阵，E^{cu} 表示 $s\times 1$ 维中国对美国的出口向量，$E=\mu E^{cu}$ 表示中国对美国的出口额，I 是 $s\times s$ 维单位矩阵，s 表示产业部门数。

利用 1985 年、1990 年、1995 年和 2000 年《亚洲国际投入产出表》数据，根据(5.38)式就中国对美国出口中的垂直专业化程度进行测算，结果如表 5.4 所示，从中可以看出：

第一，在中国对美国的出口中，外来投入的比重在不断上升。从中国对美国出口中所含外来投入的绝对量来看，其从 1985 年的 2.87 美元上升到 2000 年的 137.19 亿美元，在 15 年间年均增长率高达 311.5%。从中国对美国出口所含外来投入的相对量来看，中国对美国的出口垂直化专业率从 1985 年的 7.6%急剧上升到 2000 年的 18.91%，增长幅度为11.31%。在现行贸易统计口径按属地原则进行统计的情况下，只要是从中国出口的产品都视为中国所有，如此一来，中国对美国出口中的那部分外来投入实际上虚增了中美贸易顺差。所以，中国对美国的出口量越大、中国对美国出口产品的垂直专业化程度越高，贸易顺差与贸易带来的属于中国的净增加值之间的偏离程度也就越大。

第二，中国台湾、韩国和日本是中国对美国出口中外来投入的主要来源。表 5.4 的数据显示，2000 年仅中国台湾、韩国和日本三个经济体的中间投入就占据了中国对美国出口中间投入的 38.14%，所占比重远远高出欧盟 15 国。中国对美国出口所含这三个经济体的投入含量较高，主要原因是中国接受的大量外来产业转移来自日韩和中国台湾。相对而言，中国对美国出口中来自韩国和中国台湾的垂直专业化程度的增速比日本要高，这与中国对韩国和中国台湾的巨额贸易逆差是相吻合的。东盟五国都是小型经济体，中美贸易中含有这五国的投入增长速度较快，但由于它们的经济总量较小，在中国对美国出口所含的外来投入中，这五国合计所占的份额都还低于日本、韩国或中国台湾中的任一经济体。比较有意思的是，在中国对美国出口所含的外来投入中，来自美国的投入在2000年仅占据1.34%，从20世纪80年代开始，美国所占的份额基本保持着小幅微升的状况。这与前面分析的美国对中国出口返销率反映的情况基本保持一致。

表5.4　中国对美国出口垂直专业化程度的价值构成和份额构成

（单位：亿美元；%）

名称	年份	东盟五国	中国台湾	韩国	日本	美国	中国香港	欧盟	其他国家	总额
价值构成	1985	0.10	0.16	—	0.62	0.31	0.20	—	1.48	2.87
	1990	0.50	0.50	0.30	1.35	0.89	3.86	—	2.64	10.06
	1995	2.54	1.60	3.68	8.03	3.31	6.82	—	17.37	43.36
	2000	11.03	16.26	15.58	20.48	9.71	11.78	16.04	36.32	137.19
份额构成	1985	0.27	0.43	—	1.63	0.83	0.53	—	3.92	7.61
	1990	0.69	0.70	0.42	1.87	1.23	5.33	—	3.65	13.89
	1995	1.00	0.63	1.44	3.14	1.29	2.67	—	6.80	16.97
	2000	1.52	2.24	2.15	2.82	1.34	1.62	5.01	2.21	18.91

资料来源：根据Asian International Input-Output Table 1985，1990，1995，2000计算而来。

说明：①“—”表示数据无法获得；②“东盟五国”包括印度尼西亚、马来西亚、菲律宾、泰国和新加坡；③1985年、1990年和1995年三个年度的“其他国家”包括欧盟，2000年的“其他国家”不包括欧盟，主要的原因是2000《亚洲国际投入产出表》把十个样本国家及地区与欧盟的进出口从其他国家中单独分离了出来。

比较表4.7和表5.4,我们可以发现,中国对美国出口的垂直专业化程度要比中国出口总额的垂直专业化程度高,高出的幅度在1%左右。从国别来源来看,除了东盟五国,中国对美国出口中来自其他经济体的外来投入也都要比中国出口总额中来自其他经济体的外来投入略高一些。结合东亚对中国出口的转移效应,我们认为,造成这一现象的主要原因跟中国接受外来产业转移国家的市场定位有关。根据历史经验,美国在不同时期基本上都会采用各种方式不同程度地实行贸易保护主义。所以,以日韩为主的东亚产业转移来源国,把一部分加工组装环节转移到中国,既是为了利用中国廉价的劳动力资源,很大程度上也试图在转移生产工序的同时,把部分对美贸易摩擦一并转嫁到中国。

最后,需要从方法上对本书垂直专业化程度的可信性作一下说明。无论是中国出口总额的垂直专业化程度,还是中国对美国出口的垂直专业化程度,本书的测算与同类研究相比,得到的测算值总体上略低。考虑到可比性,我们以2000年为例,就中国出口总额的垂直专业化率而言,刘志彪和吴福象(2006)的测算值为0.279,北京大学中国经济研究中心(2006)的测算值为0.201 7,洪联英和刘解龙(2009)的测算值为0.252①,都比本书的测算值0.179 2来得高。就中国对美国出口的垂直专业化率而言,由于从双边层面计算出口垂直专业化率的工作量相当大,目前具有可比性的只有北京大学中国经济研究中心(2006)。该研究显示中国对美出口中的垂直专业化率在1995年和2000年分别为0.157 3和0.213 0,而本书的测算值为0.169 7和0.189 1,前者高于北京大学中国经济研究中心(2006)的测算值,而后者则相对较低。造成上述测算结果不一致的原因,在于中国投入产出表没有单独给出进口投入系数。利用中国投入产出表计算垂直专业化率时都需要估算进口投入系数矩阵,而这个估算的过程

① 相关的研究可参考刘志彪和吴福象(2006)、北京大学中国经济研究中心(2006)、洪联英和刘解龙(2009)。

通常假定国内生产部门使用国外某一生产部门提供的进口品的投入比例是相同的,同时还需假定中间产品和最终产品中含有国外某一生产部门进口品的比例也是相同的。由于中国投入产出表的部门分类与贸易数据的部门分类之间没有统一的官方标准,所以导致不同学者同样利用中国投入产出表,测算出来的垂直专业化率都可能存在不一致。更进一步,本书采用了《亚洲国际投入产出表》数据,由于巧妙地避开了利用中国投入产出表数据时的两个苛刻条件,那么得到的结果自然也与国内学者略有差异。

值得强调的是,本书利用限制条件相对更少的数据,发现中国对美国出口中的垂直化率比国内其他测算的结果相对较低。这一方面说明了东亚产业转移的确使得中美双边贸易顺差高估了中美之间的贸易利得,但另一方面也说明,中国巨额的贸易顺差的形成,有着深刻的国内经济因素。这一点国人直面美国对中国的贸易摩擦压力和人民币升值压力时需要客观对待的。

第六章

分离出口品中进口投入因素后的中国贸易收支弹性估计

从1994年到2009年，中国贸易收支连续保持了16年的贸易顺差，并且依旧呈现增长趋势。巨额的外贸顺差使中国面临接连不断的贸易摩擦，同时也使人民币始终面临严峻的升值压力。2005年7月21日，中国人民银行开始实行以市场供求为基础、参考一揽子货币进行调节、有管理的浮动汇率制度，人民币进入了稳健的升值阶段。按照国际金融理论，本币升值将使得一国贸易顺差减少，有助于实现贸易收支的平衡，甚至还可能出现贸易收支状态由顺差转为逆差的情况。根据国际经验，从汇率变动到其对贸易收支产生调节效应，这个周期一般在3—6个月。然而，中国的外贸顺差在近5年内累计升值幅度已高达21.26%的情况下依旧未见逆转迹象，表面上实在是有违国际收支经典理论。

本章将在第二章第三节提出贸易弹性理论修正模型的基础上，结合东亚产业转移因素建立与之相对应的实证模型，并运用计量工具分别估计中国多边贸易的进出口弹性和中美双边贸易的进出口弹性，以此考察人民币汇率变动对中国贸易收支有效调节的前提是否成立。本章与同类研究相比，在估计中国贸易弹性的同时，通过比较分析也探讨了东亚产业转移对中国进出口贸易弹性的影响。

第一节 贸易弹性估计的实证模型与数据来源

在进行进出口贸易弹性估计之前，先对本书开展贸易弹性估计工作采用的基本思想、实证模型、实证方法与数据来源作一个详细的交代。

一、实证的基本思路

汇率与贸易收支之间的关系问题是国际经济理论永恒的话题。从第一章第二节对贸易收支弹性理论的综述中可以发现，在弹性理论的发展演变过程中，学者们普遍忽略了国际贸易结构的变化对汇率变动与贸易收支关系的影响。尽管 Haynes 等人(1986)①在采用结构模型分析日本和美国的出口对美元兑日元汇率的不同反应程度时，曾把汇率变动对进出口产生不同影响的原因归咎于各国具有不同的贸易结构。但遗憾的是，在分析汇率变动与进出口之间的关系问题时，学者们普遍都从汇率变量入手，很少有学者沿着 Haynes 等人(1986)提供的线索以贸易结构作为分析汇率变动与进出口之间关系问题的切入点。

事实上，无论是马歇尔—勒纳条件还是后来对其发展的相关理论，都隐含着一个全球贸易为最终产品贸易的前提假定②③。随着全球化程度不断深入，全球贸易格局正在发生巨大的变化，贸易对象已经从过去的最终产品转变成了既有最终产品又有中间产品，这很大程度上突破了马歇尔—勒纳条件就贸易品提出的假定前提。所以，沿用传统的马歇尔—勒纳条件来检验汇率变动对贸易收支的有效性，很难保证检验结果与汇率实际产生的作用不存在偏差。

从中国的实践来看，通过大量接受东亚对华转移的产业，中国的进

① Haynes, S. E. and Mikesell, R. F.. U. S.-Japanese Bilateral Trade and the Yen-Dollar Exchange Rate: An Empirical Analysis [J]. *Southern Economic Journal*, 1986, 52(4):923—932.

② 鹿朋:《马歇尔—勒纳条件适用性研究与修正:基于全球生产网络的视角》,《南京社会科学》2008 年第 3 期,第 21—28 页。

③ 鹿朋:《产品内分工与贸易下的汇率与国际收支关系研究:对马歇尔—勒纳条件适用性的分析与发展》,《国际商务》2008 年第 5 期,第 47—52 页。

出口贸易结构发生了重要的变化，与马歇尔—勒纳条件对贸易品的假定条件相差甚远。中国出口的产品在要素投入上，从原来由中国的单一投入转变为包含东亚国家中间品价值在内的多国投入。中国进口的产品在使用去向上，由原来完全被中国最终使用，转变为目前一部分被中国最终使用，一部分以中国出口品的形式继续流转到第三国，被第三国最终使用。在马歇尔—勒纳条件中，对贸易品为最终产品的假定，其言下之意在于强调一国汇率调整的作用标的是该国出口中的本国投入部分和该国进口中实际为其所用部分。所以，要相对比较精确地检验人民币升值对中国贸易顺差调整的有效性，首先应该通过一定的技术处理，使贸易数据尽可能接近马歇尔—勒纳条件对贸易品为最终产品的前提假定。

二、实证模型

在研究汇率与贸易收支的关系时，学者们基本上都沿用了 Goldstein 等人(1985)①建立在不完全替代理论基础上的进出口模型。根据该模型，现有的一部分实证研究都分别对进口方程和出口方程进行估计，再根据各自的价格弹性的绝对值之和是否大于 1 来判定马歇尔—勒纳条件是否成立（卢向前和戴国强，2005；许统生和洪远芬，2006；封思贤，2007)②③④；还有一部分实证研究直接对汇率与贸易差额展开分析，一般

① Goldstein, M. and Khan.. Income and Price Elasticities in Foreign Trade[R]. Handbook of International Trade, Amsterdam: North-Holland, 1985.

② 卢向强、戴国强：《人民币实际汇率波动对我国进出口的影响：1994—2003》，《经济研究》2005 年第 5 期，第 31—39 页。

③ 许统生、涂远芬：《中国贸易弹性的估计及其政策启示》，《数量经济技术经济研究》2006 年第 12 期，第 14—22 页。

④ 封思贤：《人民币实际有效汇率的变化对我国进出口的影响》，《数量经济技术经济研究》2007 年第 4 期，第 3—13 页。

认为实际汇率贬值能改善贸易收支，则马歇尔—勒纳条件成立（Rose，1991；叶永刚等，2006；王中华，2007）①②③。本章将综合运用这两种做法，并结合东亚产业转移对中国贸易结构产生的影响，分别对人民币实际汇率与中国的出口、进口和贸易收支之间的关系进行研究。

在实证研究中，通常的做法是假定一国的出口需求是贸易伙伴国收入水平 Y^*、本国出口产品价格 P_x、贸易伙伴国出口产品价格 P_f 和名义汇率 E 的函数，一国的进口需求是本国国民收入 Y、本国进口产品价格 P_m、国内产品价格 P_d 和名义汇率 E（直接标价法）的函数，即：

$$X_d = X_d(Y_f,\ P_x,\ P_f,\ E) \tag{6.1}$$

$$M_d = M_d(Y,\ P_m,\ P_d,\ E) \tag{6.2}$$

其中，X_d 表示出口需求，M_d 表示进口需求。同时，根据马歇尔—勒纳条件，国内和国外产品供给的价格弹性都是无限大，这样 X_d 和 M_d 实际上就相当于是市场均衡条件下的出口和进口。

为简化计算，假设 $P_x = P_d = P$，P 表示本国一般物价水平，同时假设 $P_m = P_f = P^*$，P^* 表示外国一般物价水平。由于本章考察实际汇率与进出口和贸易收支之间的关系，且实际汇率 $R = E \times \dfrac{P^*}{P}$，所以（6.1）式和（6.2）式可以简写成：

$$X_d = X_d(Y^*,\ R) \tag{6.3}$$

$$M_d = M_d(Y,\ R) \tag{6.4}$$

---

① Rose, A. K.. The Role of Exchange Rates in a Popular Model of International Trade: Does the Marshall-Lerner Condition Hold? [J]. *Journal of International Economics*, 1991, 30(3—4): 301—316.

② 叶永刚、胡利琴、黄斌：《人民币实际有效汇率和对外贸易收支关系：中美和中日双边贸易收支的实证研究》，《金融研究》2006 年第 4 期，第 1—11 页。

③ 王中华：《贸易收支与实际汇率：中美、中日比较研究》，《经济科学》2007 年第 3 期，第 88—96 页。

定义本国的贸易收支为 $TB=\frac{X_d}{M_d}$ ①,那么贸易收支的大小取决于实际汇率 R、本国收入水平 Y 和贸易伙伴国的收入水平 Y^*,用函数表示为:

$$TB=TB(R, Y, Y^*) \tag{6.5}$$

假定进口、出口和贸易收支分别遵从 Cobb-Douglas 生产函数,则(6.3)式、(6.4)式和(6.5)式可以分别转化为:

$$X=X_d=A\times R^{\alpha_1}\times(Y^*)^{\alpha_2} \tag{6.6}$$

$$M=M_d=B\times R^{\beta_1}\times Y^{\beta_2} \tag{6.7}$$

$$TB=C\times R^{\gamma_1}\times(Y^*)^{\gamma_2}\times Y^{\gamma_3} \tag{6.8}$$

对于上述三式取对数,则有:

$$\ln X=\alpha_0+\alpha_1\ln R+\alpha_2\ln Y^* \tag{6.9}$$

$$\ln M=\beta_0+\beta_1\ln R+\beta_2\ln Y \tag{6.10}$$

$$\ln TB=\gamma_0+\gamma_1\ln R+\gamma_2\ln Y^*+\gamma_3\ln Y \tag{6.11}$$

其中,α_0、β_0 和 γ_0 分别为常数项;α_1、β_1 和 γ_1 分别表示出口、进口和贸易收支的汇率弹性,α_2 和 γ_2 分别表示出口和贸易收支对外国收入的弹性,β_2 和 γ_3 分别表示进口和贸易收支对本国收入的弹性。

根据传统贸易收支理论,本币贬值将促进出口、抑制进口,从而改善一国的贸易收支②,所以,理论上讲,$\alpha_1>0$、$\beta_1<0$ 和 $\gamma_1>0$;国内收入水平提高会增加进口,从而与贸易收支具有反向关系,所以,$\beta_2>0$ 和 $\gamma_3<0$;贸易伙伴国收入水平的提高会促进本国的出口,从而与贸易收支

① 这里把贸易收支定义成比例的形式,而不采用通常情况下的差额形式,主要考虑到:第一,如果采用差额形式,一旦出现逆差情况,无法取对数;第二,通过比例形式可以消除物价因素带来的影响。

② 由于本书采用直接标价法,所以汇率上升代表本国货币贬值、汇率下降代表本国货币升值。

形成正向关系，所以，$\alpha_2 > 0$、$\gamma_2 > 0$。

为了同时考虑东亚产业转移因素对中国进出口贸易结构产生的影响，我们利用出口垂直专业化率 ν 和进口吸收率 μ 对(6.9)式、(6.10)式和(6.11)式进行修正①。这样将本国出口转变成出口的本国含量、本国进口转变成进口的本国吸收②，从而消除产业转移在贸易品的投入和使用成分结构上造成的影响。这种做法上事实上是第二章第二节经修正后的马歇尔—勒纳条件在实证模型中的具体体现，主要的目的是要向马歇尔—勒纳条件所强调的汇率仅对本国最终使用的进口和出口产生作用的隐含原始假定靠近。修正后的(6.9)式、(6.10)式和(6.11)式表示为：

$$\ln RX = \ln(1-\nu)X = \alpha_0 + \alpha_1 \ln R + \alpha_2 \ln Y^* \tag{6.12}$$

$$\ln RM = \ln \mu M = \beta_0 + \beta_1 \ln R + \beta_2 \ln Y \tag{6.13}$$

$$\ln RTB = \ln \frac{RX}{RM} = \ln \frac{(1-\nu)X}{\mu M} = \gamma_0 + \gamma_1 \ln R + \gamma_2 \ln Y^* + \gamma_3 \ln Y \tag{6.14}$$

其中，RX 表示出口的本国含量，RM 表示进口的本国吸收，RTB 表示由出口的本国含量与进口的本国吸收之间的比例构建的贸易收支。

采用计量方法对(6.9)式到(6.14)式分别进行实证并对实证结果进行比较，一方面可以揭示东亚产业转移因素是否给通过人民币升值调整中

① 对出口的本国含量、进口的本国吸收的测算是一项繁重的工作，主要的障碍在于数据的局限。这里大胆提出利用垂直专业化率 ν 和进口吸收率 μ 对实证模型进行修正，主要考虑到以下两个可能性：第一，第二章第三节已经对马歇尔—勒纳条件结合进口品的用途进行了修正。结果显示，与马歇尔—勒纳条件的原始假定相比，生产全球化降低了通过汇率调整贸易收支的有效性。第二，第四章第三节、第五章第二和第三节通过亚洲国际投入产出表对中国出口总额的垂直专业化率、中国对美出口的垂直专业化率、中国进口产品的留成率已经进行了计算。

② 吴宏(2008)把出口中的本国含量定义为出口产品中由本国要素禀赋所提供的那部分价值。这里对出口的本国含量的解释参照吴宏(2008)，同时借鉴吴宏(2008)，把进口的本国吸收定义为进口产品中实际用于本国使用的那部分价值。所以，进口的本国吸收实际上在进口总额中排除了进口原材料、零部件等用于出口产品生产的那部分进口品价值。

国外贸顺差造成了通道障碍，另一方面可以重新评价在中国贸易收支调整过程中人民币汇率起到的作用问题。在以美国为首的西方国家频频向中国施加人民币升值压力的背景下，本书认为这样的比较分析有着非常重大的现实意义。

三、数据来源与选取

本章采用了1990—2008年的季度数据作为研究样本，原始数据分别来自国际货币基金组织的《国际金融统计》(International Financial Statistics，简称IFS)、《贸易流向统计》(Direction of Trade Statistics，简称DOT)和《亚洲国际投入产出表》(Asian International Input Output Table)。数据处理过程采用Eviews6.0软件。各个变量在取对数之前，都运用$X11$季节调整方法进行季节调整，以消除季节性变动差异。这里按照第二节中国总体贸易收支弹性估计和第三节中美双边贸易收支弹性估计两个层次，对有关变量在利用实证模型进行计量分析之前的预处理过程交待如下：

第一，中国总体贸易收支弹性估计中的数据处理。

(1) 中国进(出)口总额$M(X)$：这两组数据直接采用DOT提供的原始数据。

(2) 实际汇率R：为了综合反映中国与各主要贸易伙伴之间的汇率水平，考虑到统一可比性，这里实际汇率采用指数化方法进行计算。计算过程参考如下公式：$R=\sum_{i=1}^{n} w_i \times E_i \times \frac{CPI_i}{CPI_d}$，$\sum_{i=1}^{n} w_i=1$。

其中，E是人民币与主要贸易伙伴国货币之间的双边名义汇率，CPI_d和CPI_i分别表示中国和贸易伙伴国i的消费物价指数，n为参与实际汇率测算的贸易伙伴数。由于IFS仅提供了各国每一季度的消费价格指数环比增长率，这里按2005年为基期进行统一折算。我们综合中国与各贸易伙伴之间的贸易流量及其货币国际化程度，选取了美国、日本、德国、英国、韩国、新加坡、中国香港和澳大利亚八个贸易伙伴作为参与实际汇率指数加权的对象，权重 w_i 等于中国对贸易伙伴 i 的出口额占中国对这八个贸易伙伴出口额之和的比重。参与实际汇率计算的各原始指标都采用了季度数据。

(3) 国外收入 YF：由于世界的季度实际收入没有直接可获得数据，我们参考许统生(2006)的做法，用上述八个贸易伙伴与中国的贸易权重 w_i 与其实际 GDP 的乘积之和代替世界的季度实际 GDP。这样处理虽然在绝对量上有欠准确，但可以很好地反映世界各国 GDP 总和的变化趋势。我们建立的实证模型实际上只要获得变量的变动趋势即可，因为通过对每个变量即使采用精确的绝对值，取对数之后，最终获得的也只是一个变量的变动趋势。

(4) 中国收入水平 YC：由于《中国统计年鉴》仅提供了 GDP 的年度数据，国家统计局网站也仅公布了近几年的 GDP 季度数据，所以中国 GDP 数据来自 IMF 的 IFS。需要说明的是，在 IFS 中 GDP 都是按照实际 GDP 进行统计的，但通过与国家统计局网站的 GDP 数据比对，其实这是中国的名义 GDP。所以，我们通过利用 IFS 提供的 GDP 折减环比增长率，把获得的 GDP 值转化成实际 GDP 值。转化按照 $GDP/(1+\Delta d)$ 进行，其中 Δd 表示 GDP 折减率季度环比增长指数，由于保证各变量的可比性，这里也以 2005 年作为基期。

(5) 出口的本国含量(RX)和进口的本国吸收(RM)：按照(6.12)式和(6.13)式，这两组的获得实际上仅依赖于中国出口总额的垂直专业化率。因为 $(1-\mu)M=\nu X$，即进口中用于非本国使用的部分其实就是出口中所含的外国成分。但由于原始数据的限制，我们只能用近似替代的办法计算 RX 和 RM。具体的做法是，用 1990 年中国出口总额的垂直专业化率代替 1990—1994 年各季度的垂直专业化率，用 1995 年中国出口总额的垂直专业化率代替1995—1999年各季度的垂直专业化率，用2000年中国出口总额的垂直专业化率代替2000—2008年各季度的垂直专业化率。中国出口总额垂直专业化率的相关数据见第四章第三节。

第二，中美双边贸易收支弹性估计中的数据处理。

(1) 中国对美国进(出)口总额 MCU(XCU)和美国实际收入 YU：这三组中，进出口数据直接来自DOT数据库，美国实际收入 YU 用美国的实际GDP代替。

(2) 中国收入 YC：与中国总体贸易收支弹性估计中的中国收入是同一组数据。

(3) 中美双边实际汇率RCU：中美双边实际汇率的计算按照相对购买力平价进行，即 $RCU=E\times\frac{CPI_u}{CPI_d}$。其中，$E$ 是美元兑人民币名义汇率，CPI_d 和 CPI_u 分别表示中国和美国的消费物价指数。由于IFS仅提供了各国每一季度的消费价格指数环比增长率，这里按2005年为基期进行统一折算。

(4) 中国对美出口的本国含量($RXCU$)和中国从美进口的本国吸收($RMCU$)：结合(6.12)式和(6.13)式，$RXCU$ 和 $RMCU$ 是参照如下两式计算而来的：$RXCU=(1-\nu_{cu})XCU$，$RMCU=\mu_{cu}\times MCU$。其中，中国对美出口垂直专业化率 ν_{cu} 和中国从美进口的吸收率 μ_{cu} 相关数据分别来自表5.1和表5.3。由于原始数据的限制，我们只能用近似替代的办法计算季度 $RXCU$ 和 $RMCU$。具体的做法是，用1990年中国对美出口的垂直专业化率和中国从美进口的本国吸收率代替1990—1994年各季度的 ν_{cu} 和 μ_{cu}，用1995年中国对美出口的垂直专业化率和中国从美进口的本国吸收率代替1995—1999年各季度的 ν_{cu} 和 μ_{cu}，用2000年中国对美出口的垂直专业化率和中国从美进口的本国吸收率代替2000—2008年各季度的 ν_{cu} 和 μ_{cu}。

第二节　东亚产业转移背景下中国总体贸易收支的弹性分析

在上一节建立马歇尔—勒纳条件实证模型的基础上，这一节从东亚产业转移视角和传统视角分别考察人民币汇率变动与中国贸易收支之间的关系。

一、中国总体贸易收支的弹性估计

（一）东亚产业转移情况下中国总体贸易收支的弹性估计

1. 序列平稳性检验

我们的目的是试图通过建立协整关系和利用误差修正模型分析人民币汇率与中国贸易收支之间长期中是否具有均衡关系、短期内会发生多大程度的偏离。按照计量经济学理论，要实现这一预期目标，首先需要对数据的平稳性进行检验，根据数据平稳性的检验结果以确定计量分析过程采用协整方法还是采用最小二乘估计法。如果数据平稳，则可以利用最小二乘估计法，反之，则适宜进行协整检验建立协整方程。否则，采用最小二乘估计将产生伪回归等诸多问题。

数据平稳性检验的方法常见的有 6 种，即 ADF 检验、DFGLS 检验、PP 检验、KPSS 检验、ERS 检验和 NP 检验。这里应用最广泛的 ADF 检验（Augmented Dickey-Fuller Test），ADF 检验对于每个时间序列 y_t 的检验过程遵从如下方程：

$$\Delta y_t = (\gamma - 1) y_{t-1} + \alpha + \delta t + \sum_{i=1}^{k} \beta_i \Delta y_{t-1} + \mu_t$$

其中，Δ 表示一阶差分，α 表示常数项，t 表示时间趋势项，μ_t 表示随机误差项。滞后阶数 k 根据 AIC 或 SC 最小准则确定。

ADF 检验的原假设为：至少存在一个单位根（$H_0: r=1$），备选假设为：序列不存在单位根（$H_0: r<1$）。当 ADF 统计值大于临界值时，不能拒绝原假设，这意味着时间序列 y_t 具有单位根，该序列是非平稳序列；反之，则拒绝原假设，说明时间序列 y_t 是平稳的。

表 6.1　中国总体贸易收支相关变量的单位根检验结果

变　量	检验类型 (c, t, n)	ADF 统计值	临界值 (1%)	临界值 (5%)	临界值 (10%)	AIC 值	SC 值	是否平稳
LX	c, t, 1	−1.497	−4.087	−3.472	−3.163	−3.042	−2.918	否
LM	c, t, 1	−1.525	−4.087	−3.472	−3.163	−2.641	−2.516	否
LR	c, t, 4	−1.348	−4.093	−3.474	−3.164	−3.216	−2.993	否
LYC	c, 0, 2	−2.182	−3.523	−2.902	−2.588	−3.032	−2.906	否
LYF	c, t, 4	−2.815	−4.093	−3.474	−3.164	−2.999	−2.775	否
LTB	c, 0, 0	−1.942	−3.520	−2.901	−2.588	−2.926	−2.864	否
LX(−1)	c, t, 1	−4.293	−4.089	−3.473	−3.163	−2.900	−2.975	是
LM(−1)	c, t, 1	−4.826	−4.089	−3.473	−3.163	−2.593	−2.468	是
LR(−1)	c, t, 3	−5.288	−4.093	−3.474	−3.164	−3.217	−3.025	是
LYC(−1)	c, 0, 1	−2.808	−3.523	−2.902	−2.588	−2.992	−2.898	是
LYF(−1)	c, t, 3	−4.362	−4.093	−3.474	−3.164	−2.910	−2.719	是
LTB(−1)	c, 0, 0	−7.303	−3.522	−2.901	−2.588	−2.875	−2.813	是

说明：(1)检验类型(c, t, n)中，c 和 t 分别表示带有常数项和趋势项，n 表示滞后阶数；(2)滞后期的选择标准以 AIC 值和 SC 值最小为原则。

从单位根检验结果可以看出，各变量原始序列 ADF 统计值均大于 10%显著性水平下的临界值，因此，不能拒绝原假设。原始序列存在单位根，是非平稳序列。经过一阶差分之后，ΔLYC 的 ADF 统计值小于 10%显著性水平下的临界值，其他各变量的 ADF 统计值均小于 1%显著性水平下的临界值，所以各变量都可以接受原假设。这说明各变量的经过一阶差分序列是平稳序列，各变量的原序列服从 I(1)单整过程。

2. 协整检验

根据 ADF 检验的结果，我们发现，与贸易收支方程有关的各个变量都是不平稳的，所以需要通过协整检验来考察与贸易收支有关的各时间序列变量之间是否存在长期均衡关系。检验协整关系的方法有 E-G 两步法和 Johasen 检验法。当变量个数多于两个时，应该采用 Johansen 检验法。

(1) 最优滞后阶数选择。

由于 Johansen 检验法对滞后阶数非常敏感，所以我们首先要谨慎地确定合理的滞后阶数。如果滞后阶数太小，会使得误差项出现自相关，从而导致参数估计出现偏差。如果滞后阶数太大，则会导致自由度减小，影响参数估计的有效性。通常的做法是，根据建立无约束 VAR 模型得到 AIC 值和 SC 值，根据 AIC 和 SC 的最小值对应的滞后期限确定滞后阶数。检验结果如图 6.1 所示。

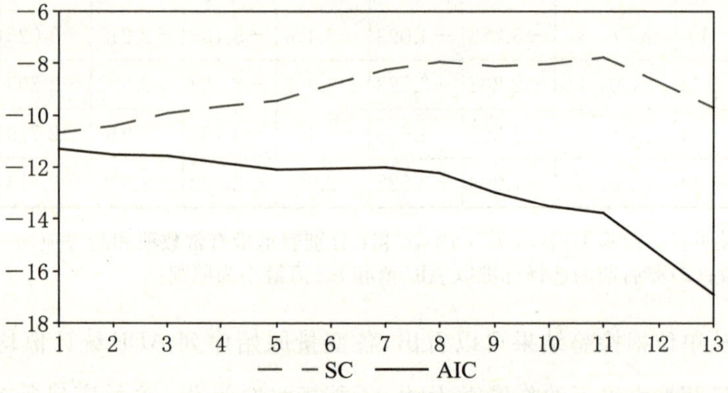

图 6.1　东亚转移情况下中国贸易收支方程相关变量滞后阶数选择

观察图 6.1 的检验结果可以发现，当滞后阶数为 1 时，SC 值最小，当滞后阶数为 13 时，AIC 值最小，且此时 SC 值也接近于 AIC 值。所以，最后确定 VAR 模型的最优滞后阶数为 13。

（2）协整关系检验。

确定了滞后阶数之后，接着就可以根据 Johansen 多变量极大似然估计法来检验传统情况下中国的贸易收支方程是否具有协整性。检验时根据模型变量的数据特征，假定包含截距项、不含趋势项，检验结果如表 6.2 所示。

表 6.2　东亚产业转移情况下中国总体贸易收支相关变量协整检验结果

原假设	特征值	迹统计量	临界值（5%）	特征值	最大特征值	临界值（5%）	特征值
None*	0.912 197	290.392 8	47.856 13	None*	0.912 197	150.825 1	27.584 34
At most 1*	0.828 402	139.567 7	29.797 07	At most 1*	0.828 402	109.281 2	21.131 62
At most 2*	0.335 500	30.286 47	15.494 71	At most 2*	0.335 500	25.340 65	14.264 60
At most 3*	0.076 673	4.945 824	3.841 466	At most 3*	0.076 673	4.945 824	3.841 466

根据检验结果，从零假设 $r=0$ 开始一直到 $r=3$，迹统计量和最大特征值统计量都大于5%显著性水平的临界值，故表明应该拒绝原假设。但这样就意味着至少存在四种协整关系。ADF 检验的结果显示贸易收支方程中的每个变量都是 I(1)过程，也就是说贸易收支方程中的四个变量由于都是不平稳的，导致它们顶多只能有三种线性组合。所以，综合这两方面的情况来看，传统情况下，中国的贸易收支和实际汇率、国内收入、国外收入之间不存在协整关系，这四组变量在长期内达不到稳定的均衡。

（二）传统视角下中国总体贸易收支弹性的再估计

我们接着撇除东亚产业转移因素，进一步看人民币汇率与中国贸易收支之间的关系。

1. 序列平稳性检验

与传统情况下相同，首先须对各序列变量进行平稳性检验。由于实际汇率、国内收入和国外收入变量已经过平稳性检验，故这里只需检验 LRTB。

表 6.3　传统情况下贸易收支变量平稳性检验结果

变　量	检验类型 (c, t, n)	ADF 统计值	临界值 (1%)	临界值 (5%)	临界值 (10%)	AIC 值	SC 值	是否平稳
LRTB	c, 0, 1	−2.328	−3.522	−2.901	−2.588	−2.928	−2.835	否
ΔLRTB	c, 0, 0	−7.278	−3.522	−2.901	−2.588	−2.882	−2.820	是

从表 6.3 可以看出,变量 LRTB 不平稳,但其一阶差分是平稳序列。

2. 协整检验

(1) 最优滞后阶数选取。

根据无约束 VAR 模型得到的 AIC 值和 SC 值如图 6.2 所示。从中可以发现其趋势与根据传统情况下贸易收支各相关变量建立的 VAR 模型中获取 AIC 值和 SC 值非常接近。根据 AIC 最小准则,我们确定最优滞后阶数为 13。

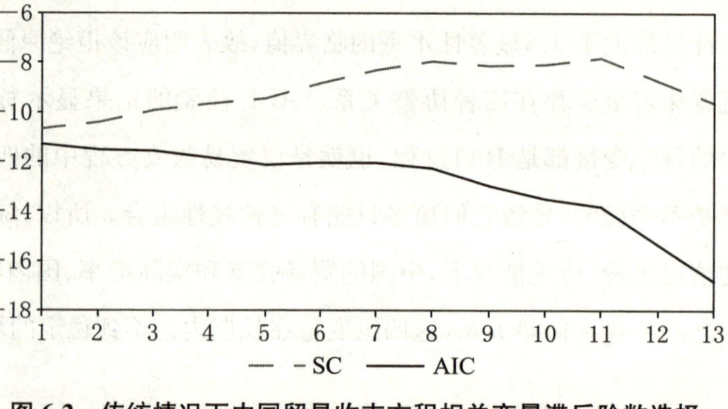

图 6.2　传统情况下中国贸易收支方程相关变量滞后阶数选择

(2) 协整关系检验。

根据变量 LTRB、LR、LYC 和 LYF 呈现的数据特征,我们还是假定包含截距项、不含趋势项,按照滞后阶数 13 来对考虑东亚产业转移因素下的贸易收支及其相关的变量进行 Johansen 检验,结果如表 6.4 所示。

表 6.4　传统情况下中国总体贸易收支相关变量协整检验结果

原假设	特征值	迹统计量	临界值(5%)	特征值	最大特征值	临界值(5%)	特征值
None*	0.904 714	313.312 5	54.079 04	None*	0.904 714	145.753 9	28.588 08
At most 1*	0.858 539	167.558 6	35.192 75	At most 1*	0.858 539	121.255 3	22.299 62
At most 2*	0.341 655	46.303 32	20.261 84	At most 2*	0.341 655	25.917 62	15.892 10
At most 3*	0.280 214	20.385 71	9.164 546	At most 3*	0.280 214	20.385 71	9.164 546

从表 6.4 可以发现，与表 6.2 反映的 Johansen 检验结果非常相似，Johansen 检验显示协整秩为 4，意思是说至少存在四种协整关系，而这与包含东亚产业转移因素在内的贸易收支 LRTB 等变量都是一阶单整序列相矛盾。所以，即使考虑东亚产业转移因素，人民币实际汇率与中国贸易收支总额还是不存在协整关系。

二、中国进口总额和出口总额的弹性估计

在分别考虑东亚产业转移因素和未考虑东亚产业转移因素两种不同的情况下，就贸易收支、人民币实际汇率、中国实际收入水平和外国实际收入水平这些理论上具有强因果关系的变量都未能检验出它们之间的协整关系，本书认为存在的原因可能有两个，一是存在内设性误差，这很大程度上跟本书采集的样本期间有关，在既有样本的前提下，这个问题是比较难解决的，除非调整样本；二是中国贸易收支的调整依赖于更多其他因素，单靠人民币实际汇率和收入水平还不能完全解释中国贸易收支长期内的变化趋势。为此，有必要分别从出口方程和进口方程进行进一步细化分析寻找原因。

（一）东亚产业转移视角下中国进口弹性和出口弹性估计

由于表 6.1 已经对各变量进行了 ADF 平稳性检验，且进口方程和出

口方程中的各变量都是一阶单整的，所以可以直接对进口方程和出口方程进行 Johansen 检验。

(1) 滞后阶数确定。

对进口方程和出口方程中相关变量构成的无约束 VAR 模型的 AIC 值和 SC 值的计算结果如图 6.3 所示。

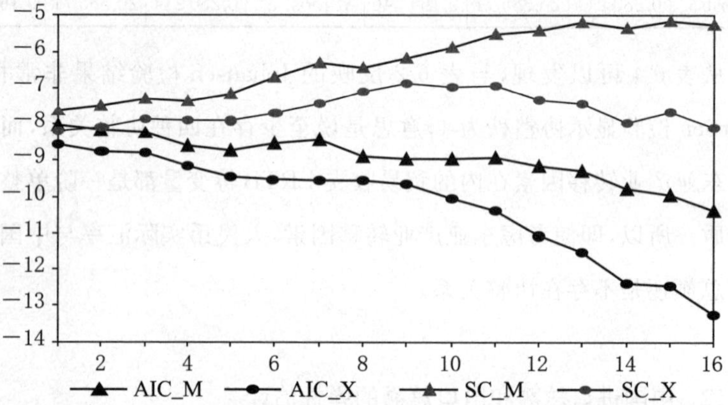

图 6.3　东亚产业转移情况下中国进口总额和出口总额方程相关变量滞后阶数选择

从图 6.3 可以看出，出口方程中相关变量构成的 VAR 模型的 AIC 值在滞后 16 阶时达到最小，且 SC 值也接近于最小，故出口方程 Johansen 检验的滞后值取 16。进口方程中相关变量构成的 VAR 模型的 AIC 值也在滞后 16 阶时达到最小，其 SC 值却随着滞后阶数的增加呈现上升趋势。但通常情况下，当 AIC 值 SC 值不同时，常见的做法是根据 AIC 值最小作为确定滞后阶数的标准。所以，进口方程 Johansen 检验的滞后值取 16。

(2) 协整关系检验。

根据进口方程中相关变量呈现的数据特征，Johansen 检验时假定包含截距项、不含趋势项；根据出口方程中相关变量呈现的数据特征，Johansen 检验时假定包含截距项和趋势项，检验结果如表 6.5 所示。

表 6.5　东亚产业转移情况下中国进口需求和出口需求相关变量协整检验结果

	原假设	备择假设	特征值	迹统计量	临界值(5%)	特征值	最大特征值	临界值(5%)
进口需求	$r=0$	$r\geqslant 1$	0.773	117.627	24.276	0.773	87.356	17.797
	$r\leqslant 1$	$r\geqslant 2$	0.367	30.270	12.321	0.367	26.961	11.225
	$r\leqslant 2$	$r\geqslant 3$	0.055	3.309	4.130	0.055	3.309	4.130
出口需求	原假设	备择假设	特征值	迹统计量	临界值(5%)	特征值	最大特征值	临界值(5%)
	$r=0$	$r\geqslant 1$	0.710	122.722	29.797	0.710	73.001	21.132
	$r\leqslant 1$	$r\geqslant 2$	0.567	49.72	15.494	0.567	49.326	14.265
	$r\leqslant 2$	$r\geqslant 3$	0.007	0.394	3.841	0.007	0.395	3.841

从表 6.5 中进口需求方程中各变量的迹统计量和最大特征值来看，原假设 $r=0$ 和 $r\leqslant 1$ 的迹统计量和最大特征值都大于 5%临界值，表明应该拒绝原假设、接受备择假设。同时，进口方程原假设 $r\leqslant 2$ 时的迹统计量和最大特征值都小于 5%临界值，表明应该接受原假设、拒绝备择假设。所以，进口需求方程中各变量之间至少存在两个协整关系。在此基础上，我们得到进口需求标准化的协整方程①：

$$\ln M=-7.691\,1\ln R+4.787\,1\ln YC \tag{6.15}$$

从表 6.5 出口需求方程中各变量的迹统计量和最大特征值来看，各变量之间也至少存在两种协整关系。同样，我们得到出口需求的标准化方程：

$$\ln X=-0.167\,7\ln R+2.625\,3\ln YF \tag{6.16}$$

由于估计方程采用了对数形式，(6.15)式中自变量系数可以直接解

① 在 n 个变量之间存在多种协整关系时，我们结合经济模型的假定，认为具有经济意义的协整方程只有包含 n 个变量的那个协整方程是有效的。下同。

读为人民币实际汇率和中国实际收入对中国进口总额的长期弹性。(6.16)式中自变量系数可以直接解读为人民币实际汇率和外国实际收入对中国出口总额的弹性。从中可以发现,中国实际收入每增加1个百分点,就会促使中国进口增加4.787 1个百分点,外国实际收入增加1个百分点,就会拉动中国出口增加2.625 3个百分点,收入效应比较明显。人民币汇率实际升值1个百分点①,将促进中国的进口增长7.69个百分点,同时也会促使中国的出口增长0.167 7个百分点,这意味着人民币升值将导致进出口的同向增长。自2005年7月人民币开始稳步升值以来,从中国进出口总额的月度数据来看,的确反映出进出口同步增长的趋势。(6.15)式和(6.16)式两个协整方程具有较大的合理性。

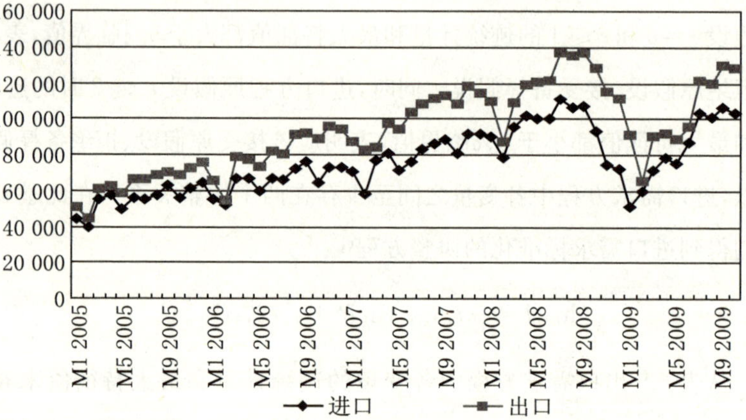

图6.4　2005年以来中国进出口月度数据

资料来源:IMF, Direction of Trade Statistics。

(二)传统视角下中国进口弹性和出口弹性估计

在对中国进出口弹性进行估计的基础上,我们结合东亚产业转移给

① 前面已经提到,由于本书汇率采用直接标价法,所以,升值意味着汇率下降。

中国进出口结构造成的影响，把中国出口中的外来投入成分和进口中用于出口生产部分的价值分别分离出来，以还原到马歇尔—勒纳条件把贸易对象定义为“最终产品”的假定，从而揭示东亚产业转移对人民币汇率在调整进出口过程中的有效性所产生影响。

表 6.1 已经对人民币实际汇率、中国收入水平和外国收入水平三个变量进行了 ADF 平稳性检验，但要在东亚产业转移视角下考察中国进口和出口的弹性，还需要进一步对中国出口的本国含量(ln *RX*)和中国进口的本国吸收(ln *RX*)两组变量进行平稳性检验。

表 6.6　传统情况下中国进口和出口变量平稳性检验结果

变　量	检验类型 (c, t, n)	ADF 统计值	临界值 (1%)	临界值 (5%)	临界值 (10%)	AIC 值	SC 值	是否平稳
LRX	c, t, 1	−1.394	−4.087	−3.472	−3.163	−3.066	−2.942	否
LRM	c, t, 1	−1.468	−4.087	−3.472	−3.163	−2.662	−2.537	否
LRX(−1)	c, t, 1	−4.250	−4.089	−3.473	−3.163	−3.058	−2.932	是
LRM(−1)	c, t, 1	−4.803	−4.089	−3.473	−3.163	−2.617	−2.492	是

从表 6.6 可以看出，中国出口的本国含量(ln *RX*)和中国进口的本国吸收(ln RM)的 ADF 统计值都小于 10%显著性水平下的临界值，是不平稳序列，但它们的一阶差分序列 ADF 统计值都大于 1%显著性水平下的临界值，是平稳序列，也就是说 ln RX 和 ln RM 都是一阶单整的。

(1) 滞后阶数确定。

在进行协整关系检验之前，先计算进口方程和出口方程中相关变量构成的无约束 VAR 模型的 AIC 值和 SC 值，其计算结果如图 6.5 所示。

图 6.5 显示，去除东亚产业转移因素给中国进出口带来的影响之后，出口方程中相关变量构成的 VAR 模型的 AIC 值在滞后 16 阶时达到最小，且 SC 值也接近于最小，故出口方程 Johansen 检验的滞后值取 16。进口方程中相关变量构成的 VAR 模型的 AIC 值也在滞后 16 阶时达到

最小，但 SC 值却随着滞后阶数的增加呈现上升趋势，AIC 值和 SC 值的变化趋势发生了不一致。这里还是按实证研究中常见的做法，根据 AIC 值最小作为确定滞后阶数的标准。所以，进口方程 Johansen 检验的滞后值也取 16。

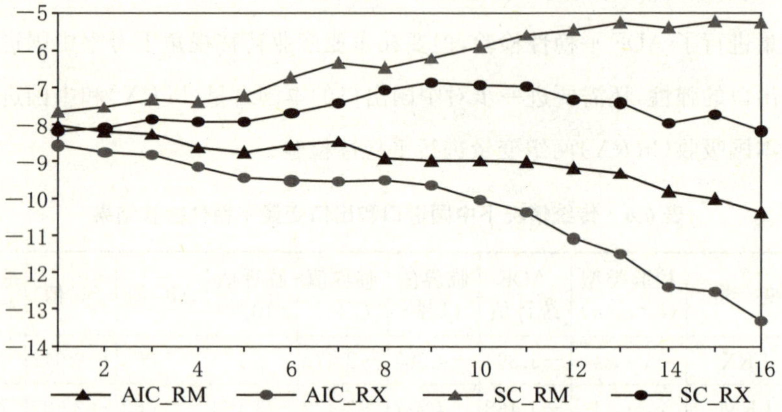

图 6.5　传统情况下中国进口总额和出口总额方程相关变量滞后阶数选择

(2) 协整关系检验。

按照滞后阶数为 16，对进口需求方程相关变量和出口需求方程相关变量进行 Johansen 协整检验。根据进口方程中相关变量呈现的变化趋势，Johansen 检验时假定包含截距项、不含趋势项。同样，根据出口方程中相关变量呈现的变化趋势，Johansen 检验时假定包含截距项和趋势项。检验结果如表 6.6 所示。

表 6.7　传统情况下中国进口需求和出口需求相关变量协整检验结果

	原假设	备择假设	特征值	迹统计量	临界值(5%)	特征值	最大特征值	临界值(5%)
进口需求	$r=0$	$r\geqslant 1$	0.672	99.216	29.797	0.672	65.713	21.132
	$r\leqslant 1$	$r\geqslant 2$	0.403	33.503	15.495	0.403	30.411	14.265
	$r\leqslant 2$	$r\geqslant 3$	0.051	3.092	3.841	0.051	3.092	3.841

（续表）

	原假设	备择假设	特征值	迹统计量	临界值(5%)	特征值	最大特征值	临界值(5%)
出口需求	$r=0$	$r\geqslant 1$	0.247	34.341	24.276	0.247	19.020	17.797
	$r\leqslant 1$	$r\geqslant 2$	0.161	15.320	12.321	0.161	11.746	11.225
	$r\leqslant 2$	$r\geqslant 3$	0.052	3.574	4.130	0.052	3.574	4.130

从表6.7的检验结果来看，一方面，进口需求方程相关变量的迹统计量和最大特征值在原假设 $r=0$ 和 $r\leqslant 1$ 的情况下，都明显大于5%临界值，故拒绝这两个原假设，这意味着进口需求方程相关变量至少有两种协整关系，另一方面，在原假设为 $r\leqslant 2$ 的情况下，进口需求方程相关变量的迹统计量和最大特征值都小于5%临界值，故接受最多存在两种协整关系的原假设。综合两方面的情况看，进口需求相关变量之间存在两种协整关系。含有三个变量的标准化进口需求协整方程为：

$$\ln RM=-10.060\,1\ln R+5.315\,8\ln YC \tag{6.17}$$

采用同样的判断方法，根据表6.6的协整检验结果，可以发现出口需求方程相关变量之间也存在两种协整关系。其中标准化的出口需求协整方程为：

$$\ln RX=-0.206\,7\ln R+2.442\,9\ln YF \tag{6.18}$$

(6.17)式显示，当人民币实际汇率升值1%时，将促使中国进口中被本国吸收的价值增加10.060 1%，从汇率的作用力度来说，人民币汇率对进口促进作用高于(6.15)式所反映的7.691 1%。当中国实际国民收入增加1%时，将推动中国进口增加5.315 8%，收入效应也比(6.15)式反映的收入效应高。(6.18)式显示，当人民币实际汇率升值1%时，将拉动中国出口中的本国价值增加0.206 7%，拉动强度高于(6.16)式的0.167 7%。当外国实际国民收入增加1%时，将带动中国出口中的本国价值增加

2.442 9%，外国收入效应弱于(6.16)式所反映的4.787 1%。

通过比较(6.15)式和(6.17)式、(6.16)式和(6.18)式，可以清楚地发现，撇除东亚产业转移给中国进出口带来的结构性影响，人民币汇率调整进出口的力度明显增强，这符合第二章第三节马歇尔—勒纳条件修正模型的基本结论。在东亚产业转移导致中国贸易品垂直专业化程度不断深化的背景下，由于作为东亚产业转移主要载体的中间贸易品基本不受价格因素影响，这部分缺乏弹性的贸易品的贸易量的不断增加，加长了汇率调整进出口的作用通道，进而削弱了人民币调整进出口的作用力度。

第三节　东亚产业转移背景下中国双边贸易收支的弹性估计

中国目前由于巨额外贸顺差和人民币汇率问题所面临的压力，一方面来自本国经济内外均衡发展的调整要求，另一方面来自国际社会，特别是以美国为首的经济大国。因此，在研究中国贸易收支问题时，对于中国双边层面贸易收支的研究非常必要。鉴于美国在中国外贸顺差和人民币汇率升值上的特殊态度，本节集中探讨中美双边贸易收支问题，通过对中美双边贸易弹性的测算，来评价通过人民币升值调整中美双边贸易顺差的有效性。

一、中美双边进出口弹性估计

本节与上一节一样，将对(6.9)式至(6.14)式进行分别实证，只是研究的对象由中国贸易总额转变为中美双边贸易。为了行文简练，这里先对(6.9)式至(6.14)式中涉及的所有变量进行平稳性检验，以决定能否采用协整方法。检验结果列于表6.8。

表 6.8　中美双边贸易收支相关变量的单位根检验结果

变　量	检验类型 (c, t, n)	ADF 统计值	临界值 (1%)	临界值 (5%)	临界值 (10%)	AIC 值	SC 值	是否平稳
LRCU	c, t, 2	−2.060	−4.089	−3.473	−3.163	−3.289	−3.132	否
LYC	c, t, 1	−1.525	−4.087	−3.472	−3.163	−2.641	−2.516	否
LYU	c, t, 3	−1.507	−4.091	−3.473	−3.164	−7.746	−7.556	否
LXCU	c, t, 3	−2.427	−4.091	−3.473	−3.164	−2.929	−2.740	否
LMCU	c, t, 2	−1.828	−4.089	−3.473	−3.163	−2.066	−1.909	否
LTBCU	c, t, 1	−2.568	−4.087	−3.472	−3.163	−1.726	−1.602	否
LRXCU	c, t, 2	−2.780	−4.089	−3.473	−3.163	−2.968	−2.811	否
LRMCU	c, t, 2	−1.788	−4.089	−3.473	−3.163	−2.062	−1.905	否
LRTBCU	c, t, 0	−2.671	−4.085	−3.471	−3.162	−1.772	−1.679	否
LRCU(−1)	c, t, 1	−5.476	−4.089	−3.473	−3.163	−3.256	−3.131	是
LYC(−1)	c, 0, 1	−2.808	−3.523	−2.902	−2.588	−2.992	−2.898	是
LYU(−1)	c, t, 0	−4.211	−4.087	−3.472	−3.163	−7.661	−7.567	是
LXCU(−1)	c, t, 1	−4.409	−4.089	−3.473	−3.163	−2.877	−2.751	是
LMCU(−1)	c, t, 1	−9.132	−4.089	−3.473	−3.163	−2.045	−1.920	是
LTBCU(−1)	c, t, 0	−8.665	−4.087	−3.472	−3.163	−1.663	−1.570	是
LRXCU(−1)	c, t, 1	−4.320	−4.089	−3.473	−3.163	−2.887	−2.762	是
LRMCU(−1)	c, t, 1	−9.109	−4.089	−3.473	−3.163	−2.044	−1.918	是
LRTBCU(−1)	c, t, 0	−8.706	−4.087	−3.472	−3.163	−1.668	−1.575	是

从表 6.8 可以看出，各变量的原始序列都是非平稳序列，而其一阶差分序列都是平稳序列，因而，探讨各变量之间的线性关系，可以利用协整技术。

（一）东亚产业转移情况下中美双边进出口弹性估计

1. 最优协整滞后阶数选择

对(6.9)式和(6.10)式进口需求方程和出口需求方程中的相关变量分别构建无约束 VAR 模型，不同阶数对应的 VAR 模型的 AIC 值和 SC 值如图 6.6 所示。根据图 6.6 提供的信息，按照 AIC 值和 SC 值最小的选择原则，确定进口需求方程和出口需求方程协整关系检验的最优滞后阶数都为 16。

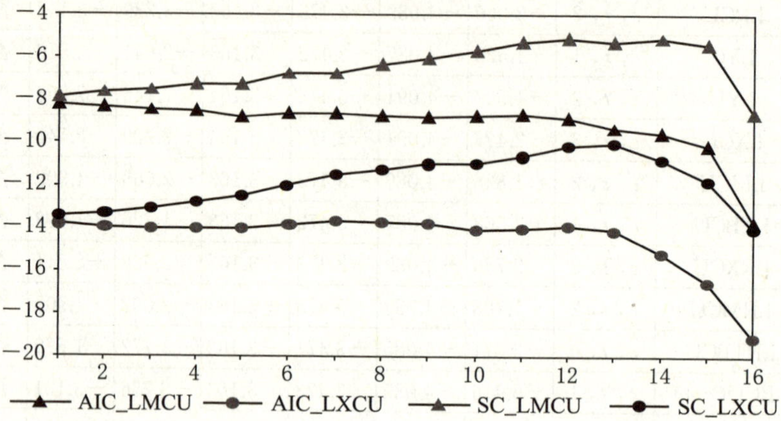

图 6.6　东亚产业转移情况下中美双边进口和出口需求相关变量滞后阶数选择

2. 协整关系检验

在确定最优滞后阶数之后，根据进口需求方程相关变量和出口需求方程相关变量的数据变化特点，假定包含截距项、不含趋势项进行 Johansen 协整关系检验，检验结果列于表 6.9。

表 6.9　东亚产业转移情况下中美双边进口和出口需求相关变量协整检验结果

	原假设	备择假设	特征值	迹统计量	临界值(5%)	特征值	最大特征值	临界值(5%)
进口需求	$r=0$	$r\geqslant 1$	0.806	141.738	29.797	0.806	96.724	21.132
	$r\leqslant 1$	$r\geqslant 2$	0.534	45.014	15.495	0.534	45.009	14.265
	$r\leqslant 2$	$r\geqslant 3$	0.000	0.005	3.841	0.000	0.005	3.841
出口需求	原假设	备择假设	特征值	迹统计量	临界值(5%)	特征值	最大特征值	临界值(5%)
	$r=0$	$r\geqslant 1$	0.849	158.382	29.797	0.849	111.661	21.132
	$r\leqslant 1$	$r\geqslant 2$	0.538	46.720	15.495	0.538	45.564	14.265
	$r\leqslant 2$	$r\geqslant 3$	0.019	1.156	3.841	0.019	1.156	3.841

表 6.8 显示，进口需求相关变量的迹统计量和最大特征值在 $r=0$ 和 $r\leqslant 1$ 的原假设下分别都大于其相应的 5%临界值，且在 $r\leqslant 2$ 的原假设下分别小于其 5%临界值。这表明在 5%的显著性水平上，进口需求相关变量之间存在两个协整向量。根据出口需求相关变量的迹统计值和最大特征值的检验结果，可以判断出口需求相关变量之间也存在两个协整向量。根据标准化协整参数，进口需求和出口需求的估计方程分别为：

$$\ln MCU = 1.037\,4 \ln RCU + 0.502 \ln YC \tag{6.19}$$

$$\ln XCU = 0.560\,8 \ln RCU + 2.446\,9 \ln YU \tag{6.20}$$

从(6.19)式可以看出，在中国从美国的进口过程中，中国实际收入每增加一个百分点，中国从美国进口仅增加 0.502 个百分点，收入效应不显著，主要原因在于中美收入水平存在很大的差异。从(6.20)式可以看出，在中国对美国的出口过程中，美国实际收入每增加一个百分点，中国对美国出口将增加 2.446 9 个百分点，收入效应比较明显，其作用力度与(6.16)式中世界收入对中国出口的收入效应非常接近。

与人民币升值对中国进出口总额都将产生同向增长的效应有所不同，(6.19)式和(6.20)式显示，人民币升值将导致中美进出口同向减少。但是，进口汇率弹性值和出口汇率弹性值都很小，所以，从人民币汇率对中美双边进出口的作用力度并不大。在中长期，人民币实际汇率升值 1%，将导致中国对美国出口减少 0.560 8%，同时使中国对美国的进口下降 1.037 4%。

对于这一结果，从经验判断有很大的合理成分。中国对美国的出口产品技术含量普遍较低，且与日常生活相关的刚性产品占很大的比重，所以中国产品由于人民币升值带来的美元价格上涨因素对美国消费需求产生的影响较小，利用汇率杠杆促使中国对美出口减少的作用空间非常有限。从进口层面而言，尽管人民币升值将导致中国从美进口产品的本币价格下降，但这种价格因素却导致中国从美国进口额下降的主要原因在于价格下降因素很难提高中国从美国的实际进口数量。这主要源于：一方面，中国目前受价格和需求因素最大的进口品主要是石油、铝、铜等大宗交易的能源材料，而中国对这些产品的进口来源市场不是美国；另一方面，中国希望从美国大量进口的高精尖技术产品却受到美国严格的出口控制，潜在进口需求难以转化成实际进口需求。

（二）传统情况下中美双边进出口弹性估计

为更进一步考察人民币汇率变动对中美双边进出口的实际调整力度，我们把中国对美出口中的非中国成分和中国从美进口中实际不为中国使用的价值部分分别从中美进出口中分离出来，重新进行进出口弹性估计，寻找人民币汇率与中国对美出口和从美进口之间的长期均衡关系。

1. 最优滞后阶数选择

在完成原始数据处理工作的基础上，我们分别把进口需求相关变量和出口需求相关变量根据不同滞后阶数建立无约束 VAR 模型，并计算每个 VAR 模型的 AIC 值和 SC 值。结果列于图 6.7。

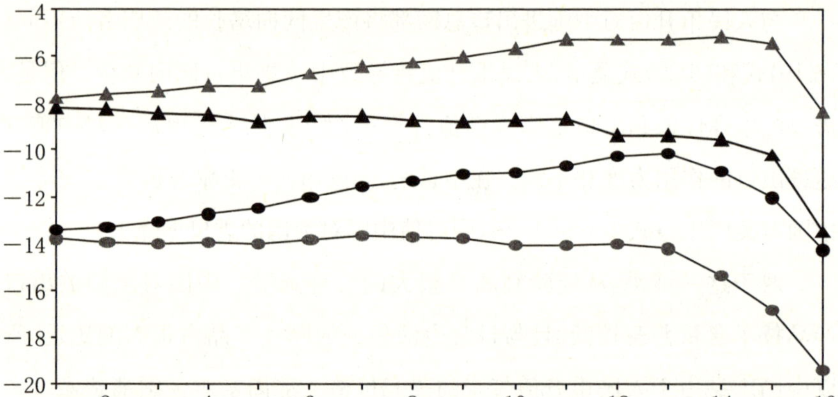

图 6.7　传统情况下中美双边进口和出口需求相关变量滞后阶数选择

图 6.7 显示，去除东亚产业转移因素给中国进出口带来的影响之后，进口方程中相关变量和出口方程中相关变量构成的 VAR 模型的 AIC 值

分别在滞后16阶时达到最小，且SC值也接近于最小，故进口方程和出口方程Johansen检验的滞后值都取16。

2. Johansen协整关系检验

按照滞后阶数为16，对进口需求方程相关变量和出口需求方程相关变量进行Johansen协整检验。检验过程中，根据进口方程和出口方程中相关变量呈现的变化趋势，假定包含截距项、不含趋势项。检验结果如表6.10所示。

表6.10 传统情况下中美双边进口和出口需求相关变量协整检验结果

	原假设	备择假设	特征值	迹统计量	临界值(5%)	特征值	最大特征值	临界值(5%)
进口需求	$r=0$	$r\geqslant 1$	0.849	149.904	29.797	0.849	111.345	21.132
	$r\leqslant 1$	$r\geqslant 2$	0.478	38.560	15.495	0.478	38.307	14.265
	$r\leqslant 2$	$r\geqslant 3$	0.004	0.253	3.841	0.004	0.253	3.841
出口需求	原假设	备择假设	特征值	迹统计量	临界值(5%)	特征值	最大特征值	临界值(5%)
	$r=0$	$r\geqslant 1$	0.854	157.040	29.797	0.854	113.342	21.132
	$r\leqslant 1$	$r\geqslant 2$	0.523	43.698	15.495	0.523	43.698	14.265
	$r\leqslant 2$	$r\geqslant 3$	0.000	0.001	3.841	0.000	0.001	3.841

根据表6.10的Johansen协整检验结果可以看出，在原假设$r=0$和$r\leqslant 1$两种情况下，进口需求方程相关变量和出口需求相关变量的迹统计量和最大特征值在5%的显著性水平上都大于临界值。在原假设$r\leqslant 2$时，进口需求方程相关变量和出口需求方程相关变量的迹统计量和最大特征值在5%显著性水平上都小于临界值。综合两方面因素可以判断，出口需求相关变量和进口需求相关变量都存在两个协整向量。其中，标准化进口需求和出口需求的协整方程分别为：

$$\ln RMCU=1.153\,7\ln RCU+0.579\,7\ln YC \tag{6.21}$$

$$\ln RXCU=0.894\,9\ln RCU+1.669\,7\ln YU \tag{6.22}$$

(6.21)式显示，当人民币实际汇率升值1%时，将促使中国从美国进口中被中国实际吸收的价值减少1.153 7%，当中国实际国民收入增加1%时，对中国从美进口的增长促进作用只有0.579 7%。收入效应甚小。(6.22)式显示，当人民币实际汇率升值1%时，将使中国对美国出口中属于中国的价值减少0.894 9%，当美国收入增加1%时，将带动中国对美国出口中属于中国的价值增加1.669 7%。

通过比较(6.19)式和(6.21)式、(6.20)式和(6.22)式，可以发现：第一，与传统情况下相比，在存在东亚产业转移的情况下中国国民实际收入对中国从美国进口的促进作用要小些。而美国实际收入对中国向美国出口的促进作用要大些。这主要是因为随着产业国际转移带来的生产国际化程度不断加深，中国对美国的出口中也含有一部分来自美国的产品价值。第二，存在东亚产业转移情况下人民币实际汇率变动对于进口和出口的调整力度要明显小于传统情况，主要的原因如前所述，国际产业转移过程中中间产品的跨国流转削弱了汇率在贸易总额中的调整力度。

二、中美双边贸易收支的弹性估计

通过对中美双边进出口弹性的估计，我们发现，人民币实际汇率升值，将导致中国对美国的出口和进口发生双向的减少。如果这两者下降幅度是不一致的话，将直接导致中美双边贸易收支状态的变化。实际上，汇率变动对进口和出口的影响普遍是不一致的，因而，需要从贸易收支的角度考察汇率变动对进出口影响的综合效果。

需要特别强调的是，在马歇尔—勒纳条件中，明确指出汇率贬值能够改善贸易收支的条件是进出口需求弹性绝对值之和大于1。(6.9)式至(6.14)式中，各变量前的系数都可以理解为弹性。但是汇率变量前的系数是指出(进)口额汇率弹性，而不是出(进)口需求价格弹性①。这两个

① 出(进)口额和出(进)口需求之间的差异，与销售额和需求之间的差异很类似。这里要强调的本意本质上与微观经济上从弹性的角度讨论薄利是否能多销的案例如出一辙。

不同的弹性概念的混淆在国内有关研究马歇尔—勒纳条件的实证研究中非常普遍,需要引起重视。把这两个概念混淆的结果,会造成用出口方程和进口方程中两个汇率系数的绝对值之和是否大于1来判别马歇尔—勒纳条件是否成立的误区。

(一)东亚产业转移情况下中美双边贸易收支弹性估计

对传统情况下中美双边贸易收支弹性的估计,参照(6.11)式。(6.11)式涉及的四个变量分别为:中国对美国的贸易差额(LTBCU)、人民币实际汇率(LRCU)、中国的实际收入(LYC)和美国的实际收入(LYU)。本节开头已对其进行了平稳性检验(见表6.7),故这里可以直接对这四组变量进行相关的分析。

1. 长期均衡关系分析

根据前面的经验,进行协整检验揭示长期均衡关系时,首先需要根据AIC准则确定最优协整滞后阶数。因此我们计算了LTBCU、LRCU、LYC和LYU四个变量组成的无约束VAR模型在不同滞后阶数情况下的AIC值和SC值。如图6.8所示。

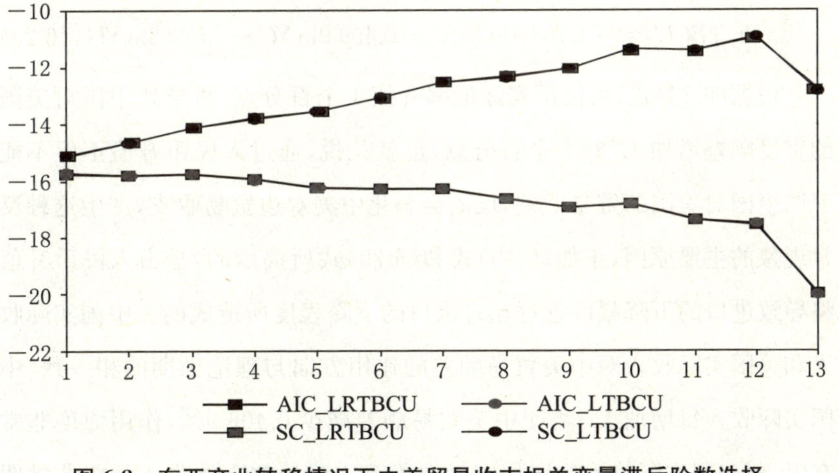

图6.8　东亚产业转移情况下中美贸易收支相关变量滞后阶数选择

我们取图 6.8 中 AIC 值和 SC 值最小时对应的滞后阶数作为协整关系检验时的最优阶数，即滞后阶数为 13。根据中美贸易收支相关变量的数据走势，我们在假定包含截距项、不含趋势项的基础上进行 Johansen 协整检验，检验结果列于表 6.11。

表 6.11　东亚产业转移情况下中美双边贸易收支的协整检验结果

原假设	备择假设	特征值	迹统计量	临界值（5%）	特征值	最大特征值	临界值（5%）
$r=0$	$r\geqslant 1$	0.991	493.821	47.856	0.991	290.374	27.584
$r\leqslant 1$	$r\geqslant 2$	0.896	203.447	29.797	0.896	140.328	21.132
$r\leqslant 2$	$r\geqslant 3$	0.634	63.119	15.495	0.634	62.244	14.265
$r\leqslant 3$	$r\geqslant 4$	0.014	0.875	3.841	0.014	0.875	3.841

从表 6.11 中可以看出，在原假设 $r=0$、$r\leqslant 1$ 和 $r\leqslant 2$ 的情况下，迹统计量和最大特征值都大于 5%显著性水平下的临界值，故拒绝原假设 $r\geqslant 3$，接受备择假设，另一方面，在 $r\leqslant 3$ 的原假设情况下，迹统计量和最大特征值都小于 5%显著性水平下的临界值，故接受原假设 $r\leqslant 3$。综合两方面的情况，可以判断中美双边贸易收支方程存在三种协整关系。标准化的中美双边贸易收支协整方程为：

$$\ln TBCU = -1.734\,4\ln RCU - 0.409\,9\ln YC + 5.520\,8\ln YU \quad (6.23)$$

根据(6.23)式，人民币实际汇率升值 1 个百分点，将导致中国对美国的贸易顺差增加 1.734 4 个百分点，也就是说，通过人民币升值不但不能下调中国对美国的贸易顺差，反而会恶化中美双边贸易收支，产生这种反常现象的主要原因，正如(6.19)式和(6.20)式所揭示的，是由人民币升值将导致进口的下降幅度远远超过出口的下降程度所造成的。中国实际收入和美国实际收入对中美贸易顺差的作用方向与理论预期的相一致，中国实际收入每增加 1%将使中美贸易顺差减少 0.409 9%，作用力度非常有限，而美国实际收入的增加则对中美双边贸易收支的收入效应非常明显。美国实际收入每增加1%，将使中美贸易顺差增加5.52%。

2. 短期动态关系分析

协整关系反映的是各个变量之间的长期均衡关系。若要考察中美贸易收支短期波动偏离长期均衡的程度，可以通过建立包含长期均衡信息和短期波动关系的向量误差修正模型(VECM)来实现。向量误差修正模型的结构如下：

$$\Delta Y_t = \Gamma_1 \Delta Y_{t-1} + \Gamma_2 \Delta Y_{t-2} + \cdots + \Gamma_p \Delta Y_{t-p} + \Pi Y_{t-p} + E_t \quad (6.24)$$

其中，Y 表示 n 维列向量，Γ_1，…，Γ_p 和 Π 为待估参数，E 表示VECM模型的误差项，t 为时间下标，p 为滞后阶数。

我们用贸易收支方程相关的四个变量中国对美国的贸易差额(LTBCU)、人民币实际汇率(LRCU)、中国的实际收入(LYC)和美国的实际收入(LYU)按(6.24)建立误差修正模型。由于这四个变量组成的无约束VAR模型AIC值和SC值最小时对应的滞后阶数为13，故相应VECM的滞后阶数为12①。Eviews 6.0实现了中美贸易收支方程四个相关变量之间所构建的VECM模型，结果列于表6.12。

表6.12　东亚产业转移情况下中美双边贸易收支VECM模型的估计结果

变　量	D(LTBCU)	D(LRCU)	D(LYC)	D(LYU)
残差项修正系数	−0.937 161	0.104 546	0.138 674	0.013 523
标准差	(0.247 86)	(0.159 58)	(0.150 66)	(0.023 52)
T统计量	[−3.780 96]	[0.655 12]	[0.920 46]	[0.575 06]
对数似然值	793.251 1			
AIC值	−18.706 38			
SC值	−11.766 71			

由于VECM的滞后阶数为12，所以，误差修正方程非常繁杂，这里仅

① VECM模型实际上是以协整方程为约束条件的有约束VAR模型，所以其最优滞后阶数比无约束VAR模型小1。相关的证明见钟志威、雷钦礼：《Johansen和Juselius协整检验应注意的几个问题》，《统计与信息论坛》2008年第10期，第81页。

列出最能说明短期动态关系的残差项修正系数。从表 6.12 可以看出,中美双边贸易收支 VECM 模型整体的对数似然值足够大,AIC 值和 SC 值都非常小,因而说明整个模型的解释力非常好。从中美贸易收支(LTBCU)的残差项修正系数来看,其值为−0.937,接近于−1。这意味着中美双边贸易收支短期失衡的调整力度非常强,一年就可以调节失衡的 93.7%。结合(6.23)式来看,人民币升值中长期内将导致中美贸易顺差进一步扩大,短期内中美贸易失衡又会快速自动调节到长期均衡状态。这很大程度上解释了自 2005 年 7 月人民币升值以来中美贸易顺差依旧持续扩大的原因。

为了保证中美贸易收支 VECM 模型的可信度,有必要对该模型的残差序列的自相关性、正态性和异方差性进行检验。检验结果表明,残差序列不存在自相关性、符合正态性、也不存在异方差性,表明中美贸易收支的 VECM 模型稳定性良好。

3. 脉冲响应与方差分解

在保证中美贸易收支相关变量所建立的 VECM 模型有效的基础上,我们进一步利用脉冲响应函数和方差分解技术分析各变量之间的相互动态特征。脉冲响应函数描述的是在 VECM 模型的扰动项上再增加一个标准差大小的冲击后,对 VECM 内生变量当期值和未来值所产生的影响。方差分解则是通过分析每一个结构冲击对内生变量变化的贡献度,从而用以评价不同结构冲击的相对重要性。

图 6.9 显示了人民币汇率与中美贸易收支之间的相互冲击响应关系。当给人民币汇率一个单位正冲击之后,中美贸易收支在前四个季度保持上升,在之后的四个季度开始下降并回到初始水平,进而开始在一个较长的时期内保持小幅增加。这说明人民币汇率调整过程中只呈现了部分 J 曲线效应,通过人民币汇率调整并不能改善中美贸易收支。从人民币汇率对中美贸易收支的反应来看,当给贸易收支一个单位正向冲击之后,将导致人民币升值,这种正向冲击将在持续 7 个季度之后才逐步减缓。

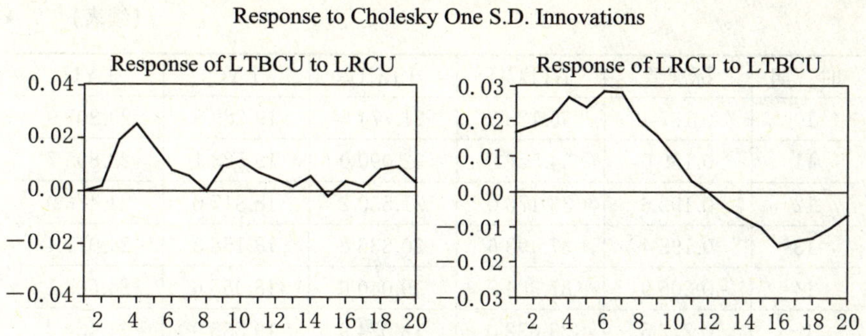

图 6.9　人民币汇率与中美贸易收支之间的相互冲击响应

表 6.13 列示了中美贸易收支的方差分解结果,从中可以看出,人民币汇率变动在前两个季度内对中美贸易收支的调整基本没有任何作用。从第三季度起,人民币汇率变动对中美贸易收支的作用开始显现,其在贸易收支变动中的汇率高于中国实际收入和美国实际收入对中美贸易收支的影响。但从第 9 季度起,汇率因素在中美贸易收支中所起的作用开始减弱。从 15 期开始,人民币汇率因素对中美贸易收支的贡献度比中国实际收入和美国实际收入的贡献度都来得低,这再次说明长期内要调整中美贸易顺差,单依靠人民币升值是行不通的。这一结果与(6.23)式中中美双边贸易收支协整方程反映的结果是一致的。

表 6.13　中美贸易收支方程预测误差的方差分解

时　期	标准差	LTBCU	LRCU	LYC	LYU
1	0.066 4	100.000 0	0.000 0	0.000 0	0.000 0
2	0.095 5	93.960 2	0.200 4	4.819 2	1.020 2
3	0.122 9	60.535 0	11.975 0	12.438 4	15.051 5
4	0.145 5	47.772 0	22.895 1	10.114 8	19.218 0
5	0.155 3	42.745 7	25.527 9	12.122 2	19.604 2
6	0.160 4	40.087 6	25.069 0	15.394 7	19.448 7
7	0.162 1	40.075 2	25.099 0	15.528 8	19.296 9
8	0.164 8	40.281 5	24.300 9	15.190 7	20.227 0
9	0.177 2	39.221 4	22.366 1	14.000 4	24.412 2

（续表）

时　期	标准差	LTBCU	LRCU	LYC	LYU
10	0.187 4	35.128 2	21.774 5	19.289 5	23.807 9
11	0.189 0	34.576 2	22.090 0	19.528 1	23.805 7
12	0.192 6	35.176 0	21.530 2	18.817 0	24.476 9
13	0.198 4	37.493 6	20.336 8	18.158 3	24.011 4
14	0.206 9	37.384 7	19.040 6	18.965 6	24.609 1
15	0.212 6	38.632 0	18.074 9	19.838 9	23.454 2
16	0.220 1	37.314 5	16.990 6	23.432 7	22.262 2
17	0.227 1	35.350 5	15.991 7	27.649 6	21.008 2
18	0.230 0	34.746 3	16.209 0	27.774 2	21.270 5
19	0.233 6	33.692 6	16.508 3	28.671 7	21.127 5
20	0.237 0	33.071 1	16.131 3	30.134 8	20.662 8

（二）传统情况下中美双边贸易收支弹性估计

在讨论完人民币汇率对中美贸易收支的关系之后，接着进一步考察传统情况下人民币汇率与中美双边贸易收支之间的关系。

根据AIC准则，从图6.8可以看出，撇出东亚产业转移因素后的中国对美国的贸易差额（LRTBCU）、人民币实际汇率（LRCU）、中国的实际收入（LYC）和美国的实际收入（LYU）四个变量构成的贸易收支方程，其协整关系检验的最优滞后阶数应取13。Johansen检验的结果列于表6.14。

表6.14　传统情况下中美双边贸易收支的协整检验

原假设	备择假设	特征值	迹统计量	临界值(5%)	特征值	最大特征值	临界值(5%)
$r=0$	$r\geqslant 1$	0.961	420.955	47.856	0.961	200.710	27.584
$r\leqslant 1$	$r\geqslant 2$	0.930	220.246	29.797	0.930	164.707	21.132
$r\leqslant 2$	$r\geqslant 3$	0.586	55.539	15.495	0.586	54.712	14.265
$r\leqslant 3$	$r\geqslant 4$	0.013	0.827	3.841	0.013	0.827	3.841

根据表6.14中迹统计量和最大特征值与5%显著性水平下的临界值

进行比较，可以判断东亚产业转移情况下中美双边贸易收支方程存在三种协整关系。其标准化的贸易收支方程为：

$$\ln RTBCU = -1.668\,2\ln RCU - 0.372\,8\ln YC + 5.345\,9\ln YU \tag{6.25}$$

比较(6.23)式和(6.25)式，发现两者每个变量前的系数符号是一致的，但(6.25)式中各变量系数的绝对值都要比(6.24)式中各变量系数的绝对值小。

从收入效应来看，如果以通过贸易数据处理而撇除东亚产业转移因素的(6.25)式作为原始参照，那么就容易理解随着中国大量接受国际转移，经济的对外依赖程度不断提高。这反映在净出口中就表现为外国收入对贸易收支的影响力度比不存在产业转移情况下的影响力度要来得大(即 $5.520\,8 > 5.345\,9$)。作为一个问题的另一个方面，随着外国收入对本国净出口的作用不断提高，本国收入的影响力相对弱化(即 $-0.409\,9 < -0.372\,8$)。

从汇率效应来看，前面已经提到，伴随东亚产业转移而存在的大量原材料和中间产品增加了汇率对进出口的作用效力，所以，在东亚产业转移的情况下，人民币对贸易收支的调整力度一定程度上被削弱(即 $-1.734\,4 < -1.668\,2$)。

传统情况下的中美贸易收支均衡是我们通过对贸易数据的处理而设定的一种理想状态，主要目的是为了考察东亚产业转移给人民币汇率调整贸易收支过程中产生的影响。但由于短期波动偏离长期均衡具有很大的随机性和不稳定性，不具有可比性，所以在我们设定的这种理想化状态下，分析其汇率与贸易收支之间的短期关系是没有必要的，故本书不作分析。

巨额的外贸顺差和人民币升值压力是中国现阶段外部经济发展过程中面临的两大主要难题。通过人民币升值来调整中国巨额的外贸顺差，一方面出于国际社会的强烈要求，另一方面也是中国为了实现内外部经济均衡发展的主动选择。但是自2005年7月21日中国实行汇率体制改革、人民币汇率不断升值以来，在近五年的时间里，外贸顺差问题没有根本性改变。从形成中国巨额外贸顺差的原因来看，它是中国经济发展过程中一系列因素综合作用的结果，其中既有中国自身的因素，也有外部因素，比如国际产业转移。

本章结合东亚产业转移的现实背景，首先利用第四章和第五章对中国进口中本国实际吸收价值和出口中外来投入成分的估算结果，将进出口对象还原了到马歇尔—勒纳条件中假定的“最终产品”，以此给汇率与进出口的作用通道设定了一种标准化的状态。本书称之为汇率变动作用于进出口的“传统情况”。在此基础上，考虑存在东亚产业转移的现实情况和传统情况两种情形，分别从中国贸易总体和中美双边贸易两个层面，对进口、出口和贸易收支中的汇率弹性和收入弹性进行了测算，测算结果如表6.15所示。

表6.15　本章协整方程汇总表

对象	项　目	标准化协整方程
中国贸易总体	出口方程	$\ln X = -0.167\,7\ln R + 2.625\,3\ln YF$ $\ln RX = -0.206\,7\ln R + 2.442\,9\ln YF$
	进口方程	$\ln M = -7.691\,1\ln R + 4.787\,1\ln YC$ $\ln RM = -10.060\,1\ln R + 5.315\,8\ln YC$
	贸易收支	
中美双边贸易	出口方程	$\ln XCU = 0.560\,8\ln RCU + 2.446\,9\ln YU$ $\ln RXCU = 0.894\,9\ln RCU + 1.669\,7\ln YU$
	进口方程	$\ln MCU = 1.037\,4\ln RCU + 0.502\ln YC$ $\ln RMCU = 1.153\,7\ln RCU + 0.579\,7\ln YC$
	贸易收支	$\ln TBCU = -1.734\,4\ln RCU - 0.409\,9\ln YC + 5.520\,8\ln YU$ $\ln RTBCU = -1.668\,2\ln RCU - 0.372\,8\ln YC + 5.345\,9\ln YU$

从表6.15可以得到以下结论：

第一，就人民币汇率与中国总体贸易的关系而言，人民币升值之后会带来进出口双向增长的格局。一方面，由于中国进口的汇率弹性很大，通过人民币升值在需求因素的推动下可以增加进口从而改善贸易收支状况；另一方面，中国出口的汇率弹性过小，人民币升值之后会由于中国产品外币价格的提高程度高于价格因素带来的需求下降程度，最终产生人民币升值带来出口增加的反常情况。遗憾的是，由于数据不支持，人民币汇率变动与中国总体贸易收支之间的关系无确切反映。

第二，就人民币汇率与中美双边贸易的关系而言，人民币升值之后会出现中美双边进出口小幅双向减少的情况。其主要的原因在于，一方面，由于中国对美国出口的汇率弹性很低，通过人民币升值达到中国对美出口大幅减少的力度非常有限；另一方面，由于美国实行对华出口控制，人民币升值带来的美国产品人民币价格的下降因素无法将中国对美国产品的潜在进口需求转化为实际进口需求，最终产生人民币升值带来中国从美进口小幅下降的反常情况。综合两方面的结果，人民币升值不但不会减少中美贸易顺差，反而会使中美贸易顺差继续增加。

第三，就收入效应而言，无论是中国总体贸易还是中美双边贸易，中国实际收入的增长将促使中国进口的增加，进而会促使中国贸易顺差有所减少。外国实际收入的增长将拉动中国出口增长，从而使中国贸易收支朝着顺差增加的方向变动。收入效应的估算结果与经典理论假设完全一致。

第四，把设定的传统情况作为参照，可以发现在东亚产业转移的背景下，人民币汇率调整中国进出口和贸易收支的力度都有所弱化。这一结论在评价人民币汇率升值能否有效调整中美贸易顺差的问题上有着非常重要的政策含义。它说明通过人民币升值没有达到有效降低中美双边贸易顺差的原因之一，在于东亚国家对中国产业的转移。

第七章

国际金融危机后结构性转型驱动下中国贸易收支结构再剖析

中国出口引致型进口的贸易方式，给外贸顺差在真实贸易利益度量和相应的汇率调整方面带来了独特的政策内涵。美国次贷危机发生后，中国的外贸顺差从2007年占GDP的9.0%急剧下降到2010年占GDP的4.3%，且2011—2013年经常账户余额占GDP的比重已连续三年都在4%以下，低于5%的国际警戒线。这表明，危机发生之后，中国的外贸顺差规模发生了巨大的逆转。那么，中国外贸顺差的这一巨大逆转是否改变了中国贸易收支的结构？一旦中国的贸易收支结构发生根本性的变化，对于前面章节在真实贸易利益的判断和对人民币汇率调整政策含义的揭示都将造成巨大的挑战。如果贸易收支结构未发生根本性变化，那么本书的理论价值与政策内涵将进一步凸显。除此之外，金融危机之后，我国强化推进了区域协调发展战略，外贸顺差的逆转是否与国内区域贸易空间集聚存在关联，本章也将一并进行分析。

第一节　中国贸易收支的行业构成结构演变

一、中国外贸顺差的行业分布

美国次贷危机之后，针对中国经常账户的演变趋势和运行特点，国内外一部分学者开始关注中国经常账户的可持续性问题。Aizenman和Sun(2010)认为受其他主要国家经常账户逆差不可持续性的影响，中国经常账户的顺差也不具有可持续性①。徐毅(2010)则认为中国的经常账户顺差具有可持续性②,因为人民币汇率对经常账户顺差的调整作用是有限的(张明志、马静,2012)③。国际货币基金组织认为中国经常账户的逆转是外需疲软、贸易条件恶化、初级产品进口增加等经济周期性因素主导的结果。而我国政府则认为中国经常账户盈余的大幅度下降主要是由结构性调整所导致的(IMF, 2010; IMF, 2012)④⑤。那么中国经常账户巨大的逆转到底是危机冲击引起的,还是中国经济结构性调整驱动的?关于这一话题的讨论还在持续,至今尚无统一的定论。而对这个问题的看法,又直接关系到中国政府宏观经济管理的政策走向。

遗憾的是,在现有针对中国外贸顺差的相关研究中,基本上都是从总额或者从国别视角开展的,至今鲜见从中观或者微观视角对贸易盈余展开深入剖析的研究。本章尝试从贸易收支内部结构的深层次解构入手,试图为近阶段外贸顺差逆转问题提供一些经验证据。

从统计意义上来讲,一个国家一定时期的贸易盈余是由成千上万个具体商品的出口和进口差额累加而成的。我们按照盛斌(2002)关于海关商品协调码(HS编码)与行业分类的对应代码⑥将2000—2013年中国历年的细分商品进出口数据结集成37个行业的贸易余额数据。考虑到中国海关税则每年都会更新,把历年进出口产品数据结集成行业进出口数

---

① Aizenman, J. and Sun, Y., 2010, Globalization and the Sustainability of Large Current Account Imbalances: Size Matters [J], *Journal of Macroeconomics*, Vol.32(1): 35—44.

② 徐毅:《中国贸易顺差的结构分析与未来展望》,《国际贸易问题》2010年第2期,第19—25页。

③ 张明志、马静:《产业结构影响中国贸易收支失衡的理论分析与实证检验》,《国际贸易问题》2012年第1期,第50—61页。

④ IMF.中华人民共和国2010年第四条磋商工作人员报告[EB/OL].http://www.imf.org/external/chinese/pubs/ft/scr/2012/cr12195c.pdf.2010-07-29。

⑤ IMF.中华人民共和国2012年第四条磋商工作人员报告[EB/OL].http://www.imf.org/external/chinese/pubs/ft/scr/2012/cr12195c.pdf.2012-07-24。

⑥ 盛斌:《中国对外贸易政策的政治经济分析》,上海人民出版社2002年版。

据之前，首先根据每年海关的新增税目对 HS 编码和行业分类对应代码也进行逐年更新。考虑篇幅简洁的需要，结集之后的行业贸易差额数据我们通过箱线图的形式绘制如图 7.1 和图 7.2 所示。

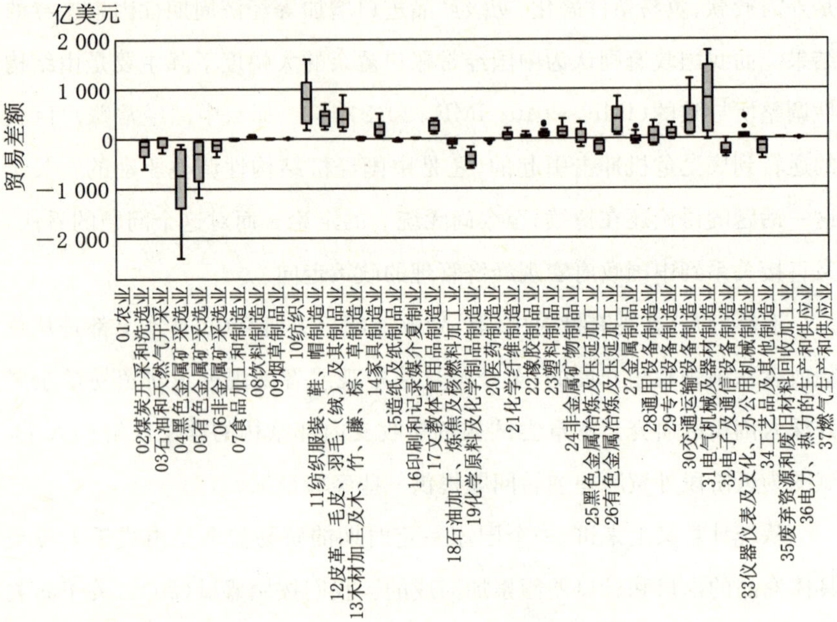

图 7.1　2000—2013 年中国各行业贸易差额绝对规模箱线图

资料来源：根据联合国 Comtrade 数据库结集整理绘制。

从贸易余额顺差和逆差的方向来看，在 2000—2013 年这 14 年中，食品加工和制造业、烟草制品业、纺织业、纺织服装制造业、皮革制品业、家具制造业、印刷业、文教体育用品制造业、橡胶制品业、塑料制品业、非金属矿物制品业、金属制品业、电器机械器材制造业、工艺品及其他制造业、电力热力生产业 15 个行业持续保持贸易顺差。这 15 个行业以劳动力密集型行业和资本密集型行业为主。

农业、石油天然气开采业、黑色金属矿采选业、有色金属矿采选业、造纸及纸制品业、石油加工炼焦业、化学原料及化学制品制造业、医药制造业、有色金属冶炼及压延加工业、废气资源和废旧材料回收加工业等 10 个行业持续 14 年保持贸易逆差。这 10 个行业以初级产品部门的行业占主导。

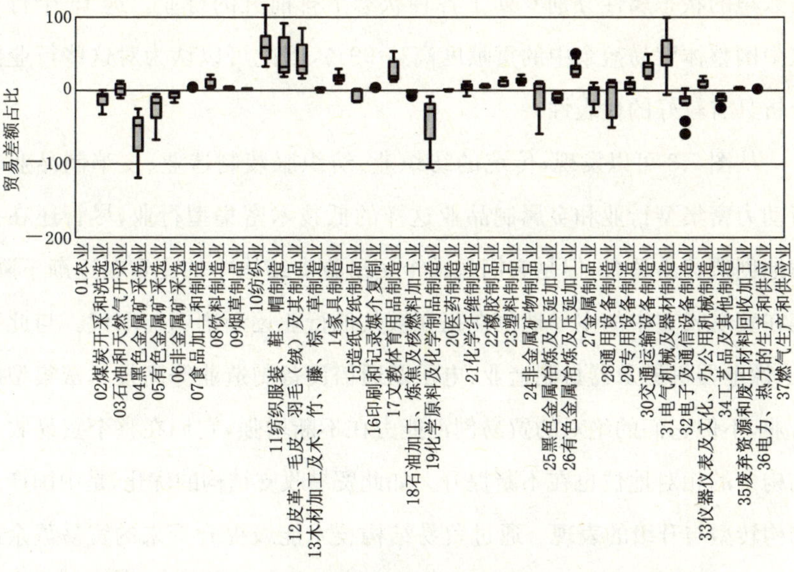

图 7.2　2000—2013 年中国各行业贸易差额相对规模箱线图

资料来源：根据联合国 Comtrade 数据库结集整理绘制。

煤炭开采和洗选业、非金属矿采选业、饮料制造业、木材加工业、化学纤维制造业、黑色金属冶炼及压延加工业、通用设备制造业、专用设备制造业、交通运输设备制造业、电子及通信设备制造业、仪器仪表及文化办工业、燃气生产和供应业 12 个行业分别出现了贸易顺差和逆差交替的状况。这 12 个行业中，通用设备制造业、专用设备制造业、电子及通信设备制造业等高技术密集型行业从逆差开始转向保持持续的顺差，煤炭开采和洗选业、黑色金属冶炼及压延加工业等初级产品部门和低技术密集型行业从贸易顺差逐渐转向了持续的贸易逆差。在这些行业贸易余额的变化中，可以明显地看出我国产业结构升级的轨迹。

二、典型行业贸易差额的时间演变

为了更好地揭示不同行业贸易余额在时间上的演变趋势，同时考虑到本书篇幅原因，图 7.3 在 37 个行业中按照顺差、逆差和顺逆交替三种贸易账户的状态属性分别罗列了各种状态下排前五的行业。这 15 个行业在中国整体贸易盈余中的贡献度高达 99%，因此可以认为对这些行业的分析具有较好的代表性。

从图 7.3 可以发现，传统的纺织业、纺织服装制造业、皮革制品业等劳动力密集型行业和金属制品业这样的低技术密集型行业，尽管还在持续地创造贸易盈余，但是它们在整个贸易收支结构中的比重在逐渐下降，其在贸易收支中的主导地位在正在被其他行业逐渐削弱与取代。与此相反，像电器机械及器材制造业、电子及通信设备制造业等高技术密集型的行业，不但它们的绝对的贸易创汇能力在不断增强，它们在整个贸易收支结构中的相对地位也在不断提升。如此贸易收支结构的优化，是中国产业结构转型与升级的表现。通过贸易结构技术能级提升带来的贸易盈余的结构性调整，某种程度上预示着中国未来贸易盈余具有一定的可持续性。

但是，除了电器机械及器材制造业、电子及通信设备制造业之外，其他同类行业的贸易创收能力并不容乐观，像通用设备制造业、专用设备制造业这样相对技术密集型的行业，其贸易盈余规模相对较小，且上升势头并不明朗。

另外值得注意的是，无论原来能够创造贸易盈余的煤炭开采和洗选业，还是始终处于逆差状态的黑色金属矿采选业、化学原料及化学制品制造业、石油和天然气开采业，这些资源密集型行业或高污染行业都在朝着贸易赤字的方向调整，这意味着在产业结构的调整过程中，对环境和资源的保护已经具体渗透到了具体的贸易过程。中国以粗放型牺牲能源和环境为代价换取出口的时代也已逐渐成为过去时。然而，根据图 7.3 可以看到，废弃资源和废旧材料回收加工业的逆差正在呈不断扩大的态势。在当前开展保税检测维修业务等一些新型贸易业态的过程中，如何杜绝“洋垃圾”变相入境对中国生态环境造成的破坏需要引起政策警觉。

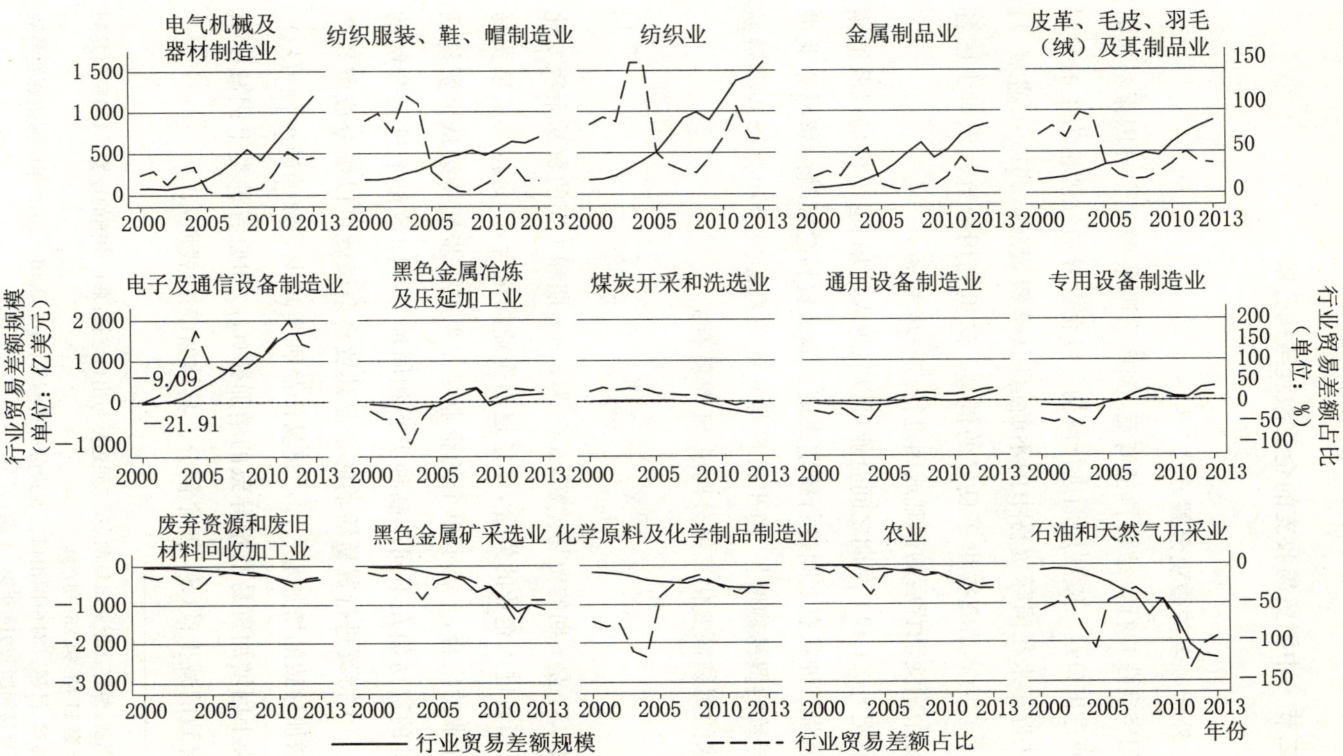

图 7.3　2000—2013 中国主要行业贸易余额演变趋势

资料来源：作者根据联合国 Comtrade 贸易数据库整理绘制。

第二节　中国贸易收支的企业微观结构分解

一、外贸顺差的微观分解方法

中国经常账户行业结构特征背后，到底有哪些微观主导因素？这需要从企业进出口这一微观层面进行解构。以企业异质性理论为主的微观分析方法近年来在国际贸易中的不断运用（李新、曹婷，2013①；盛斌、吕越，2014②），为本研究提供了良好的借鉴。这里利用分解技术对中国各行业贸易余额变动背后的微观成因进行进一步考察。

我们把 $t-1$ 和 t 两期之间企业可以在进入市场、退出市场以及继续在市场经营三种状态之间进行跨期决策。那么贸易总额就由贸易企业进入市场导致的贸易额增长、退出市场带来的贸易额减少和持续从事贸易活动带来的贸易额变化三部分构成，于是就有：

$$\Delta X_t = \sum_{f \in N} X_{f_t} - \sum_{f \in E} X_{f_{t-1}} + \sum_{f \in C} X_{f_t} \tag{7.1}$$

其中，X_t 是 t 期的贸易差额，ΔX_t 为 $t-1$ 期和 t 期的贸易余额变化量，N 是指新进入企业的集合，E 是退出企业的集合，C 是持续从事贸易活动的企业的集合，f 表示单个的企业。如果进一步把持续从事贸易活动的企业的贸易额在不同产品种类和相同种类不同数量上进行分解的话，那么一个持续进行贸易活动的企业其贸易余额就可以细分成贸易产品种类增加导致的增加额（A_f）、贸易产品种类减少导致的减少额（D_f）、原有种类上因增加贸易数量导致的增加额（G_f）和原有种类上因减少贸易数量导致的减少额（S_f）四个部分。具体如（7.2）式所示。

---

① 李新、曹婷：《企业出口动态、二元边际与出口增长：来自中国的证据》，《国际贸易问题》2013 年第 11 期，第 25—37 页。

② 盛斌、吕越：《对中国出口二元边际的再测算：基于 2001—2010 年中国微观贸易数据》，《国际贸易问题》2014 年第 11 期，第 25—36 页。

$$\Delta X_{f_t}=\sum_{j\in A_f}X_{f_{j,t}}-\sum_{f\in D_f}X_{f_{j,t-1}}+\sum_{j\in G_f}X_{f_{j,t}}-\sum_{j\in S_f}X_{f_{j,t-1}} \tag{7.2}$$

把(7.2)式代入(7.1)式,则有:

$$\Delta X_t=\overbrace{\underbrace{\sum_{f\in N}X_{f_t}-\sum_{f\in E}X_{f_{t-1}}}_{\text{企业进出市场的净变化额}}+\underbrace{\sum_{j\in A_f}X_{f_{j,t}}-\sum_{f\in D_f}X_{f_{j,t-1}}}_{\text{企业增加产品种类的净变化额}}}^{\text{扩展边际}}+\underbrace{\sum_{j\in G_f}X_{f_{j,t}}-\sum_{j\in S_f}X_{f_{j,t-1}}}_{\text{相同种类数量增减的净变化额}} \tag{7.3}$$

需要说明的是,这里把 X 直接定义为贸易差额,而不是在出口和进口层面两次同时套用(7.3)式对贸易差额进行分解。这样做的好处是可以把企业作为真正的主体,同时也可以避免进口—出口和进入—退出、增加—减少这样一些流向对的混淆。

二、中国外贸顺差调整的企业微观支撑

利用(7.3)式对 37 个行业的贸易余额进行了分解,并在(7.3)式两边同时除以上期贸易余额 X_{t-1},以使得分解结果转换为增长率的形式。为了与图 7.3 的分析保持一致,表 7.1 仅列示了图 7.3 中的 15 个主要行业。

从表 7.1 可以发现:第一,持续存在贸易顺差的行业不管是在逐年交替的短期还是在以 5 年为周期的较长时间段内,其增长态势始终比较稳定。持续逆差的 5 个行业其增长率有一定的波动,但是比顺差、逆差交替的这些行业要稳定地多。表 7.1 中间 5 个行业增长率无论在短期还是在长期,波动率十分显著。通过分析不难发现,企业微观层面的贸易差额的稳定性直接决定了行业贸易盈余的走势。第二,从数量净增长效应占行业整体增长率的比例来看,表 7.1 中前 5 个贸易盈余产业的该比例要明显低于后 5 个贸易逆差的行业,相对应的企业净进入效应占行业整体增长率的比例前者要大于后者,这从企业层面说明中国的贸易盈余有着深刻的微观基础。出口导向型的经济战略使得大量企业必须在国际市场的交换中实现其自身的价值,特别是以纺织业为主的劳动密集型行业的存在,

表 7.1 中国主要行业历年贸易余额增长分解表

（单位：%）

行业	项目	增长率													增长率占比		
		Y00-01	Y01-02	Y02-03	Y03-04	Y04-05	Y05-06	Y06-07	Y07-08	Y08-09	Y09-10	Y00-05	Y05-10	Y00-10	Y00-05	Y05-10	Y00-10
电气机械及器材制造业	企业净进入	5.9	2.9	6.6	−1.6	8.5	7.8	8.8	6.6	0.8	4.7	4.5	5.7	5.1	20.1	19.1	19.5
	品种净增加	−9.5	−15.4	−1.4	−3.8	3.0	−1.7	7.3	3.6	0.3	2.1	−5.4	2.3	−1.5	−24.4	7.7	−5.9
	数量净增加	7.3	5.4	21.0	39.2	42.9	37.3	31.0	26.3	−25.3	40.4	23.1	21.9	22.5	104.3	73.1	86.4
	行业整体增长	3.7	−7.2	26.2	33.9	54.3	43.3	47.1	36.5	−24.3	47.2	22.2	30.0	26.1	100.0	100.0	100.0
纺织服装、鞋、帽制造业	企业净进入	1.3	6.5	8.5	7.6	7.3	10.1	−0.5	1.8	−0.4	3.4	6.2	2.9	4.6	44.3	28.9	37.9
	品种净增加	0.7	2.4	3.4	0.9	3.9	2.7	2.3	1.3	−1.4	1.5	2.3	1.3	1.8	16.1	12.6	14.7
	数量净增加	−1.2	0.2	10.8	7.8	10.2	12.3	6.6	7.9	−8.9	11.3	5.6	5.9	5.7	39.6	58.5	47.5
	行业整体增长	0.7	9.0	22.7	16.4	21.4	25.1	8.4	11.0	−10.7	16.3	14.1	10.0	12.0	100.0	100.0	100.0
纺织业	企业净进入	2.0	11.1	12.2	11.5	7.4	18.1	5.2	−2.1	1.2	5.9	8.9	5.6	7.2	37.1	29.4	33.7
	品种净增加	−2.1	7.5	5.5	1.4	4.8	4.5	13.0	0.6	−1.6	2.8	3.4	3.9	3.6	14.4	20.1	16.9
	数量净增加	1.7	9.4	20.1	13.7	12.9	16.5	13.9	9.4	−9.0	17.6	11.6	9.7	10.6	48.5	50.5	49.4
	行业整体增长	1.5	28.1	37.9	26.7	25.1	39.0	32.0	7.9	−9.5	26.3	23.9	19.1	21.5	100.0	100.0	100.0
金属制品业	企业净进入	4.0	6.4	7.3	11.7	8.6	12.5	11.6	4.8	0.6	5.4	7.6	7.0	7.3	26.7	32.9	29.3
	品种净增加	−0.4	1.5	−0.4	1.4	2.6	3.0	6.9	2.8	−1.5	1.5	1.0	2.5	1.7	3.3	11.9	7.0
	数量净增加	4.9	10.5	20.7	32.5	31.1	28.7	22.8	18.4	−28.5	17.1	20.0	11.7	15.8	70.0	55.2	63.7
	行业整体增长	8.5	18.4	27.6	45.6	42.3	44.1	41.3	26.1	−29.4	23.9	28.5	21.2	24.9	100.0	100.0	100.0

（续表）

行业	项目	增长率													增长率占比		
		Y00-01	Y01-02	Y02-03	Y03-04	Y04-05	Y05-06	Y06-07	Y07-08	Y08-09	Y09-10	Y00-05	Y05-10	Y00-10	Y00-05	Y05-10	Y00-10
皮革、毛皮、羽毛(绒)及其制品业	企业净进入	3.9	7.3	8.4	9.1	7.1	4.5	2.9	4.2	3.5	8.6	7.2	4.7	6.0	43.9	37.5	41.1
	品种净增加	1.5	0.2	0.8	−0.2	2.5	−0.3	0.1	1.6	−1.9	1.3	1.0	0.1	0.5	5.9	1.0	3.7
	数量净增加	1.5	4.3	12.2	10.5	12.5	3.3	11.3	9.7	−6.3	20.9	8.2	7.8	8.0	50.2	61.5	55.1
	行业整体增长	6.9	11.8	21.4	19.4	22.1	7.4	14.2	15.5	−4.8	30.8	16.3	12.6	14.5	100.0	100.0	100.0
电子及通信设备制造业	企业净进入	14.0	−294.7	81.2	24.2	26.5	19.6	−0.1	15.0	13.7	5.1	−29.8	10.7	−9.5	20.2	40.0	15.8
	品种净增加	53.5	2 337.7	−31.4	3.7	1.8	3.7	4.0	8.5	−3.8	6.2	473.0	3.7	238.4	−320.6	14.0	−394.4
	数量净增加	−154.0	−3 198.3	256.0	111.2	31.0	17.2	35.3	7.9	−19.9	20.9	−590.8	12.3	−289.3	400.4	46.0	478.7
	行业整体增长	−86.5	−1 155.3	305.8	139.1	59.2	40.5	39.1	31.5	−9.9	32.2	−147.6	26.7	−60.4	100.0	100.0	100.0
黑色金属冶炼及压延加工业	企业净进入	17.6	1.5	5.5	−15.2	−8.0	−40.5	59.9	10.6	−30.8	−47.8	0.3	−9.7	−4.7	1.5	18.4	26.4
	品种净增加	5.6	2.6	37.0	−8.4	−2.1	−29.2	33.4	19.5	−18.8	−28.3	6.9	−4.7	1.1	40.7	8.9	−6.3
	数量净增加	16.2	28.0	31.2	−21.1	−5.2	−121.7	82.8	29.2	−77.5	−105.1	9.8	−38.5	−14.3	57.7	72.8	79.9
	行业整体增长	39.4	32.1	73.7	−44.7	−15.3	−191.4	176.1	59.3	−127.1	−181.2	17.0	−52.9	−17.9	100.0	100.0	100.0
煤炭开采和洗选业	企业净进入	−11.5	−3.9	1.7	−16.4	0.1	−4.6	−19.0	−33.2	−296.0	29.4	−6.0	−64.7	−35.4	−29.9	55.1	72.7
	品种净增加	0.0	0.0	0.1	−0.9	0.1	0.5	0.7	−18.0	−34.0	0.8	−0.1	−10.0	−5.1	−0.7	8.5	10.4
	数量净增加	98.1	−11.9	7.0	39.8	−1.2	−25.0	−40.5	129.4	−334.6	56.7	26.3	−42.8	−8.2	130.6	36.4	16.9
	行业整体增长	86.6	−15.9	8.8	22.4	−1.1	−29.0	−58.8	78.2	−664.7	86.9	20.2	−117.5	−48.7	100.0	100.0	100.0

（续表）

行业	项目	增长率													增长率占比		
		Y00-01	Y01-02	Y02-03	Y03-04	Y04-05	Y05-06	Y06-07	Y07-08	Y08-09	Y09-10	Y00-05	Y05-10	Y00-10	Y00-05	Y05-10	Y00-10
通用设备制造业	企业净进入	17.6	7.6	21.8	25.0	12.5	8.9	−17.3	−26.7	1.6	−173.9	16.9	−41.5	−12.3	147.9	89.9	70.8
	品种净增加	−1.7	−19.2	4.6	11.8	−10.7	−10.5	−35.6	12.6	20.4	31.9	−3.0	3.8	0.4	−26.5	−8.1	−2.1
	数量净增加	−3.1	7.2	14.7	−4.7	−26.3	−43.9	−110.3	127.6	−102.3	86.7	−2.4	−8.4	−5.4	−21.3	18.3	31.3
	行业整体增长	12.9	−4.4	41.1	32.1	−24.5	−45.5	−163.1	113.5	−80.3	−55.3	11.4	−46.1	−17.4	100.0	100.0	100.0
专用设备制造业	企业净进入	15.3	25.3	28.5	15.7	−1.8	10.3	557.2	8.6	3.2	−32.6	16.6	109.3	63.0	−278.4	13.9	16.2
	品种净增加	2.6	3.6	1.1	−2.3	−16.7	−33.5	2 072.6	10.0	13.5	−10.3	−2.4	410.5	204.1	39.5	52.3	52.4
	数量净增加	−6.6	−24.2	−7.5	−14.0	−48.6	−85.1	1 408.9	49.1	−42.4	−6.5	−20.2	264.8	122.3	338.9	33.7	31.4
	行业整体增长	11.2	4.6	22.1	−0.6	−67.2	−108.4	4 038.7	67.7	−25.6	−49.5	−6.0	784.6	389.3	100.0	100.0	100.0
废弃资源和废旧材料回收加工业	企业净进入	11.8	3.7	23.4	29.0	13.2	3.9	13.4	4.7	5.3	10.2	16.2	7.5	11.9	46.9	31.9	40.8
	品种净增加	1.2	0.1	1.1	1.4	1.6	−0.8	1.8	0.1	0.3	0.4	1.1	0.4	0.7	3.1	1.5	2.5
	数量净增加	9.7	−9.7	27.9	41.8	16.7	9.1	29.4	8.3	−3.5	34.9	17.3	15.6	16.5	50.0	66.5	56.7
	行业整体增长	22.7	−5.9	52.3	72.2	31.6	12.2	44.5	13.1	2.1	45.5	34.6	23.5	29.0	100.0	100.0	100.0
黑色金属矿采选业	企业净进入	8.8	5.9	14.6	42.9	13.0	−10.8	−0.4	9.5	2.4	−3.2	17.0	−0.5	8.3	26.4	−1.3	15.8
	品种净增加	−0.4	0.2	0.2	0.4	0.0	23.1	0.1	0.2	−0.3	−0.4	0.1	4.6	2.3	0.1	11.4	4.4
	数量净增加	24.3	4.2	59.0	118.9	30.5	1.0	65.3	72.8	−22.5	63.2	47.4	36.0	41.7	73.4	89.9	79.7
	行业整体增长	32.7	10.3	73.8	162.2	43.4	13.2	65.0	82.6	−20.4	59.6	64.5	40.0	52.2	100.0	100.0	100.0

（续表）

行业	项目	增长率													增长率占比		
		Y00-01	Y01-02	Y02-03	Y03-04	Y04-05	Y05-06	Y06-07	Y07-08	Y08-09	Y09-10	Y00-05	Y05-10	Y00-10	Y00-05	Y05-10	Y00-10
化学原料及化学制品制造业	企业净进入	5.4	4.2	6.0	3.7	5.0	1.1	−3.1	0.0	4.2	−1.9	4.8	0.1	2.5	25.1	0.8	18.4
	品种净增加	−1.0	2.0	2.4	4.4	1.9	0.3	−1.6	−1.3	2.8	0.9	1.9	0.2	1.1	10.0	3.1	8.1
	数量净增加	−1.9	21.6	16.6	25.8	0.7	2.5	10.0	−17.9	18.5	22.3	12.5	7.1	9.8	64.9	96.1	73.5
	行业整体增长	2.4	27.7	25.0	33.9	7.5	4.0	5.3	−19.1	25.5	21.3	19.3	7.4	13.3	100.0	100.0	100.0
农业	企业净进入	7.1	6.6	61.7	26.5	−7.3	10.2	23.8	11.4	1.0	2.4	18.9	9.7	14.3	13.0	29.9	16.1
	品种净增加	−7.1	−34.5	2.2	6.2	0.2	−2.0	3.4	−0.2	−4.0	1.2	−6.6	−0.3	−3.5	−4.5	−1.0	−3.9
	数量净增加	107.6	−42.4	428.0	171.8	1.4	14.3	9.3	56.6	−12.8	48.5	133.3	23.2	78.2	91.5	71.1	87.8
	行业整体增长	107.6	−70.3	491.9	204.4	−5.7	22.5	36.6	67.8	−15.9	52.0	145.6	32.6	89.1	100.0	100.0	100.0
石油和天然气开采业	企业净进入	1.4	7.4	3.7	3.7	−1.5	1.1	−0.5	−0.5	0.0	2.9	3.0	0.6	1.8	9.2	2.1	5.8
	品种净增加	0.0	0.0	0.5	0.1	−0.1	0.0	−0.1	0.0	0.0	0.0	0.1	0.0	0.0	0.3	0.0	0.1
	数量净增加	−19.8	4.9	51.0	70.0	39.1	37.6	20.9	60.9	−30.2	51.8	29.1	28.2	28.6	90.5	97.9	94.0
	行业整体增长	−18.3	12.3	55.2	73.8	37.5	38.7	20.3	60.5	−30.1	54.7	32.1	28.8	30.4	100.0	100.0	100.0

资料来源：作者根据中国海关数据库计算。

其相对较高的企业净进入贡献度意味着在未来较长的时间内，劳动密集型行业还将是中国创造贸易盈余的一个重要途径。第三，不管是哪一个行业，无论是长期还是短期，品种净增加的效应始终十分微弱。从贸易收支结构优化的角度来说，只有进口高精尖的新产品才可以获得进口的技术溢出效应，同时也只有通过不断向国际市场推出新产品，才能获取较高的外汇收益。此外，比较不同年份各行业的贸易余额变化情况，2008—2009 年受国际金融危机的影响，几乎每个行业都受到了重创，然而 2009—2010 年却显现了较大幅度的反弹。这到底是危机冲击过大还是中国的经常账户盈余本身在进行结构性调整，有待于进一步挖掘。

三、外贸顺差分析中核密度方法的引入

上述通过典型行业离散地分析各行业贸易差额的时序变动，不容易识别中国贸易收支调整的动态演进趋势。为了更加直观地反映危机冲击对中国贸易余额调整的影响，接下来采用核密度估计方法进一步考察中国 37 个行业贸易余额的在危机前、危机中和危机后的动态变化。

给定一组独立同分布的样本 $X_1, X_2, \cdots, X_n$，代表该样本的随机向量 X 的密度函数为 $f(x)=f(x_1, \cdots, x_n)$，那么 $f(x)$ 的核估计表达式可以表示为：$\bar{f}(x)=\frac{1}{nh}\sum_{i=1}^{n}k\left(\frac{x-X_i}{h}\right)$。其中，$k(\cdot)$ 称为核函数，h 为带宽。核函数的形式有多种。这里估计时采用 Epanechnikov 核函数和 Silverman 最佳带宽。指标变量的选择按照(7.3)式进行。

为了较为形象地揭示危机对贸易账户调整的冲击，把 2008 年作为参考年份，2009 年定义为危机发生年，2010 年视为危机后的恢复年。为简洁起见，危机前的指标采用 2000—2008 年的均值。

四、国际金融危机对中国外贸顺差调整的冲击

图 7.4 描绘了 2008 年前后中国受国际金融危机冲击后各行业贸易余

额的核密度曲线，从中可以直观地看到在国际金融危机中，相同种类贸易的数量效应骤然出现，外需不景气下负的数量净效应拉动了行业整体增长曲线也向左移动。中国贸易盈余在2009年的国际金融危机中出现了前所未有的下滑。在2009年之后，伴随着数量效应的恢复，中国贸易账户开始逐渐恢复，并且从环比增长率来看，恢复的速度也相对较快。

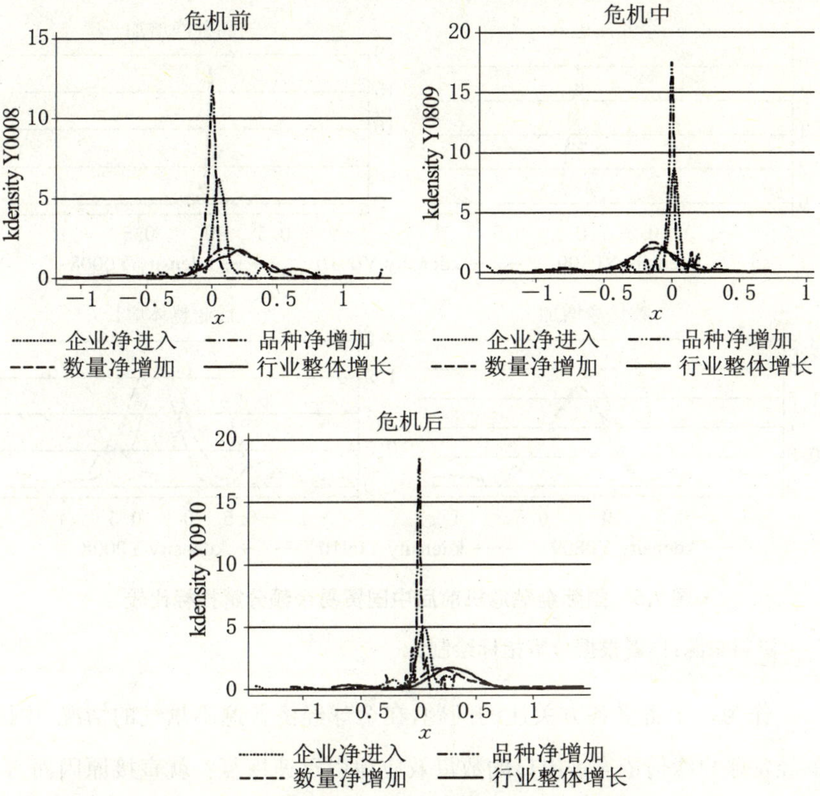

图7.4　国际金融危机前后中国贸易余额密度分布

资料来源：作者根据分解指标绘制。

图7.5具体细分了各项分解指标。其中最显著的还是数量的净效应。对比危机前、危机中和危机后的数量净增加效应，发现危机后的密度分布曲线与危机中的密度分布曲线相比，有了大幅度的向右位移，并且其位置比危机前的密度分布更为靠右，曲线的形状更趋于扁平化。这意味着2010

年中国贸易账户余额的分布已经迅速回到了危机前8年内的平均水平，各行业普遍受到了数量效应的影响。根据图7.5国际金融危机前、危机中和危机后数量净效应和行业整体增长效应演变趋势的高度一致性，我们认为中国的贸易盈余具有非常强的外部依赖性，受国际市场的需求影响很大，容易受到外部需求变化的冲击，导致经常账户的结构具有一定的脆弱性。

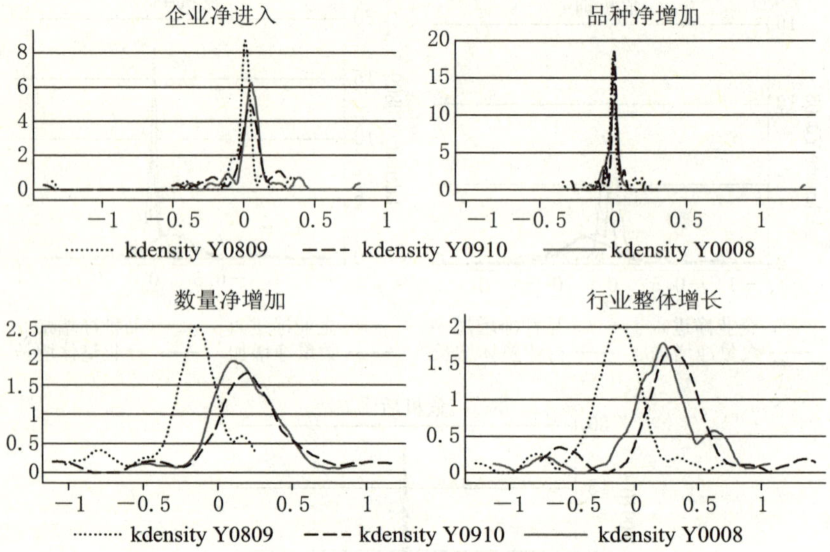

图7.5 国际金融危机前后中国贸易余额分解指标比较

资料来源：作者根据分解指标绘制。

作为一个备受各方关注的问题，在全球经济普遍不景气的情况，中国的经常账户缘何依靠进出口的数量效应得以迅速恢复？就直接原因而言，中国经常账户从国际金融危机中迅速恢复得益于人民币汇率制度。人民币长期以来紧盯美元汇率，即使在目前中国实行盯住一篮子货币有关的浮动汇率制度下，美元还是一篮子货币中人民币汇率定价所参考的主要权重货币。从2009年进入国际金融危机恢复期之后，美元对欧元汇率的走软实际上导致了人民币对欧元及其他货币的实际汇率也有所贬值，从而很大程度上降低了中国商品在欧洲及其他非美国市场的实际外币价格，刺激中国在局部市场上的出口。人民币对欧元及其他非美元货币实际汇率的贬值，一定程度上在短期内也改善了中国的贸易条件。从根本性原因来说，国际金融危机之后，中国国内经济进行了一系列的结构性调整，催生了与经济结构性调整相配套的政策有效供给。比如说通过打压房价控制通货膨胀水平的过快增长，低通胀率的实行通过价格传递效应进一步改善了中国的进出口贸易条件。还比如说国际金融危机之后中国政府大力推进贸易与产业结构的转型升级，极大地提高了出口商品的质量内涵。这些结构性调整政策一方面有力地促进了出口市场的恢复，另一方面也引导中国经常账户盈余逐渐理性回归到了与内部经济相适应的水平。除此之外，企业进入或退出市场对贸易盈余也造成了一定的冲击，但是冲击力度较小。一个比较有意思的现象是，品种增加效应在国际金融危机之前的均值接近于0，在国际金融危机中和危机后几乎都没怎么变化。这意味着通过贸易商品的变动来调节贸易账户是不可能奏效的。其深刻根源还归咎于中国目前还是处于全球价值链的低端。尽管有些产业的贸易品技术能力有所提升，但从更为普遍的现象来看，中国加工出口的商品依旧处于全球价值链的低端，新产品的开发、设计、生产与出口的能力还是比较有限。

针对品种效应，需要进一步说明的是，我们在数据预处理时采用了HS8位代码下的企业进出口数据，在这种细分的商品代码之下，与HS4或者HS6位划分的做法相比，排除了商品归类误差掩盖新出口商品种类的可能性。但是，在国际贸易中，由于文化、习俗、消费偏好等诸多因素的差异，出(进)口到(自)不同国家的商品，即使可能在同一个HS编码之下，实际中也很有可能是大不相同的两种商品。我们在数据处理过程中受样本数据过于庞大的影响，采用的是企业—商品—金额这样的三维数据，对国别因素未予过多考虑。这对于中国经常账户调整不受出口商品品种效应影响的研究结论是否产生影响有待于进一步商榷与考证。

另一个值得探讨的问题是，近几年来伴随着中国服务贸易的快速发展，货物贸易的顺差的很大一部分被服务贸易的逆差所抵消。那么在货物贸易盈余逐渐减少的过程中，是否意味着下一阶段中国的经常账户存在出现逆差的可能？据中国海关2014年的最新数据，2014年中国的贸易顺差达到了3 824.6亿美元，比2008年国际金融危机前的贸易顺差水平已超过了200多亿美元。事实上，伴随着国际金融危机之后一系列内部经济结构的调整，贸易账户余额短期内再次出现危机之前快速增长的现象可能性已不是很大。但是，只要中国的加工贸易在大部分地区还存在，中国的货物贸易顺差始终还会出现。从服务贸易的角度而言，中国服务贸易毕竟刚刚起步阶段。在今后很长的一段时间内，货物贸易的顺差还是会主导经常账户的余额状况。所以，总体上讲，未来一段时间内中国经常账户的走势还会出现顺差，但顺差的增幅会相对比较稳定。

第三节　贸易空间结构变迁对外贸顺差的影响

一、贸易集聚效应与辐射效应

美国次贷危机爆发之后，对中国的经常账户造成了巨大的冲击。中国经常账户从2007年占GDP的10.1%急剧逆转到4%以下。这一巨大的逆转恰逢我国产业转型、贸易结构调整和区域协调发展战略推进的关键时期。中国地域空间辽阔，在承接了大量外来转移的产业之后，如何在国内优化对外贸易空间布局，这是近年来国家面临的重大挑战。因此，以空间联系为视角考察进出口贸易结构，对于深入解读外贸顺差调整的结构性成因具有重要意义。

长三角地区作为我国经济与世界接轨的重要平台，是承接东亚产业转移的桥头堡，主导了我国当前的贸易发展趋势。在过去二三十年里，长三角地区各城市通过大量吸收、承接国际代工订单不断融入全球价值链体系，形成了外向型的工业与贸易发展模式。然而，随着劳动力成本上升以及土地、环境等因素的约束，在“稳增长、调结构、促平衡”外贸发展目标的指引下，长三角地区正面临着产业的“二次转移”。上海、苏州等一二线城市从最初国际产业的承接者，开始逐渐演变成向长三角地区二线城市甚至向中西部城市转移产业的输出者。长三角地区外向型经济空间结构的变化，直接影响着区域内城市与城市之间的分工布局，也直接关系到当前我国进出口商品结构的升级与外贸顺差的调整。

（一）测度指标

探讨区域的空间集聚效应与辐射效应，其实质就是考察空间地理单元的某种经济属性值与邻近空间地理单元上的同类经济属性值是否相关，即地区与地区之间是否具有空间自相关性。最常见的两种指标分别是全局 Moran 指数和局部 Moran 指数。前者用来探测整个研究区域的空间自相关程度，后者则用来计算研究区域中每一个空间地理单元与其邻近空间地理单元之间的空间自相关程度。

1. 全局 Moran 指数：集聚效应指标

全局 Moran 指数是用来测度区域整体自相关的全局指标，反映的是区域中邻近空间地理单元之间的相似性。从进出口贸易的角度来说，全局 Moran 指数测算值可以体现被研究区域在整体上是否具有贸易集聚效应，即进出口贸易发达的城市是否在空间上集聚，进出口贸易落后的城市是否在空间上集聚。全局 Moran 指数的定义如下：

$$I=\frac{n\sum_{i=1}^{n}\sum_{j=1}^{n}w_{ij}(x_i-\bar{x})(x_j-\bar{x})}{\sum_{i=1}^{n}\sum_{j=1}^{n}w_{ij}\sum_{i=1}^{n}(x_i-\bar{x})^2}=\frac{\sum_{i=1}^{n}\sum_{j=1}^{n}w_{ij}(x_i-\bar{x})(x_j-\bar{x})}{s^2\sum_{i=1}^{n}\sum_{j=1}^{n}w_{ij}} \tag{7.4}$$

其中，I 为全局 Moran 指数；x_i 为城市 i 进(出)口观测值；s^2 为各城市进(出)口观测值的方差，$s^2=\frac{1}{n}\sum_{i=1}^{n}(x_i-\bar{x})^2$；$\bar{x}$ 为各城市进(出)口观

测值的平均数，$\bar{x}=\frac{1}{n}\sum_{i=1}^{n}x_i$；$w_{ij}$ 为长三角地区各城市构成的空间权重矩阵 W 中的元素。全局 Moran 指数的取值范围一般为[－1，1]，其值为正表示正相关，且该数值越大表示正相关程度越高；反之亦然。

空间权重的选择是空间经济统计分析的关键性步骤，这里进一步详细说明。这里所设定的空间权重矩阵 W 的形式为：$W=\begin{bmatrix} 0 & w_{12} & \cdots & w_{1n} \\ w_{21} & 0 & \cdots & w_{2n} \\ \vdots & \vdots & & \vdots \\ w_{n1} & w_{n2} & \cdots & 0 \end{bmatrix}$。参考姚海华(2011)①的做法，将 w_{ij} 理解为经济距离权重，令 $w_{ij}=Q_j^2 d_{ij}^{-2}$，Q_j 表示城市 j 的 GDP，d_{ij} 表示城市 i 和城市 j 之间的直线距离。为了后续计算过程的简化，将空间权重矩阵 W 按行进行标准化，从而使其满足以下两个条件：(1) $0\leqslant w_{ij}\leqslant 1$；(2)对于任何一行 j，都有 $\sum_{j=1}^{n}w_{ij}=1$。

2. 局部 Moran 指数：辐射效应指标

局部 Moran 指数是用来测度区域中个体地理单元的与其相邻地理单元之间自相关程度的局部指标，反映的是个体地理单元在区域整体自相关中的贡献程度。从进出口贸易的角度来说，局部 Moran 指数测算值可以体现长三角地区各城市对周边其他城市是否具有贸易辐射效应。这里局部 Moran 指标的定义如下：

$$I_i=\frac{(x_i-\bar{x})}{s^2}\sum_{j=1}^{n}w_{ij}(x_j-\bar{x}) \tag{7.5}$$

其中，I_i 为局部 Moran 指数；$s^2=\frac{\sum_{j=1,\,j\neq i}^{n}(x_j-\bar{x})^2}{n-1}$，其他符号含义同

① 姚海华：《长三角和珠三角主要城市贸易增长的空间联动效应》，《国际经贸探索》2011 年第 8 期，第 40—46 页。

全局 Moran 指数。$I_i>0$，表示城市 i 对其周边其他城市在进(出)口属性值上具有相似性，其值越大表示相似程度越高；$I_i<0$，表示城市 i 对其周边其他城市在进(出)口属性值上不具有相似性，其值越大表示相似程度越低。

（二）数据来源与说明

我国的进出口贸易数据通常只公布到省、自治区和直辖市一级行政区划，细化到地级市这一、二级行政区划的进出口贸易数据甚少。目前可以按照地级市获取进出口贸易数据的来源有三个：一是海关总署的各直属关官网。随着政务公开的不断深入，2008 年 1 月以后各地级市的进出口贸易数据基本都可以在海关总署各直属关的网站上查询，个别省份的海关所公布的地级市进出口数据可能比 2008 年略早。二是各地级市统计局公布的《国民经济和社会发展统计公报》。该地级市每年的进出口数据一般都会列于其中，但从时间序列来看，由于目前可查询的各地级市《国民经济和社会发展统计公报》会有缺失，故特定年份的进出口贸易数据也会连带缺失。三是《长江和珠江三角洲及港澳台统计年鉴》。国家统计局国际统计信息中心从 2003 年到 2009 年连续七个年度编撰了长三角和珠三角共计 25 个城市的经济数据，其中专门列有这两个地区 25 个城市的进出口贸易数据。遗憾的是，自 2010 年之后，该年鉴的编撰工作由于多种原因未能持续。

综合以上三个不同的数据来源，尽管城市贸易研究在数据获取上难度很大，但基本可以满足长三角地区这一特定区域城市贸易的研究需要。需要说明的是，这里所指的长三角地区包括上海、南京、苏州、无锡、常州、镇江、南通、扬州、泰州、杭州、宁波、嘉兴、湖州、绍兴、舟山和台州 16 个城市，各城市 2001—2008 年的进出口数据来自《长江和珠江三角洲及港澳台统计年鉴》，2009—2010 年的进出口分别来自南京海关、杭州海关和上海海关网站，进出口数据的统计口径为按经营单位所在地。

在设定长三角地区 16 个城市构成的空间权重矩阵时，各城市 2001—

2008 年的 GDP 数据来自《长江和珠江三角洲及港澳台统计年鉴》，2009—2010 年的 GDP 数据来自各地《国民经济和社会发展统计公报》。各城市之间的距离取自于《中国电子地图 2010 版》。测算过程利用 Geoda095i 软件实现。

（三）测算结果与分析

根据(7.4)式和(7.5)式，我们对长三角地区 16 个城市的贸易空间分布进行了测算，结果发现如下两大特征：

1. 长三角地区贸易发展整体上具有空间集聚效应

从表 7.2 列示的测算值来看，长三角地区进出口贸易全局 Moran 指数均呈现正值，表明长三角地区在对外贸易发展过程中呈现出区域一体化趋势。长三角区域在整体上具有较为明显的贸易空间集聚效应。从不同的贸易流向口径来看，全局 Moran 指数根据各城市进口额进行的测算值普遍高于根据各城市出口额进行的测算值，而根据进出口总额进行的测算值介于以上两者之间，说明长三角地区因进口引发的集聚效应要高于因出口引发的集聚效应。这一现象一方面体现出长三角地区贸易发展模式以加工贸易为主导，因此在贸易集聚效应上体现出进口和出口不同贸易流向的双向集聚；另一方面阐释了在加工贸易为主导的贸易发展模式下，企业大量向海外进口中间产品和原材料，经加工、组装、生产之后大部分用于向海外出口而少部分转内销的实际情况，因此出口的集聚效应比进口集聚效应略低。

表 7.2　长三角地区 2001—2010 年贸易全局 Moran 指数测算值

类别＼年份	2001	2002	2003	2004	2005	2006	2007	2008	2009	2010
出　口	0.077	0.106	0.136	0.142	0.153	0.153	0.156	0.157	0.152	0.162
进　口	0.094	0.124	0.146	0.156	0.171	0.170	0.171	0.170	0.168	0.168
进出口	0.089	0.118	0.144	0.149	0.162	0.162	0.165	0.164	0.162	0.167

资料来源：作者计算整理。

从图7.6列示的变化趋势来看，长三角地区16个城市对外贸易的空间集聚效应在时间上表现出从稳步上升到趋于平稳的态势。2001年到2005年，按长三角地区各城市出口额、进口额和进出口总额三组不同的贸易流向数据测算的全局Moran指数分别从0.077、0.094、0.089上升至0.153、0.171、0.162，上升幅度明显。但自2005年以来，根据三组不同贸易流向数据测算的全局Moran指数基本稳定在0.152到0.171之间，呈现平稳态势。从集聚效应层面来理解，这一变化趋势说明长三角地区贸易发展的整体空间集聚效应在经历2005年之前的提升之后，近几年来没有很大的改进。造成这种格局的原因主要在于各城市进出口贸易额从纯粹的粗放型增长开始向稳健型增长的模式发生了转型。2005年以来，我国巨额外贸顺差给外部经济带来了巨大的调整压力，外贸领域贸易摩擦不断。长三角等沿海发达地区的引进外资政策在外部经济失衡背景下开始了从“招商引资”向“招商选资”甚至是境内资本对外输出的转变，由此引发了进出口贸易在产业层面和空间层面的双重优化。

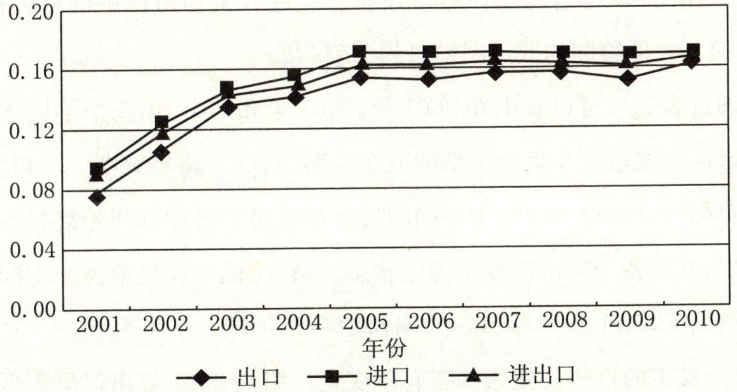

图7.6　长三角地区2001—2010年全局Moran指数

资料来源：作者计算整理。

2. 长三角区域内部贸易空间集聚属性呈现多样化趋势

从图7.6全局Moran指数的变化趋势可以看出2001年、2005年和

2010 年是近十年来长三角地区贸易空间集聚效应的三个重要时间点，所以有必要对区域整体集聚效应背后的空间结构进行具体分析。Moran 指数通常利用四象限的散点图来表示全局指标背后的内部结构，其横轴对应着地理单元自身的属性值，纵轴对应着相邻地理单元与该地理单元之间经加权后的空间滞后变量，每一个象限对应着一种空间关联的类型。第一象限表示高观测值地理单元被其他高观测值地理单元所包围形成的空间关联模式（高—高集聚）；第二象限表示低观测值地理单元被其他高观测值地理单元所包围形成的空间关联模式（低—高集聚）；第三象限表示低观测值地理单元被低观测值地理单元所包围形成的空间关联模式（低—低集聚）；第四象限表示高观测值地理单元被低观测值地理单元所包围形成的空间管理模式（高—低集聚）。鉴于不同城市进口或出口流向在城市贸易职能中所起的作用有所不同，对长三角地区 2001 年、2005 年和 2010 年三个年度全局 Moran 指数散点图的描绘依旧分别从出口、进口和进出口三个层面进行。这样可以分别从出口流向、进口流向和贸易总额三个不同层次综合考察该城市在长三角地区贸易协作中的空间格局。经 GeoDa 软件绘制的散点图结果列于表 7.3。

通过表 7.3，可以看出在 2001 年、2005 年和 2010 年三个不同年份长三角地区各城市贸易集聚类型的分布。第一，高—高集聚型。进口总额、出口总额和进出口总额三个不同的层次都表明上海和苏州始终呈现高—高集聚，并且各个年份都处于稳定状态。第二，低—高集聚型。不同贸易数据类型下，各年份南通、嘉兴、湖州始终处于低—高集聚状态。除此以外，部分城市的低—高集聚状态有所变化。绍兴 2001 年出口呈现低—高集聚型，此后却落入低—低集聚型；无锡在三个不同数据口径下从 2001 年的低—低集聚型转向了低—高集聚状态；泰州 2010 年出口也出现了从低—低集聚向低—高集聚的转变。第三，低—低集聚型。像常州、镇江、扬州、舟山、台州这样非邻海的中型城市，无论在哪一种数据口径下，始终都是低—低集聚类型。第四，高—低集聚型。宁波从出口层面来看始终处于高—低型的集聚状态，从其进口层面来看，却由低—低集聚向高—低集聚发生了转变。作为省会城市，南京和宁波在出口层面从高—低集聚状态进入了低—低集聚状态。

表 7.3　2001—2010 年长三角地区贸易全局 Moran 散点图对应城市

数据类型	年份	集聚类型			
		高—高	低—高	低—低	高—低
出口	2001	上海、苏州	南通、嘉兴、湖州、绍兴	无锡、常州、镇江、扬州、泰州、舟山、台州	南京、杭州、宁波
	2005	上海、苏州	无锡、南通、嘉兴、湖州	南京、常州、镇江、扬州、泰州、绍兴、舟山、台州	杭州、宁波
	2010	上海、苏州	无锡、南通、泰州、嘉兴、湖州	南京、常州、镇江、扬州、杭州、绍兴、舟山、台州	宁波
进口	2001	上海、苏州	南通、嘉兴、湖州	南京、无锡、常州、镇江、扬州、泰州、杭州、宁波、绍兴、舟山、台州	
	2005	上海、苏州	无锡、南通、嘉兴、湖州	南京、常州、镇江、扬州、泰州、杭州、宁波、绍兴、舟山、台州	
	2010	上海、苏州	无锡、南通、嘉兴、湖州	南京、常州、镇江、扬州、泰州、杭州、绍兴、舟山、台州	宁波
进出口	2001	上海、苏州	南通、嘉兴、湖州	无锡、常州、镇江、扬州、泰州、绍兴、舟山、台州	南京、杭州、宁波
	2005	上海、苏州	无锡、南通、嘉兴、湖州	南京、常州、镇江、扬州、泰州、杭州、绍兴、舟山、台州	宁波
	2010	上海、苏州	无锡、南通、嘉兴、湖州	南京、常州、镇江、扬州、泰州、杭州、绍兴、舟山、台州	宁波

资料来源：作者计算整理。

综合以上长三角地区各城市全局 Moran 指数的具体结构，可以判断：

(1)长三角地区的贸易越来越集中于上海和苏州，但同时贸易量较小的中型城市之间也出现了集聚现象。在长三角地区整体贸易领先于国内其他地区的背后，区域内部这种强强联合和弱弱联合的格局同时存在。(2)长三角地区城市贸易空间格局的变化具有两面性，像南京和杭州这两大省会城市，从高—低集聚向低—低集聚的转型意味着其与周边城市形成了正向联动，有助于长三角地区整体贸易优势集聚。但像无锡这样出口由低—低集聚转向低—高集聚的情况，事实上意味着其出口产业与周边城市的联动性正在弱化，对长三角地区整体贸易优势的集聚存在负面影响。

3. 上海对长三角地区贸易发展具有显著空间辐射效应

上述全局 Moran 指数散点图的结果分析一定程度上揭示了长三角地区特定城市与其周边城市之间关系的类型，但尚不能解释特定城市贸易发展对其周边城市的影响程度。(7.5)式局部 Moran 指数很大程度上解决了这个问题，其测算结果列于表 7.4。

从表 7.4 可以发现：

第一，从纵向比较来看，上海对长三角地区周边城市的进出口贸易具有明显的辐射作用。从测算结果来看，无论是出口层面还是进口层面，上海的局部 Moran 指数均呈现正值，且在 10%显著性水平上都统计显著。所以，从贸易流向来看，上海对周边城市的贸易辐射效应是双重的，即上海既拉动了周边城市的出口，同时也扮演着周边城市进口通道的贸易职能①。进一步观察发现，从 2001 年到 2010 年十年间，上海出口层面和进口层面的局部 Moran 指数分别从 1.225 和 0.936 提高到了 2.465 和2.168，有了成倍的增长。这意味着上海对周边城市的贸易辐射作用随着时间推移具有不断增强的趋势。

---

① 这一测算结论与姚海华(2011)有所不同。姚海华(2011)认为上海在长三角地区只扮演进口港的角色，造成这种结论的差异的主要原因在于测算所采用的原始数据有所不同。这里采用的是进出口数据，而姚海华(2011)则采用了限额以上的批发零售数据，后者的口径更宽泛，既包括了外贸出口，也包括国内销售。

表 7.4　长三角地区 2001—2010 年贸易局部 Moran 指数测算值

流向	城市	2001	2002	2003	2004	2005	2006	2007	2008	2009	2010
出口	上海	1.225**	1.735*	2.115*	1.871*	2.418*	2.449**	2.427*	2.347*	2.374*	2.465*
	南京	−0.077	−0.008	0.046	0.074*	0.061*	0.078	0.096*	0.107*	0.136**	0.124*
	苏州	0.220	0.243	0.259	0.313	0.255	0.251	0.273	0.297	0.246	0.256
	无锡	0.019	0.003	−0.005	−0.002	−0.008	−0.003	0.004	0.006	−0.007	−0.002
	常州	0.109	0.126	0.140	0.134	0.145	0.146	0.145	0.138	0.164	0.148
	镇江	0.202	0.238	0.244	0.216*	0.251*	0.260	0.264*	0.271	0.288*	0.279*
	南通	−0.090	−0.172	−0.248	−0.202	−0.330	−0.355	−0.353	−0.326	−0.320	−0.351
	扬州	0.201	0.247	0.250	0.220	0.253	0.265	0.270	0.276	0.292	0.282*
	泰州	0.099	0.061	0.030	0.042	−0.003	−0.009	−0.011	−0.005	0.003	0.014
	杭州	−0.169	−0.142	−0.070	−0.018	−0.043	−0.053	−0.019	−0.004	−0.094	0.014
	宁波	−0.102	−0.115	−0.097	−0.041	−0.077	−0.080	−0.096	−0.106	−0.096	−0.105
	嘉兴	−0.374***	−0.431**	−0.432**	−0.403**	−0.431**	−0.436**	−0.429**	−0.428**	−0.447**	−0.430**
	湖州	−0.142	−0.206	−0.215	0.029	−0.256	−0.276	−0.267	−0.253	−0.279	−0.261
	绍兴	−0.012	−0.111	0.007	0.029	0.020	0.016	0.018	0.018	−0.001	0.019
	台州	0.046	0.021	0.019	0.044	0.036	0.035	0.222	0.012	0.014	0.004

（续表）

流向	城市	2001	2002	2003	2004	2005	2006	2007	2008	2009	2010
进口	上海	0.936*	1.413*	1.781**	1.911*	2.322*	2.291*	2.259*	2.169*	2.168*	2.168*
	南京	0.008	0.043	0.036	0.041	0.022	0.039	0.059	0.055*	0.057*	0.061*
	苏州	0.264	0.329	0.355	0.372	0.370	0.377	0.384	0.377	0.373	0.376
	无锡	0.011	0.002	−0.002	−0.003	−0.002	0.003	0.004	−0.004	−0.005	−0.005
	常州	0.088	0.099	0.109	0.109	0.111	0.113	0.116	0.117	0.119	0.115
	镇江	0.125	0.139	0.150	0.150	0.165	0.175	0.179	0.172	0.178	0.177
	南通	−0.073	−0.135	−0.190	−0.215	−0.309	−0.313	−0.302	−0.264	−0.260	−0.263
	扬州	0.122	0.142	0.149	0.150	0.162	0.172	0.179	0.173	0.178	0.177
	泰州	0.057	0.034	0.024	0.015	−0.013	−0.011	−0.009	0.003	0.002	−0.001
	杭州	0.000	0.023	0.031	0.056	0.068	0.059	0.079	0.102	0.118	0.119
	宁波	0.070	0.046	0.046	0.055	0.049	0.048	0.026	0.006	−0.026	−0.028
	嘉兴	−0.352*	−0.399**	−0.398**	−0.404**	−0.445**	−0.447**	−0.439**	−0.405**	−0.415**	−0.415**
	湖州	−0.048	−0.087	−0.114	−0.118	−0.176	−0.182	−0.171	−0.141	−0.138	−0.139
	绍兴	0.083	0.087	0.090	0.098	0.106	0.100	0.093	0.092	0.093	0.095
	台州	0.126	0.119	0.122	0.123	0.129	0.126	0.107	0.093	0.083	0.084

资料来源：作者计算整理。

注：*** 表示在1%显著性水平；** 表示在5%显著性水平；* 表示在10%显著性水平。

第二，从横向比较来看，上海具有建设国际贸易中心城市的腹地依托条件。根据表7.4，嘉兴无论是进口层面还是出口层面，均具有显著的局部Moran测算值，但其值为负，表明其进出口贸易与周边城市的贸易情况相异，不具有辐射效应。与此同时，南京、镇江、扬州在个别年份的局部Moran指数值也呈现显著的正值，但根据表7.4，由于这几个城市在长三角区域内处于低—低集聚状态，故可以推断它们对周边城市不可能具有辐射效应。此外，其他城市的测算值均未通过统计检验，不具有显著性。综合这多个方面，可以发现上海是长三角地区唯一对周边地区具有显著辐射效应的城市。这从腹地依托的角度给上海建设国际贸易中心和自由贸易园区等驱动中国贸易整体转型的试点做法提供了有力的支撑。

二、进出口贸易空间结构变迁

专业化分工一直是国际贸易领域关注的重要问题。有关专业化分工的探讨几乎贯穿了贸易理论发展的整个过程。长三角地区城市贸易发展过程中呈现的集聚效应和辐射效应，是贸易空间分布的外在表现，其根本性推动因素是长三角地区的贸易分工模式。实际上，随着全球化生产的不断深化，贸易分工的内涵也在逐渐延伸。它不仅包含了传统意义上国家与国家层面为了交换而进行的生产活动，同时也涵盖了由出口引致的国内区域间的生产协调过程。对于像我国这样经济发展水平存在梯度的外向型经济大国来说，情况更是如此。所以，以城市为单元揭示区域的贸易分工特征无论是对于区域分工模式的优化和还是对于贸易比较优势的集聚都显得至关重要。

（一）测度指标

1. 地方专业化系数

$$FR_i = \frac{1}{2}\sum_{j=1}^{n}\left(|s_{ij} - s_j|\sum_{j=1}^{n}E_{ij}\right)\Big/\sum_{j=1}^{n}E_{ij} = \frac{1}{2}\sum_{j=1}^{n}|s_{ij} - s_j| \quad (7.6)$$

其中，FR_i 表示长三角地区 i 城市的专业化系数，E_{ij} 表示 i 城市 j 行业贸易额，s_{ij} 表示 i 城市 j 行业贸易额占该城市贸易总额的比重，s_j 表示长三角地区所有城市 j 行业的贸易额占这些城市贸易总额的比重，s_i 表示 i 城市贸易额占长三角地区贸易总额的比重。FR_i 体现了 i 城市与长三角地区其他城市之间发生的贸易相对规模，其取值范围在 $[0, 1-s_i]$。系数值越高，表示 i 城市与长三角地区其他城市之间的行业差异程度越高；若该系数值越低，表示 i 城市与长三角地区其他城市之间的产业同构性越大。

2. 行业地方化系数

$$FI_j = \frac{1}{2}\sum_{i=1}^{m}\left(\mid s_{ij}-s_j \mid \sum_{j=1}^{n}E_{ij}\right)\Big/\sum_{i=1}^{m}E_{ij} \tag{7.7}$$

其中，FI_j 表示长三角地区 j 行业的地方化系数，其他符号含义同(7.6)式。FI_j 体现了长三角地区 j 行业的贸易相对规模，其取值范围在 $[0, 1-s_j]$。该系数值越高，表示长三角地区各城市在 j 行业上的差异程度越高，此时不存在集聚效应或者会出现较小集聚效应；该系数值越低，表示长三角地区各城市在 j 行业上的差异程度越低，集聚效应越大。

3. 区域分工系数

$$F = \frac{1}{2}\sum_{i=1}^{m}\sum_{j=1}^{n}\left(\mid s_{ij}-s_j \mid \sum_{j=1}^{n}E_{ij}\right)\Big/\sum_{i=1}^{m}\sum_{j=1}^{n}E_{ij} \tag{7.8}$$

其中，F 表示区域分工系数，其他符号含义同(7.6)式和(7.7)式。与地方专业化系数和行业地方化系数分别从城市角度和行业角度反映长三角地区的贸易分工格局有所不同，区域分工系数反映了长三角区域整体层面的贸易分工状况。

（二）数据来源与说明

伴随着以克鲁格曼为代表的新贸易地理主义的兴起，传统意义上属于区域经济学范畴的贸易空间布局问题逐渐被纳入了主流贸易理论之中。然而，在相关实证研究中，由于一国区际贸易细分数据缺乏，导致在与区域贸易分工相关的指标测算过程中，往往用GDP数据代替进出口贸易数据，以至于贸易地理实证研究出现了与贸易数据脱轨的现象。

近几年来，随着政府政务公开的不断深入，中国海关在信息满足社会需求方面做了大量的工作，本书在指标测算过程中按城市划分的进出口原始数据均来自全国海关信息中心。根据最常见的划分方法，这里所指的长三角地区包括上海、南京、苏州、无锡、常州、镇江、南通、扬州、泰州、杭州、宁波、嘉兴、湖州、绍兴、舟山和台州16个城市。这里对16个城市商品结构的划分采用了海关HS大类编码。HS编码共分二十二大类，考虑到HS19、HS21、HS22分别属于利器、文物珍藏品等特殊商品，不具有典型性，故将其舍弃，测算过程针对的是HS编码下的第一至十八大类和第二十大类。

（三）测算结果与分析

1. 长三角地区不同城市的专业化水平比较

根据(7.6)式和(7.8)式计算的长三角地区各城市的地区专业化系数列于表7.5。从中可以发现两点：

第一，从纵向上来看，长三角地区的专业化分工程度不断深化。这表现在无论从出口层面还是进口层面，长三角整体的专业化水平都有了不同程度的提升，分别从2005年的0.209、0.157提高到了0.280、0.234，提升幅度分别为34.1%和49.1%。同时，长三角地区16个城市专业化水平总体上均有所增长。出口地区专业化系数增长的城市有8个[①]，进口地区专业化系数增长的城市有12个，这说明长三角地区各城市按照自身优

---

① 嘉兴2012年的地区专业化系数比2005年略大。表7.5显示，嘉兴2005年和2012年的地区专业化系数均为0.434，这是由保留小数所造成的。

势开展贸易活动的趋势越来越明显。

表 7.5　长三角地区各城市的地区专业化系数

城　市	出　口			进　口		
	2005 年	2010 年	2012 年	2005 年	2010 年	2012 年
上　海	0.111	0.127	0.150	0.081	0.119	0.125
南　京	0.226	0.202	0.194	0.283	0.352	0.374
苏　州	0.242	0.236	0.261	0.151	0.227	0.228
无　锡	0.102	0.092	0.105	0.114	0.197	0.224
常　州	0.211	0.149	0.137	0.239	0.201	0.117
镇　江	0.431	0.531	0.365	0.454	0.536	0.433
南　通	0.387	0.390	0.451	0.397	0.404	0.363
扬　州	0.429	0.428	0.355	0.182	0.429	0.287
泰　州	0.300	0.541	0.419	0.188	0.440	0.538
杭　州	0.268	0.271	0.239	0.235	0.359	0.340
宁　波	0.164	0.212	0.637	0.358	0.438	0.391
嘉　兴	0.434	0.480	0.434	0.334	0.395	0.363
湖　州	0.521	0.561	0.498	0.434	0.631	0.448
绍　兴	0.544	0.557	0.561	0.559	0.630	0.619
舟　山	0.809	0.889	0.796	0.615	0.581	0.712
台　州	0.338	0.323	0.293	0.660	0.632	0.512
长三角地区整体	0.209	0.236	0.280	0.157	0.234	0.234

资料来源:作者计算整理。

第二,从横向上来看,不同城市进出口专业化水平的差异很大。从出口来看,2012 年,在长三角地区贸易量排前五的上海、苏州、宁波、无锡和杭州的专业化系数为分别为 0.150、0.261、0.637、0.105 和 0.239,而贸易量排倒数前五的镇江、舟山、泰州、湖州和扬州的专业化系数则分别为 0.365、0.796、0.419、0.498 和 0.355,除了宁波之外,地区专业化系数的大小与贸易规模基本上出现了倒挂。造成这种现象的主要原因在于相对落后的城市在贸易结构上存在趋同。进口层面也存在类似的倒挂现象。

2. 长三角地区不同行业的地方化水平比较

根据(7.7)式计算的长三角地区各行业的地方化系数列于表7.6，从中也可以得到两个简要结论：

第一，纵向来看，在表7.6列示的19大类商品中，从2005年到2012年，在出口层面和进口层面分类有16大类和15大类商品的地方化系数得到了不同程度的提高，占商品大类总数的比重分别为84.2%和78.95%。其中，HS09类木制品、HS12类鞋类制品、HS17类运输设备的出口地方化系数分别提高了101.0%、63.6%、52.7%；HS03类食用油类产品、HS05类矿产品、HS16类机器设备的进口地方化系数分别提高了105.5%、100.1%、95.2%。进一步观察发现，除了HS16类机器设备之外，其他专业化系数有较大提升的商品大类分别在进出口额中所占的比重并不大。这说明长三角地区在行业专业化水平普遍得到提高的同时，大类商品的结构的优化还具有很大的空间。

第二，从横向来看，不同商品大类的地方化水平差异也较大。2005年，HS01类活动物、HS03类食用油、HS05类矿产品的出口地方化系数较大，分别为0.506、0.499、0.491，而HS15类贱金属制品、HS13类玻璃制品、HS07类塑料制品的地方化系数仅为0.119、0.123、0.151，中间差距在0.35左右。2012年出口地方化系数基本也保持了同等差距。从进口地方化系数来看，不同商品大类之间进口地方化系数的差距也较大。2012年进口地方化系数最高的是HS03类食用油，其值为0.532；最低的是HS07类塑料制品，其值为0.106。2005年和2012年贸易额最大的商品大类分别是HS11类纺织品和HS16类机器设备，但其行业地方化系数却位于低水平之列。产生这种现象的深层原因在于像机械设备这样技术含量较高的商品大类，随着产品内分工的不断深化，存在大量的中间零部件和半成品的进出口，由于此类中间产品的差异化程度较小，导致其专业化现象并不明显。

表 7.6　长三角地区各大类商品的行业地方化系数

商品大类	出口				进口			
	2005 年	2010 年	2012 年	2005—2012 变化率(%)	2005 年	2010 年	2012 年	2005—2012 变化率(%)
HS01 类	0.506	0.529	0.556	9.9	0.319	0.366	0.302	−5.3
HS02 类	0.428	0.467	0.513	20.0	0.228	0.393	0.406	77.8
HS03 类	0.499	0.399	0.428	−14.3	0.259	0.475	0.532	105.5
HS04 类	0.359	0.307	0.227	−36.7	0.351	0.420	0.408	16.3
HS05 类	0.491	0.482	0.701	42.8	0.171	0.342	0.342	100.1
HS06 类	0.219	0.233	0.257	17.3	0.251	0.253	0.226	−10.0
HS07 类	0.151	0.174	0.205	36.4	0.096	0.088	0.106	10.6
HS08 类	0.312	0.366	0.344	10.4	0.275	0.456	0.439	59.7
HS09 类	0.239	0.488	0.480	101.0	0.280	0.334	0.360	28.5
HS10 类	0.284	0.308	0.318	12.0	0.248	0.319	0.334	35.1
HS11 类	0.237	0.324	0.336	42.0	0.161	0.158	0.161	0.0[②]
HS12 类	0.251	0.418	0.410	63.6	0.457	0.458	0.323	−29.2
HS13 类	0.123	0.193	0.171	39.1	0.117	0.163	0.156	33.2
HS14 类	0.329	0.386	0.444	35.0	0.380	0.422	0.396	4.2
HS15 类	0.119	0.145	0.166	39.5	0.110	0.186	0.186	69.3
HS16 类	0.173	0.184	0.222	28.2	0.093	0.188	0.182	95.2
HS17 类	0.226	0.342	0.345	52.7	0.416	0.432	0.449	7.9
HS18 类	0.352	0.218	0.265	−24.5	0.275	0.213	0.172	−37.4
HS20 类	0.234	0.349	0.304	30.3	0.255	0.254	0.314	22.9
总　体	0.209	0.236	0.280	34.1	0.157	0.235	0.234	49.1

资料来源：作者计算整理。

三、区域贸易同构与外贸顺差调整

(一) 贸易同构系数

作为地方专业化系数的补充，这里引入贸易同构系数揭示长三角地区城市与城市两两之间的分工情况。其具体表示为：

$$FED_{ik}=1-\frac{1}{2}\sum_{j=1}^{n}\mid s_{ij}-s_{kj}\mid \tag{7.9}$$

其中，FED_{ik}表示 i 城市与 k 城市之间的出口重叠系数，s_{ij} 和 s_{kj} 分别表示 i 城市和 k 城市 j 行业贸易额占该城市贸易总额的比重。FED_{ik} 的取值范围是[0, 1]。FED_{ik} 越接近于 1，表示 i、k 两城市的专业化生产和出口商品结构重叠程度越高，FED_{ik} 越接近于 0，表示 i、k 两城市的专业化生产和出口商品结构重叠程度越低。

（二）长三角地区的贸易同构格局

长三角地区城市与城市之间两两交互的分工模式为区域整体的贸易分工与空间结构变迁提供了重要支撑。所以，我们通过(7.9)式贸易同构系数的测算进一步考察长三角地区城市两两交互下的贸易分工格局，测算所得的出口商品重叠系数值是一个 16 × 16 的矩阵。由于上海、苏州、宁波、无锡、杭州在长三角地区 2012 年出口位居前五的城市占长三角出口总额的比重高达 74.3%，具有很好的代表性，考虑到篇幅原因，表 7.7 仅罗列了这五个城市的出口重叠系数测算值，从中可以发现：

第一，长三角地区城市之间纵向层面的分工程度趋于稳定状态。比较 2005 年和 2012 年上海、苏州、宁波、无锡、杭州五大城市与其他城市之间的出口同构系数值，可以看到尽管有一定的变化，但是两个年份之间的变化率总体上很小。这很大程度上说明长三角地区城市之间的出口结构和分工状况具有稳定性，而这种两两相对稳固的微观结构是促使长三角地区贸易和分工格局整体上保持稳健的基础。

第二，长三角地区城市之间横向层面存在较大的分工差异。无论是 2005 年还是 2012 年，表 7.7 列示的五大城市与其他城市之间的出口重叠指数的差别都较大。以上海为例，2012 年上海与苏州之间的出口重叠指数最高，达 0.873，而与舟山之间的出口重叠指数最低，仅为 0.163。这种悬殊的出口重叠指数值在苏州、宁波、无锡、杭州甚至表 7.7 未列出的城市都普遍存在。

表 7.7　长三角地区主要城市之间的出口商品重叠系数

城市	2005 年					2010 年					2012 年				
	上海	苏州	无锡	杭州	宁波	上海	苏州	无锡	杭州	宁波	上海	苏州	无锡	杭州	宁波
上海		0.827	0.826	0.642	0.774		0.876	0.816	0.618	0.680		0.873	0.806	0.664	0.587
南京	0.690	0.615	0.768	0.787	0.786	0.700	0.613	0.752	0.771	0.836	0.701	0.632	0.749	0.757	0.674
苏州	0.827		0.780	0.514	0.612	0.876		0.731	0.550	0.593	0.873		0.727	0.578	0.546
无锡	0.826	0.780		0.674	0.778	0.816	0.731		0.692	0.757	0.806	0.727		0.725	0.652
常州	0.714	0.591	0.744	0.837	0.833	0.760	0.673	0.832	0.791	0.754	0.770	0.681	0.853	0.812	0.634
镇江	0.566	0.429	0.543	0.566	0.624	0.421	0.326	0.490	0.450	0.550	0.544	0.445	0.619	0.606	0.783
南通	0.534	0.382	0.553	0.800	0.673	0.499	0.391	0.575	0.744	0.656	0.461	0.375	0.501	0.692	0.556
扬州	0.538	0.506	0.534	0.626	0.585	0.530	0.437	0.552	0.605	0.592	0.589	0.492	0.618	0.706	0.616
泰州	0.631	0.509	0.691	0.777	0.768	0.439	0.336	0.476	0.437	0.486	0.512	0.395	0.556	0.535	0.688
杭州	0.642	0.514	0.674		0.808	0.618	0.550	0.692		0.835	0.664	0.578	0.725		0.618
宁波	0.774	0.612	0.778	0.808		0.680	0.593	0.757	0.835		0.587	0.546	0.652	0.618	
嘉兴	0.494	0.385	0.537	0.770	0.663	0.414	0.360	0.507	0.744	0.629	0.487	0.420	0.562	0.766	0.595
湖州	0.398	0.313	0.439	0.719	0.541	0.344	0.310	0.399	0.663	0.517	0.426	0.363	0.467	0.688	0.550
绍兴	0.385	0.328	0.441	0.601	0.476	0.361	0.330	0.418	0.611	0.472	0.368	0.331	0.414	0.584	0.527
舟山	0.203	0.142	0.147	0.189	0.220	0.103	0.040	0.120	0.064	0.134	0.163	0.112	0.156	0.141	0.638
台州	0.651	0.529	0.635	0.677	0.748	0.147	0.525	0.693	0.726	0.739	0.657	0.562	0.678	0.746	0.656

资料来源:作者计算整理。

进一步观察发现，上海与江苏各城市的出口重叠系数高于上海与浙江各城市的出口同构系数。这一方面体现了上海与江苏各城市在贸易商品的结构上存在趋同现象，另一方面与近年来江苏在上海转关运输或在沪报关等情况有密切的关联。除此之外，一个较为明显的情况是，苏州和无锡与江苏其他城市之间的出口同构系数高于与浙江各城市之间的出口同构系数，杭州和宁波与浙江其他城市之间的出口同构系数高于与江苏各城市之间的出口同构系数。导致这种现象的主要原因，在于我国省际之间存在较为严重的市场分割现象。省际之间产业结构、贸易商品结构的优化协调有待进一步加强。

（三）贸易同构与外贸顺差关联的扩展分析

(7.6)式的地方专业化系数和(7.9)式的贸易同构系数实际上具有共性，其测算值都能反映不同城市的贸易同构现象。前者指数值越低，表示贸易同构性越强，且反映的是特定城市和长三角区域整体的贸易同构性；后者指数值越高，表示贸易同构性越强，但其反映的是城市与城市两两之间的贸易同构现象。

根据表7.5列示的测算值可以发现，像上海、苏州、宁波、无锡、杭州这样贸易总额排名相对领先的城市，其地方专业化系数从横向比较来看总体上都较低，说明这几个贸易规模较大的城市在贸易结构上普遍与长三角整体贸易结构存在明显的趋同。根据表7.7的测算值可以发现，上海、苏州、宁波、无锡、杭州这几个城市两两之间的出口同构系数在横向上比较也都普遍高于它们与其他城市之间的出口同构系数，说明这几个城市之间也存在着贸易结构的趋同现象。

针对长三角地区这种贸易结构趋同现象，我们认为这是长三角城市之间分工和生产专业化深化的结果，而并不意味着长三角地区产业分工的弱化。产生这种现象的深刻根源在于经济全球化背景下传统的产业间分工、产业内分工逐渐转变成了产品内分工。在产品内分工这一新型的分工模式下，生产分工以特定产品的生产工序在空间上的分割为特征。这种空间分割既可以是跨国界的，也可以是在国内部的不同区域或城市之间的。目前，长三角地区是国内最大的城市集群。很多大型企业从公司总部、研发设计、原料采购，零部件生产、加工、装配到营销乃至售后服务等价值链的各个环节会分散在长三角地区的不同城市。因此，在长三角地区产品内分工背景下形成的城市贸易结构同构现象，实际上是长三角地区城市分工强化的表现。

然而，就我国的贸易账户而言，根据本章前两节的分析可以发现，劳动密集型产业依旧是创外贸盈余的主导力量，电子通信产业等高技术性产业尽管也持续创造外贸顺差，但是这样的产业在数量上相对还比较少，技术密集型产业创造贸易盈余的能力还十分薄弱。这预示着中国的产业还需要一个长期的转型升级过程，贸易收支结构在危机前后并未发生根本性的变化。

通过对不同行业中微观企业的解构发现，中国现阶段贸易盈余的创造在企业层面上还是依靠数量效应，企业进出效应和产品品种效应起到的作用十分有限。从 2008 年国际金融危机的“自然实验”中发现，数量效应的萎缩使中国的贸易盈余在短期内遭受了巨大的危机冲击。同时，也正是由于数量效应的扩张，使得中国的贸易盈余得以从国际金融危机的冲击中实现了较为迅速的恢复性增长。这种贸易盈余形成的微观机制，说明了中国的贸易收支结构具有依附于外需的脆弱性。

因此，要确保外贸顺差中企业微观层面的产品品种效应得到扩大，必须依托宏观层面中国经济自身的转型。如何打破像长三角地区这样东部沿海城市之间因贸易同构引发的弱弱集聚，将直接影响到东部地区贸易就地升级和东部地区向中西部地区产业的有序转移。

第八章

结　论

在中国参与全球化的过程中，中国的出口产品不仅包含中国自身的生产要素投入，同时也包含了来自国外的中间品投入。本书在东亚产业转移的背景下，以出口品中的进口投入作为切入点，对中国外贸顺差问题进行了分析和研究，具体开展了如下主要工作：

第一，在中国外贸顺差的宏观背景方面，集中运用《亚洲国际投入产出表》数据，分别从整体经济依赖程度、产业的前向与后向联系、国际分工增值幅度、进口垂直专业化程度和出口垂直专业化程度等不同层面构建了一套指标体系，并且通过对这些指标的测算，揭示了中国外贸顺差形成和调整过程中的东亚外部环境。

第二，在中国外贸顺差的统计核算方面，利用投入产出方法的核心思想，从出口品中进口投入跨国流转的角度建立了双边真实贸易差额测算模型。同时，利用《亚洲国际投入产出表》数据，通过在进口和出口中分别剥离出口品中的进口投入价值，将现行贸易统计口径下的中美双边贸易差额转换成了可以反映贸易利得的中美双边真实贸易顺差。

第三，在中国外贸顺差的调整方面，根据马歇尔—勒纳条件中隐含的贸易品为"最终产品"的原始假定，通过引入出口品中进口投入变量，对马歇尔—勒纳条件进行了修正。在此基础上，在剥离出口品中的进口投入和不剥离出口品中进口投入两种情况下，使用协整技术、误差修正模型、脉冲响应和方差分解等计量手段，分别从中国贸易总体和中美双边贸易两个层面，对进口、出口和贸易收支中的汇率弹性和收入弹性进行了测算和比较分析。

通过上述研究工作，得到以下几方面的主要结论：

第一，在整体经济联系上，东亚国家和地区之间已基本形成了一个具有推拉互动型的经济联动结构。中国在这种大背景下，一方面，东亚国家和地区对中国经济的推动作用使得近年来中国对东亚国家和地区的进口依赖程度有所提升；另一方面，中国经济的腾飞对东亚各经济体经济发展所产生的辐射作用日益突出，反过来成为东亚越来越重要的进口依赖对象。但是，由于技术水平相对较低，随着中国不断接受来自东亚的进口投入，中国本土要素投入的新增加值贡献率却有所下降。

第二，在具体行业联系上，中国加工贸易"两头在外"的发展模式使中国制造业、尤其是制造业中的金属制品业和机械制造业等部门既扮演着进口投入品需求者的角色，也扮演着进口投入品供给者的角色。通过分别比较综合前向产业关联系数和外部前向产业关联系数、综合后向产业关联系数和外部后向产业关联系数可以发现，尽管中国目前综合前向产业关联系数和后向产业关联关系系数都高于韩国和中国台湾，仅次于日本，但还是由于技术水平相对落后的原因，中国的外部前向产业关联系数和外部后向产业关系系数都要低于日本、韩国和中国台湾，表明中国制造业对东亚其他经济体制造业发展的推拉效应还比较有限。

第三，从垂直专业化程度来看，无论是从价值构成的绝对指标还是从份额构成的相对量指标，都表明中国的垂直专业化程度在不断深化。垂直专业化生产已成为中国主要的生产模式。在中国的进口总额中，有83%左右的进口品用于进一步加工生产而非直接进行消费使用。在中国的出口总额中，出口品中含有18%左右的进口投入。并且出口品中的进口投入有61%来自东亚。

第四，中美双边真实贸易顺差测算结果表明，在中美双边进口和出口中分别剥离出口品中的进口投入价值后得到的真实贸易顺差在趋势上与现有统计口径下的中美贸易顺差保持一致，但中美真实贸易顺差额要低于现有统计口径下的中美贸易顺差额。其主要的原因在于，在中国对美国的出口品中，含有大量来自中国台湾、日本和韩国等东亚经济体的进口中间投入，这部分的比重高达近19%。中国充当了东亚国家和地区向美国出口的加工平台，来自东亚的进口品经中国加工生产之后有很大一部分又进一步转销美国。

第五，从人民币汇率变动与中国进出口总额的关系来看，人民币升值会带来中国进出口总额的双向增长。其原因在于中国进口总额的汇率弹性很大，通过人民币升值在需求因素的推动下可以增加进口；同时，中国出口的汇率弹性过小，人民币升值之后会由于中国产品外币价格的提高程度高于价格因素带来的需求下降程度，最终会产生人民币升值带来出口总额增加的反常情况。

第六，从人民币汇率变动与中美双边进出口的关系来看，人民币升值会带来中美之间进出口小幅双向减少的格局。其原因在于中国对美国出口的汇率弹性很小，通过人民币升值达到中国对美出口大幅减少的力度非常有限。同时，由于美国实行对华出口控制，人民币升值带来的美国产品人民币价格的下降因素无法将中国对美国产品的潜在进口需求转化为实际进口需求，最终产生人民币升值带来中国从美进口小幅下降的反常情况。综合两方面的结果，人民币升值不但不会减少中美贸易顺差，反而会使中美贸易顺差继续增加。

第七，把剥离出口品中进口投入的情况和未剥离出口品中进口投入的情况进行比较分析，结果表明：无论是中国贸易总额层面还是中美双边贸易层面，剥离出口品中进口投入情况下的进出口汇率弹性都要大于未剥离出口品中进口投入情况下的进出口汇率弹性。这意味着东亚产业对华转移降低了动用人民币升值调整中国外贸顺差的有效性。

与很多沿着贸易收支理论从汇率行为出发研究中国外贸顺差问题的同类研究相比，本书“反其道而行之”，从贸易利得的角度出发，对中国外贸顺差本身进行了深入的剖析。然而,美国次贷危机之后中国外贸顺差的逆转对本书的结论造成了极大的挑战。基于此,本书借助企业异质性理论的实证方法,利用行业层面的进出口数据和企业层面的进出口数据,专门针对2008年国际金融危机之后的中国贸易收支结构进行了更为深入的解构。结果发现,国际金融危机之后,中国的贸易收支结构并未发生根本性变化,从而揭示了双边真实贸易利益的评判与人民币汇率调整的政策取向在金融危机前后应当保持一致性。

贸易收支是一国贸易活动在国际收支平衡表中的综合反映。中国的外贸顺差问题是当前中国经济各界乃至国际社会普遍关注的热点问题。本书利用国际投入产出方法对中国外贸顺差问题的研究仅作了一些尝试性探索。在今后的研究中,作者认为可以沿着以下三方面开展一些后续的完善工作。

第一,在研究视角上,可以从国别和行业因素进一步转向企业微观层面考察中国的外贸顺差问题。特别是企业异质性贸易理论的发展和海关贸易数据库的不断公开化,为宏观的外贸顺差问题提供更多的微观支撑信息,对于国家宏观调控政策的决策咨询和丰富同类研究都具有重要的意义。

第二,在结构因素的解构上,可以进一步细化挖掘加工贸易这种出口引致型进口的独特贸易方式对外贸顺差的影响机制。伴随着加工贸易的转型升级,加工贸易在外贸顺差调整过程中的地位和作用有待于进行深入的量化评价。

第三,在政策设计上,应当沿着完善我国贸易统计的目标不断深入追踪。从出口品中进口投入的视角研究我国外贸顺差中的真实贸易利益,本质上就是在探讨"属权"和"属地"贸易统计原则之间的差异。通过量化分析不断向海关统计部门提出政策建议,将是今后在贸易统计应用上的一个重要方向。

参考文献

中文文献

[1] 盛斌:《中国对外贸易政策的政治经济分析》,上海人民出版社 2002 年版。

[2] 北京大学中国经济研究中心课题组:《中国出口贸易中的垂直专门化与中美贸易》,《世界经济》2006 年第 5 期,第 3—11 页。

[3] 陈建军:《中国现阶段的产业区域转移及其动力机制》,《中国工业经济》2002 年第 8 期,第 37—44 页。

[4] 陈计旺:《区际产业转移与要素流动的比较研究》,《生产力研究》1999 年第 5 期,第 64—67 页。

[5] 封思贤:《人民币实际有效汇率的变化对我国进出口的影响》,《数量经济技术经济研究》2007 年第 4 期,第 3—13 页。

[6] 封思贤、吴玮:《汇率变化对不同类商品进出口的影响》,《数量经济技术经济研究》第 7 期,第 106—117 页。

[7] 洪联英、刘解龙:《我国垂直专业化发展进程评估及其产业分布特征:基于投入产出法的国际比较分析》,《中国工业经济》2009 年第 6 期,第 67—76 页。

[8] 贾怀勤:《在地贸易统计还是属权贸易统计?——FDI 对传统贸易统计的颠覆及其对策》,《统计研究》2006 年第 2 期,第 40—44 页。

[9] 李新、曹婷:《企业出口动态、二元边际与出口增长:来自中国的证据》,《国际贸易问题》2013 年第 11 期,第 25—37 页。

[10] 刘兴华:《美国对华贸易赤字的形成原因与发展趋势》,《亚太经济》2005 年第 3 期,第 30—33 页。

[11] 刘志彪、吴福象:《贸易一体化与生产非一体化:基于经济全球化两个重要假说的实证研究》,《中国社会科学》2006 年第 2 期,第 80—92 页。

[12] 卢锋:《产品内国际分工:一个分析框架》,北京大学中国经济研究中心工作稿 No.C2004005, 2004。

[13] 卢锋:《中国国际收支双顺差现象研究:对中国外汇储备突破万亿美元的理论思考》,《世界经济》2006 年第 11 期,第 3—10 页。

[14] 卢向强、戴国强:《人民币实际汇率波动对我国进出口的影响:1994—2003》,《经济研究》2005 年第 5 期,第 31—39 页。

[15] 鹿朋:《马歇尔—勒纳条件适用性研究与修正:基于全球生产网络的视角》,《南京社会科学》2008 年第 3 期,第 21—28 页。

[16] 鹿朋:《产品内分工与贸易下的汇率与国际收支关系研究:对马歇尔—勒纳条件适用性的分析与发展》,《国际商务》2008 年第 5 期,第 47—52 页。

[17] 苗迎春:《对中美贸易不平衡问题的重新审视》,《同济大学学报(社会科学版)》2007 年第 8 期,第 99—104 页。

[18] 牟新生:《关于当前我国对外贸易发展及其顺差问题的一些思考》,《求是》2007 年第 5 期,第 42—44 页。

[19] 潘伟志:《产业转移内涵、机制探析》,《生产力研究》2004 年第 10 期,第 119—120 页。

[20] 潘文卿、刘起运:《区域经济的空间联系:方法与指标》,《统计研究》2004 年第 10 期,第 47—51 页。

[21] 蒲华林、张捷:《产品内分工与中美结构性贸易顺差》,《世界经济研究》2007 年第 3 期,第 29—38 页。

[22] 盛斌、吕越:《对中国出口二元边际的再测算:基于 2001—2010 年中国微观贸易数据》,《国际贸易问题》2014 年第 11 期,第 25—36 页。

[23] 唐海燕、张会清:《中国崛起与东亚生产网络重构》,《中国工业经济》

2018 年第 12 期,第 60—70 页。

[24] 王根蓓:《汇率调整、定价模式与出口加工企业盈利能力:汇率调整微观效应的弹性分析》,《世界经济》2008 年第 7 期,第 15—25 页。

[25] 王先庆:《珠三角产业转移:第二次浪潮下的抉择》,《珠江经济》1997 年第 9 期,第 22—25 页。

[26] 王中华:《贸易收支与实际汇率:中美、中日比较研究》,《经济科学》2007 年第 3 期,第 88—96 页。

[27] 魏后凯:《产业转移的发展趋势及其对竞争力的影响》,《福建论坛(经济社会版)》2003 年第 4 期,第 11—15 页。

[28] 吴晓军、赵海东:《产业转移与次发达地区经济发展》,《当代财经》2004 年第 6 期,第 96—99 页。

[29] 吴宏:《中国出口增长之谜:基于投入产出表的经验分析》,《财贸经济》2008 年第 12 期,第 73—78 页。

[30] 徐毅:《中国贸易顺差的结构分析与未来展望》,《国际贸易问题》2010 年第 2 期,第 19—25 页。

[31] 许统生、涂远芬:《中国贸易弹性的估计及其政策启示》,《数量经济技术经济研究》2006 年第 12 期,第 14—22 页。

[32] 许亦平、孙华妤:《三元结构下的国别法两国贸易顺差——投入表法》,《国际贸易问题》2006 年第 10 期,第 27—33 页。

[33] 姚海华:《长三角和珠三角主要城市贸易增长的空间联动效应》,《国际经贸探索》2011 年第 8 期,第 40—46 页。

[34] 叶永刚、胡利琴、黄斌:《人民币实际有效汇率和对外贸易收支关系:中美和中日双边贸易收支的实证研究》,《金融研究》2006 年第 4 期,第 1—11 页。

[35] 张斌、何帆:《如何应对经济崛起时期的汇率升值压力——日本、德国的经验与启示》,《国际经济评论》2004 年第 3 期,第 10—13 页。

[36] 张海燕、宋玉华:《当前全球贸易失衡的机制及中国的地位分析》,《世界经济研究》2009 年第 8 期,第 9—13 页。

[37] 张明志、马静:《产业结构影响中国贸易收支失衡的理论分析与实证检验》,《国际贸易问题》2012 年第 1 期,第 50—61 页。

[38] 张少军、张少华:《中国国际收支失衡双顺差形成的微观机理探究:基于全球价值链视角的实证分析》,《当代财经》2008 年第 9 期,第 107—111 页。

[39] 郑燕伟:《产业转移理论初探》,《中共浙江省委党校学报》2000 年第 6 期,第 19—22 页。

[40] 钟山:《关于我国外贸顺差问题的若干思考》,《求是》2009 年第 16 期,第 32—34 页。

[41] 钟志威、雷钦礼:《Johansen 和 Juselius 协整检验应注意的几个问题》,《统计与信息论坛》2008 年第 10 期,第 80—85 页。

[42] 宗毅君:《国际产品内分工与进出口贸易》,《国际贸易问题》2008 年第 2 期,第 7—13 页。

[43] 国际货币基金组织:《中华人民共和国 2010 年第四条磋商工作人员报告》, http://www.imf.org/external/chinese/pubs/ft/scr/2012/cr12195c.pdf.2010-07-29。

[44] 国际货币基金组织:《中华人民共和国 2012 年第四条磋商工作人员报告》, http://www.imf.org/external/chinese/pubs/ft/scr/2012/cr12195c.pdf.2012-07-24。

英文文献

[1] Aizenman, J. and Sun, Y.. Globalization and the Sustainability of Large Current Account Imbalances: Size Matters[J]. *Journal of Macroeconomics*, 2010, 32(1):35—44.

[2] Akamatsu, K.. Waga Kuni Yomo Kogyohin No Boueki Susei[J]. *Shogyo Keizai Ronso*, 1935, 13:129—212.

[3] Akamatsu, K.. Waga Kuni Keizai Hatten No Sougou Bensyoho[J]. *Shogyo Keizai Ronso*, 1937, 15:179—210.

[4] Akamatsu, K.. Historical Pattern of Economic Growth in Developing Countries[J]. *The Developing Economies*, 1962, 1:3—25.

[5] Alan, A., William, R.C., Lee, K.T.. Global Imbalances: Time for Action[J]. *John Harold Williamson*, 2007, 49(11):867—868.

[6] Alexander, S.S.. Effects of A Devaluation: Simplified Synthesis of Elasticities and Absorption Approaches[M]. *American Economic Review*, 1959, 49(1):22—42.

[7] Ando, A. and Kimura, F.. The Formation of International Production and Distribution Networks in East Asia[R]. NBER Working Paper, No.10167, 2003.

[8] Arndt, S. W.. Globalization and the Open Economy[J]. *North American Journal of Economics and Finance*, 1997, 8(1):71—79.

[9] Arndt, S. W.. Super-Specialization and the Gains From Trade[J]. *Contemporary Economic Policy*, 1998, 16(4):480—485.

[10] Arndt, S.W., Kierzkowski, H.. *Fragmentation: New Production Patterns in the World Economy*[M]. London: Oxford University Press, 2001.

[11] Arndt, S.W.. Preference Areas and Intra-Product Specialization[A]. In C.C. Paraskevopoulos, A. A. Kintis and A. J. Kondonassis (eds.), *Globalization and the Political Economy of Trade Policy*[M]. APF Press, 2001:237—249.

[12] Arndt, S.W. and Kierzkowski, H.. Introduction[A]. In S.W. Arndt

and H. Kierzkowski (eds.), *Fragmentation: New Production Patterns in the World Economy*[M]. New York: Oxford University Press, 2001:1—16.

[13] Baharumshah, A.Z.. The Effect of Exchange Rate on Bilateral Trade Balance: New Evidence from Malysia and Thailand [J]. *Asian Economic Journal*, 2001, 15(3):291—312.

[14] Bardhan, A.D. and Jaffee, D.. On Intra-Firm Trade and Multinationals: Foreign Outsourcing and Offshoring in Manufacturing [R]. Working Paper, 2005.

[15] Bhagwati, J.. Freer Trade and Wages of the Unskilled: Is Marx Striking Again? [R]. Discussion Paper from Department of Economics Columbia University, 1993.

[16] Bhandari, J. S.. Intermediate Imports, the Current Account and Flexible Exchange Rates: A Dynamic General Equilibrium Model [J]. *Southern Economic Journal*, 1982, 48(3):792—801.

[17] Blanchard, O., Giavazzi, F., and Sa, F.. The U.S.Current Account and The Dollar[R]. NBER Working Paper No.11137, 2005.

[18] Branson, W.H.. The Trade Effects of the 1971 Currency Realignment [J]. *Brookings Papers on Economic Activity*, 1972, 1:15—69.

[19] Bruno M. and Sachs J.. Macro-Economic Adjustment With Import Price Shocks: Real and Monetary Aspects [R]. NBER Working Paper, No.0340, 1979.

[20] Davis, D.R., Weinstein, D.E.. International Trade as an Integrated Equilibrium: New Perspectives [J]. *American Economic Review*, 2000, 90(2):150—154.

[21] Davis, D.R. and Weinstein, D.E.. An Account of Global Factor

Trade[J]. *American Economic Review*, 2001, 91(5):1423—1453.

[22] Deardorff, A.V.. Fragmentation across Cones[R]. RSIE Discussion Paper, No.427, 1998.

[23] Deardorff, A. V.. Gains from Trade and Fragmentation [R]. University of Michigan Discussion Paper, No.543, 2005.

[24] Dietzenbacher, E., Romero, L. and Bosma, N. S.. Using Average Propagation Lengths to Identify Production Chains in The Andalusian Economy[J]. *Estudios de Economia Applicada*, 2005, 23(1):405—422.

[25] Dornbush, R.. Exchange Rates and Fiscal Policy in Popular Model of International Trade[J]. *American Economic Review*, 1975, 65(5): 859—871.

[26] Dornbush, R.. Exchang Rates and Prices[J]. *American Economic Review*, 1987, 77(1):93—106.

[27] Egger, H. and Egger, P.. Labor Market Effects of Outsourcing under Industrial Interdependence [J]. *International Review of Economics and Finance*, 2005, 14(3):349—363.

[28] Feenstra, R.C. and Hanson, G.H.. Globalization, Outsourcing and Wage Inequality[J]. *American Economic Review*, 1996, 86(2): 240—245.

[29] Feenstra, R.C. and Hanson, G.H.. Productivity Measurement and the Impact of Trade and Technology on Wages: Estimates U.S., 1972—1990[R]. NBER Working Paper, No.6052, 1997.

[30] Feenstra, R. C. and Hanson, G. H.. Ownership and Control of Outsourcing to China: Estimating the Property-Rights Theory of the Firm [J]. *Quarterly Journal of Economics*, 2005, 120 (2): 729—761.

[31] Gaulier, G., Lemonine, F., Unal-Kesenci, D.. China's Integration in Asian Production Networks and Its Implications [R]. RIETI Discussion Paper Series, 04-E-033, 2004.

[32] Georgakopoulos, T.. Tax Rebating of Exports and the Balance of Payments[J]. *European Economic Review*, 1974, 5(3):197—205.

[33] Goldstein, M. and Khan.. Income and Price Elasticities in Foreign Trade[R]. Handbook of International Trade, Amsterdam: North-Holland, 1985.

[34] Grossman, G.M. and Helpman, E.. Integration Versus Outsourcing in Industry Equilibrium[J]. *Quarterly Journal of Economics*, 2002, 117(1):85—120.

[35] Grossman, G. M. and Helpman, E.. Outsourcing Versus FDI in Industry Equilibrium [J]. *Journal of the European Economic Association*, 2003, 1(2-3):317—327.

[36] Grossman, G. M. and Helpman, E.. Managerial Incentives and International Organization of Production[J]. *Journal of International Economics*, 2004, 63(2):237—262.

[37] Grossman, G.M. and Helpman, E.. Outsourcing in a Global Economy [J]. *Review of Economics Studies*, 2005, 72(1):135—159.

[38] Harberger, A.C.. Currency Depreciation, Income and the Balance of Trade[J]. *Journal of Political Economy*, 1950, 58(1):47—60.

[39] Haynes, S.E. and Mikesell, R.F.. U.S.-Japanese Bilateral Trade and the Yen-Dollar Exchange Rate: An Empirical Analysis[J]. *Southern Economic Journal*, 1986, 52(4):923—932.

[40] Hummels, D., Ishii J. and Yi, K.M.. The Nature and Growth of Vertical Specialization in World Trade[J]. *Journal of International*

Economics, 2001, 54(1):75—96.

[41] Inomata, S.. A New Measurement for International Fragmentation of the Production Process: An International Input-Output Approach [R]. Japan Institute of Developing Economies Discussion Paper, No.175, 2008.

[42] Jones, R.W. and Kierzkowski, H.. A Framework for Fragmentation [R]. Tinbergen Institute Discussion Paper, 2001.

[43] Jones R., Kierzkowski H., and Chen, L. R.. What Does Evidence Tell Us about Fragmentation and Outsourcing? [J]. *International Review of Economics and Finance*, 2005, 14(3):305—316.

[44] Jones, R.. Stability Conditions in International Trade: A General Equilibrium Analysis [J]. *International Economic Review*, 1961, 2(2):199—209.

[45] Jones, R. W. and Kierzkowski, H.. The Role of Services in Production and International Trade: A Theoretical Framework[R]. RCER Working Paper, 1988.

[46] Kimura, F. and Ando, M.. Two-dimensional Fragmentation in East Asia: Conceptual Framework and Empirics [J]. *International Review of Economics and Finance*, 2005, 14(3):317—348.

[47] Kohler, W.. A Specific-Factors View on Outsourcing[J]. *Journal of Economics and Finance*, 2001, 12(1):31—53.

[48] Kohler, W.. Aspects of International Fragmentation[J]. *Review of International Economics*, 2004, 12(5):793—816.

[49] Ueda, K.. Trade Balance Adjustment with Imported Intermediate Goods: The Japanese Case[J]. *The Review of economics and Statistics*, 1983, 65(4):618—625.

[50] Klein, L.R. and Marwah, K.. Estimation of J-Curve: United States and Canada[J]. *Canadian Journal of Economics*, 1996, 29(3): 523—539.

[51] Koopman, R., Z.Wang and S.-J.Wei.. Estimating Domestic Content in Exports When Processing Trade is Pervasive[J]. *Journal of Development Economics*, 2012, 99(1):178—189.

[52] Koopman, R., Z. Wang and S.-J. Wei.. Tracing Value-added and Double Counting in Gross Exports[J]. *American Economic Review*, 2014, 104(2):459—494.

[53] Kojima, K.. Capital Accumulation and the Course of Industrialization, with Special Reference to Japan[J]. *The Economic Journal*, 1960, 70(280):757—768.

[54] Kojima, K.. Towards a Theory of Agreed Specialization: the Economics of Integration[A]. In W.A.Eltis, M.FG.Scott and J.N. Wolfe(eds.), *Induction, Growth and Trade, Essays in Honours of Sir Roy Harrod*[M], Oxford: Clarendon Press, 1970.

[55] Kojima, K.. Dynamics of Japanese investment in East Asia[J]. *Hitotsubashi Journal of Economics*, 1995, 36(2):93—124.

[56] Kojima, K.. The Flying Feese Model of Asian Economic Development: Origin, Theoretical Extensions, and Regional Policy Implications[J]. *Journal of Asian Economics*, 2000, 11(4):375—401.

[57] Kreninm, E.. The Effect of Exchange Rate Changes on the Prices and Volume of Foreign Trade[R]. IMF Staff Papers, No.47, 1977.

[58] Krugman, P.. Does Third World Growth Hurt First World Prosperity? [J]. *Harvard Business Review*, 1994, 72(23):113—121.

[59] Krugman, P.. Growing World Trade: Causes and Consequences[J].

Brookings Papers on Economic Activity, 1995, 26(1):327—377.

[60] Krugman, P. and Baldwin, R. E.. The Persistence of the US Trade Deficit[J]. *Brookings Papers on Economic Activity*, 1987, 1(2):1—43.

[61] Krugman, P. R.. Pricing to Market When the Exchange Rate Changes [A]. in Arndt and Richardson (eds.), *Real-Financial Linkages Among Open Economics*[M]. Massachusetts: MIT Press, 1987.

[62] Lerner, A.. *The Economics of Control*[M]. New York: Macmillan, 1944.

[63] Li, Y.F.. Trade Balance: Numbers Can be Deceiving[J]. *China & World Economy*, 2006, 14(3):54—70.

[64] Liew, K.S., Lim, K.P. and Hussian H.. Exchange Rate and Trade Balance Relationship: The Experience of Asean Countries [R], International, Trade No.0307003, 2003.

[65] Meade, J. E.. *The Balance of Payments* [M]. Lodon: Oxford University Press, 1951.

[66] Menon, J.. Exchange Rate Pass-through[J]. *Journal of Economic Surveys*, 1995, 9(2):197—231.

[67] Metzler, L.A.. *The Theory of International Trade, in A Survey of Contemporary Economics*[M]. Philadelphia: Blakiston, 1948.

[68] Miles, M.A.. The Effects of Devaluation on the Trade Balance and the Balance of Payment: Some New Results [J]. *Journal of Political Economy*, 1979, 87(3):600—620.

[69] Mohsen, B. O.. Nominal and Real Effective Exchange Rates of Middle Eastern Countries and Their Trade Performance[J]. *Applied Economics*, 2001, 33(1):103—111.

[70] Mohsen, B.O. and Brooks, T.J.. Bilateral J-Curve between U.S. and Her Trading Partners [J]. *Weltwirtsch Aftliches Archiv*, 1999,

135(1):156—165.

[71] Obstfeld, M.. Intermediate Imports, the Terms of Trade, and the Dynamics of the Exchange Rate and Current Account[J]. *Journal of International Economics*, 1980, 10(4):461—480.

[72] Obstfeld, M.. Exchange Rates and Adjustment: Perspectives from the New Open Economy Macroeconomics[R]. CEPR Discussion Paper, No.3533, 2002.

[73] Obstfeld, M. and Rogoff, K.. Exchange Rate Dynamic Redux[J]. *Journal of Political Economy*, 1995, 103(12):624—660.

[74] Obstfeld, M. and Rogoff, K.. Global Current Account Imbalances and Exchange Rate Adjustments[J]. *Brookings Papers on Economic Activity*, 2005, 2005(1):67—123.

[75] Robinson, J.. *Essays in the Theory of Employment*[M]. New York: Macmillan, 1937.

[76] Rodrigo, D. R.. Correcting Global Imbalance: Avoiding the Blame Game[EB/OL]. http://www.imf.org/en/News/Articles/2015/09/28/04/53/sp022305a.

[77] Rose, A. K.. The Role of Exchange Rates in a Popular Model of International Trade: Does the Marshall-Lerner Condition Hold? [J]. *Journal of International Economics*, 1991, 30(3-4):301—316.

[78] Takao, S.. Industrial Linkages between China and the Asia-Pacific Region[A]. in Takao S. and Tamamura C. (eds.), *International Industrial Linkages and Economic Interdependency in Asia-Pacific Region*[M]. Tokyo: Institute of Developing Economies, 1993.

[79] Wang, Zhi and Wei, Shang-Jin.. Value Chains in East Asian Production Networks: An International Input-Output Model Based Analysis[R]. UITC Working Paper, No.2009-10-C, 2009.

[80] Warnock, F. E., Freund, C. L.. Current Account Adjustment in Industrialized Countries: The Bigger They Are, the Harder They Fall? [R]. NBER Working Paper, No.11823, 2005.

[81] Yeats, A. J.. Just How Big is Global Production Sharing? [R]. World Bank Policy Research Working Paper, No.1871, 1998.

后 记

2009年末，当我无意间在韩国首尔大学图书馆数次看到《亚洲国际投入产出表》的资料线索时，我充满了好奇。由于日本的亚洲经济研究所对于该表的市场销售有着比较严格的限制，所以在日本以外的国家公共图书馆的馆藏非常之少。早稻田大学的陈杰辉博士曾通过单反相机拍摄了各期《亚洲国际投入产出表》的资料数据，这让我如获至宝。当初，正值国际货币基金组织《国际收支和国际投资头寸手册(第六版)》刚刚出台但尚未实施阶段。有关贸易统计中属权原则和属地原则的争论处于白热化阶段，相关的实证研究由于缺乏分析工具而处于萌芽状态。

2011年春，我尝试性地想借助于《亚洲国际投入产出表》从东亚对华产业转移的视角系统地分析中国的外贸顺差问题。按照日本亚洲经济研究中心的出版规律，2011年正值应当出版新一期《亚洲国际投入产出表》的前夕。当我满心期待新一期《亚洲国际投入产出表》出版的时候，2011年的日本大地震使得日方的相关研究被搁置，之后其研究团队基本都被欧盟世界投入产出表(World Input Output Database)项目组所猎。《亚洲国际投入产出表》随即便成了一脉断代资料。而WIOD在产业分类上采用的是欧盟NACE的分类法，和东亚国家的产业分类差异很大，这两者之间的衔接性较差。这些客观因素导致我对完全建立在亚洲投入产出框架之上的研究设计心灰意冷，并一度试图转变研究方向。

最近这两年，伴随着企业异质性贸易理论的不断推进，行业数据和企业微观数据的结合成为贸易与产业研究领域中的热点问题。在这样的学术走向之下，我开始重新思考如何回归到最初的研究方案上。2008年国际金融危机之后，我国外贸顺差的急剧逆转，为后续的研究提供了很多新的视角。在我原本使用的东亚国际投入产出数据没法更新只能近似替代的情况下，我想到了反其道而行之。我的出发点在于剖析中国的贸易收支结构，整个跨国投入产出框架的引入无非就是为了便于剖析贸易收支结构。在这样一个想法的指导下，我索性把2008年国际金融危机视为一个分界，索性用微观的异质性分解技术去进一步剖析危机之后的贸易结构，只要危机前后的贸易结构不发生根本性变化，那么危机之前的结论势必依然成立，而这份研究的价值就能得到更好地呈现。所以本书前几章数据相对陈旧，并不是作者不愿更新，而是有意为之，旨在人为地在方法上去规避因外贸顺差逆转带来的在计量检验中相对复杂的结构性问题，而避繁就简地采用微观分解与核密度分布这些直观的描述性统计方法，意在说明问题。在此，作者深深感谢靳玉英教授。长期以来，老师亦师亦姐，在我在学期间引领我走进了国际收支研究的大门，在我博士毕业之后的几年中依旧对我关爱有加，在我研究的困惑期一次次给了我无限启迪。

在面对《亚洲国际投入产出表》迷茫了几年之后，我终于鼓起勇气将其修改尝试申请出版。在此，感谢我所在的单位上海海关学院，既给我提供经费支持，又提供时间保证，让我可以静心思考与梳理既有的研究方案和下一步的拓展方向。限于时间仓促，书稿中难免还有错误，恳请专家、同仁批评指正。

姚海华

2018年1月18日

图书在版编目(CIP)数据

东亚对华产业转移的贸易收支效应研究:基于非竞争型投入产出方法的实证分析/姚海华著.—上海:上海人民出版社,2018
(上海海关学院学术文库)
ISBN 978-7-208-15041-6

Ⅰ.①东… Ⅱ.①姚… Ⅲ.①贸易顺差-研究-中国
Ⅳ.①F752.6

中国版本图书馆CIP数据核字(2018)第043131号

责任编辑 赵蔚华
封面设计 张志全工作室

上海海关学院学术文库
东亚对华产业转移的贸易收支效应研究
——基于非竞争型投入产出方法的实证分析
姚海华 著

出　　版 上海人民出版社
(200001 上海福建中路193号)
发　　行 上海人民出版社发行中心
印　　刷 常熟市新骅印刷有限公司
开　　本 720×1000 1/16
印　　张 15.75
插　　页 4
字　　数 196,000
版　　次 2018年5月第1版
印　　次 2018年5月第1次印刷
ISBN 978-7-208-15041-6/F·2518
定　　价 58.00元